現代日本を考えるために

戦前日本社会からの視座

須崎愼一・内藤英恵 著

梓出版社

はしがき

　本書は，1998年刊行した拙著『日本ファシズムとその時代——天皇制・軍部・戦争・民衆——』（大月書店）のいわば続編をなすものである。軍部については，その後，『二・二六事件——青年将校の意識と心理——』（吉川弘文館，2003年）を出すことによって，ほぼ私の見解を展開することが出来た。

　しかし不十分な点も感じていた。上からの動員だけで，民衆が，戦争に突っ走っていくのだろうか，という疑問である。そうした問いかけから生まれたのが，卒業生の公刊論文に自らの論文を加えて編纂した『戦後日本人の意識構造——歴史的アプローチ——』（梓出版社，2005年）である。

　主に戦後を扱った同書でも，なお解決しなかった民衆のあり方があった。いわば自ら墓穴を掘っていくような選択を人々がしがちなのはなぜか，という問題である。その点で，共著者・内藤英恵氏の学問的感覚に刺激を受けた点は大きい。拙著に欠けていた民衆のジェラシーが歴史を動かしていく側面を，彼女が摘出したからである（本書第2部参照）。

　もう1つ，民衆を駆り立てていく情報操作の問題は，前掲『日本ファシズムとその時代』には掲載しなかった私自身の仕事が，不十分ながら存在している（本書第3部参照）。

　一方，天皇制については，前書で詔勅のみの分析に止まっていたこともあり，とくにその1930～40年代の特質について深める必要性を感じていた。その意味で，日本の戦争を合理化するスローガンである「八紘一宇」という用語が，どのようなプロセスを経て，1940年，詔書にまで使われるようになっていくのかを明らかにした内藤氏の研究は，貴重だと考え，本書第1部に収録した。さらに2006年10月急逝した長女が，レフェリー付雑誌への投稿を意図して，卒論を改訂した論文を記憶媒体に残していた。親としての私情を全く捨て去ることはできない。しかし研究者としての私の目で見ても，なかなかすぐれた論文だと思う。投稿論文としては長大に過ぎるため，そのままになってしまったと推測される「「天皇」はいかに表現されたのか——新聞に見る近代天皇制とその変容——」を，この第1部に掲載し，1930～40年代の天皇制の特質を考えていきたい。

（須崎愼一）

目　　次

はしがき

はじめに ……………………………………………………… 須崎愼一　3

第1部　用語に見る近代天皇制

第1章　「天皇」はいかに表現されたのか……………… 須崎晴世　9
──新聞に見る近代天皇制とその変容──

　　1. 国民に浸透しない天皇　12
　　2. 天皇の「聖」化と国民意識の温度差　15
　　3.「御真影」表現の一般化と明治の終焉　20
　　4. 民衆を意識する紀元節・天長節　30
　　5. 天皇絶対化への道　39
　　6. 大戦争と軍事指導者としての天皇　43
　　小　　括　49

第2章　「八紘一宇」はなぜ「国是」となったのか ……… 内藤英恵　52

　　1.「八紘一宇」の造語と国柱会　56
　　2. 陸軍と「八紘一宇」　67
　　3.「八紘一宇」の広がり　79
　　4.「八紘一宇」への疑義と詔勅への昇華　96
　　小　　括　106

第2部　ジェラシーは，人々をどこに導いたのか

第3章　日中全面戦争とパーマネント排撃 ………… 内藤英恵　111
──お洒落雑誌『スタイル』を中心に──

1. パーマネント排撃の開始　112
　　　2. 流行するパーマネント　117
　　　3. パーマネントへの圧力の強まり　120
　　　4. なお残るパーマネント　124
　　　小　括　128

　第4章　男性お洒落の広がりと国民服の制定 ……… 内藤英恵　132
　　　──雑誌『スタイル』を手がかりに──
　　　1. 男性お洒落熱と雑誌『スタイル』　134
　　　2. 日中全面戦争と男性お洒落への攻撃　138
　　　3. 大日本国民服令制定への道　146
　　　小　括　151

第3部　情報操作とその落とし穴

　第5章　排英運動と「六甲開祖の碑」破却 …………… 須崎愼一　157
　　　1. 1939年の排英運動と神戸　157
　　　2. 1940年の排英運動　163
　　　3. 「六甲開祖の碑」の破却　168

　第6章　情報操作とその果てに ……………………… 須崎愼一　170
　　　──戦争と民衆──
　　　1. 食糧増産・農産物供出　170
　　　2. 貯蓄増強・金属供出　177
　　　3. 乏しくなる食料　187
　　　4. 空襲と敗戦　192
　　　小　括　200

おわりにかえて　戦前日本社会から現在を考える ………… 内藤英恵　203
　　　──「八紘一宇」と八紘之基柱をめぐる歴史の読み替え──

あとがき

現代日本を考えるために

―― 戦前日本社会からの視座 ――

はじめに

須崎愼一

　現在の日本社会を読み解いていくキーワードは何であろうか。石原慎太郎東京都知事による内心の自由を著しく侵害する日の丸・君が代の教育現場への強制や教育基本法の改正（「国を愛する心」）と，2005年，当時の小泉首相による「郵政民営化」を「争点」とする衆議院議員総選挙（以下，小泉選挙と略す）は，示唆を与えてくれる。

　前者は，今日の日本社会においても，日の丸・君が代・愛国心といった戦前の天皇制国家において極めて重視されたものが，再度強い発言力を得てきていることの反映であろう。すなわち少なからぬ日本人が，国際化する世界の中で，「民族のアイデンティティ」という「神話」を紡ぎだしたがっているのではないか。その原因が，戦後の一貫した対米従属の中で，「日の丸・君が代型愛国心」以外のナショナリズムを生み出し得なかった戦後の日本の保守政治の所産であることは，須崎編『戦後日本人の意識構造——歴史的アプローチ——』でも述べたところである。しかし視点を変えていうならば，戦前日本の天皇制国家のあり様を知ることなしには，今日の状況をも正確に理解出来なくなりつつあるのではないか。

　後者の，国民が喜びそうな単純化した「争点」を作り，自由民主党が大勝した小泉選挙[1]に，戦前の日本ファシズムについて長年研究してきた私は，戦前

---

1) 逆にいえば，2007年7月の参議院議員選挙で自民党が大敗した原因の1つは，今後検討しなければならない点は多々あろうが，米国と北朝鮮が接近し，従軍慰安婦問題が米議会で問題にされるといった（6月26日下院外交委員会で大差可決，7月30日，本会議で採択）東アジアの国際関係の中で，政府などが，小泉首相の時のように，中国・韓国，そして北朝鮮と対立し，日本人を排外熱に動員するカードを切れなかった点にあろう。

と類似した「におい」を感じた。「悪い」中国（当時の表現では「支那」）が，南満洲鉄道の線路を爆破した（実際に爆破したのは日本側）との情報により，日本国民が凄まじい排外主義的熱狂をみせた満洲事変（1931年9月）のような雰囲気を私は想起したのである。この国民の軍部支持・戦争支持の奔流は，関東軍が一挙に中国東北部を占拠することを可能にし，傀儡国家「満洲国」をでっちあげ，国際連盟からの脱退へと道を開いた。そして二・二六事件を経て，日本は，中国との全面戦争に，そしてそれが行き詰ると，対米英との開戦へと走り，アジア諸国民に多大な犠牲を及ぼすとともに，310万人もの犠牲を払うこととなった。

　現在の日本を見つめるためにも，若い人たちに，戦前日本の体験をしっかり知ってもらうことが必要ではないか，という思いを，前者の問題とならんで小泉選挙は，私に強く抱かせた。一方向に人々が傾斜することは，チェック機能を失わせ，人々に思いもかけなかった結果をもたらしかねない。それが，戦前日本の大きな教訓だったはずだからである。

　同時に満洲事変や小泉選挙に見られた情報操作には，少なくとも人々に肝心な情報を知らせず，一方的な情報のみを知らすケースと，人々のジェラシーを煽り，人々をある方向へと向けていく手法の2つがあろう。満洲事変の場合に副次的であるが見られたのは，欧米に「取り入る」中国と，それを「利用する」欧米への反発が，後者に当たろう。小泉選挙にも，人々のジェラシーを動員した側面があったことは否定出来ない。

　ファシズムの台頭の例を引くまでもなく，ジェラシーが歴史を大きく動かす一因となったことも少なくない。近年の日本にあってもそうである。現在の日本の前提となるのは，1980年代の民間活力導入（国鉄・電信電話公社・専売公社のJR・NTT・JT化）である。それを可能にしたのは，第一次オイルショック後の1970年代後半から80年代の臨時行政調査会（臨調）の行政改革（行革）である。そしてその道を開いていったのは，一部のメディアが主導し，多くの人々の公務員へのジェラシーに火をつけた公務員攻撃であった。この攻撃は，地方自治体職員の「高額退職金」や「恵まれた」ボーナスも問題にし，ラスパ

イレス指数などで，地方自治体職員の給与がいかに国家公務員に比して高いかを印象づけ，高級官僚に対してではなく，身近にいる自治体職員への人々のジェラシーを煽った。それは，企業社会に完全に組み込まれ，チェック機能を喪失した民間大企業労働組合に対して，多くの問題点を持ちながらも，なお抵抗力を有していた公務員の労働運動の息の根を止めるような役割を果たしたのである。

今日でも，公務員を標的にすることによって，他の大事な問題から目をそらさせようとする手法がよく使われている。日本では，「小さな政府」が自明のことのように言われるが，北欧にあっては，逆に「大きな政府」によって景気を回復し，学力も伸びているという。こうした情報が日本では伝えられないことも，一種の情報操作ではあるが，ジェラシーに引きずり回されないためには，「自明」とされることを疑い，広く情報を集めていく知的努力が必要とされるであろう。

その意味でも，情報操作によって加速されるジェラシーについて考えることは，現代日本社会を読み解くためにも不可欠な作業なのではないか。情報操作とジェラシーの問題は，現在を考えるためにも重要な課題であるといえよう。

以上のような視点に立って，本書は，近代天皇制，戦前におけるジェラシーの及ぼした影響，そして情報操作の3つの視覚から，現在を考えていく手がかりを探っていきたい。

本書の構成，ならびに初出などは，以下の通りである。

第1部　用語に見る近代天皇制
　　　第1章　「天皇」はいかに表現されたのか
　　　　　　──新聞に見る近代天皇制とその変容──　　　　（須崎晴世）
　　　第2章　「八紘一宇」はなぜ「国是」となったのか　　　（内藤英恵）
第2部　ジェラシーは，人々をどこに導いたのか
　　　第3章　日中全面戦争とパーマネント排撃
　　　　　　──お洒落雑誌『スタイル』を中心に──　　　　（内藤英恵）

第4章　男性お洒落の広がりと国民服の制定
　　　　　——雑誌『スタイル』を手がかりに——　　　　　（内藤英恵）
　第3部　情報操作とその落とし穴
　　第5章　排英運動と「六甲開祖の碑」破却　　　　　　（須崎愼一）
　　第6章　情報操作とその果てに——戦争と民衆——　　（須崎愼一）
　おわりにかえて　戦前日本社会から現在を考える
　　　　　——「八紘一宇」と八紘之基柱をめぐる歴史の読み替え——
　　　　　　　　　　　　　　　　　　　　　　　　　　（内藤英恵）

　なお第1章は，筆者のレフェリー付雑誌への投稿予定の論文だったようだが，長大で短く出来ないため，記憶媒体の中に残されたものと思われる（本書のために一部手を入れた）。第2章は，2007年2月，神戸大学総合人間科学研究科に提出された予備審査論文を本書のために補筆したもの。第3章は，神戸大学国際文化学部日本文化論講座『日本文化論年報』第7号　2004年3月所収。本書のため，一部加筆がなされている。第4章は，修士論文に手を入れた筆者のレフェリー付雑誌への投稿論文であるが，長大なこともあり本書にいただいた。第5章は，「日本人の戦争観——『六甲開祖之碑』顛末」（神戸大学「近代」発行会『近代』68号，1990年6月所収）を，本書に合わせて若干手を入れたものである。第6章は，「戦争と民衆」（『体系　日本現代史』3巻，日本評論社，1979年）をベースにしつつ，『加古川市史』，『姫路市史』，『西宮現代史』などの自己の論文の一部を加えて書き直した。おわりにかえては，本書のため書きおろされたものである。

　本書を通じて，多くの若い人たちが，現在の日本社会を歴史のパースペクティブの中で考え，今日の日本の「危うさ」について思いをいたしてもらえれば幸いである。

第1部　用語に見る近代天皇制

第1章 「天皇」はいかに表現されたのか
──新聞に見る近代天皇制とその変容──

須崎晴世

　本章の目的は近代天皇制の歩みを，新聞に現れた天皇に関わる表現から跡づけることである。

　天皇個人また天皇制についての先行研究は，数多く存在する[1]。しかしそれらの業績は，その大きな成果の反面，その時代ごとの研究のあり方から，近代天皇制をトータルにとらえる上で障害となっている面も否定できないのではないか。事実，近代天皇制について，明治期から昭和戦前期までを通時代的に扱った研究は乏しい。確かに個々の天皇による差や，時代の雰囲気の違いはあることは確かだとはいえ，近代の天皇制を時代ごとに区切って考えていいのだろうか。そこで，ここでは新聞記事を分析することを通じて，天皇表現の変化から近代天皇制とその変容を考察していく。

　前述した明治から昭和までを通時代的に扱った天皇制研究は管見の限りでは須崎愼一の詔勅の研究に止まる（『日本ファシズムとその時代』大月書店，1998年所収）。しかし詔勅から天皇制国家の変容について考察するこの研究においても，満州事変期の政治的詔勅の少なさゆえもあって，史料的な説得力に欠け曖昧なものになっている面は否めない。そのような点から考えてもほぼ毎日発行され続けた新聞は欠けている部分が少なく，大変意味のある史料である。

　また近現代を扱う天皇制研究において新聞記事を丹念に分析し天皇表現について考察した研究は存在していないのではないか。

　では新聞を分析することはどのような意義があるのだろうか。新聞は当該期

---

[1]　たとえば，本稿が参考とした安田浩『天皇の政治史』（青木書店，1998年），原武史『大正天皇』（朝日選書，2000年），鈴木正幸編『近代日本の軌跡』7 近代の天皇（吉川弘文館，1993年）など。

の雰囲気をリアルに伝え，史料的価値が高い。しかし新聞その他メディアは戦争の広がりとともに統制されていき，言論・思想の自由がなくなった時期があることも間違いない。それを以て新聞を分析することには意味がないという意見もある。しかしたとえ統制されているにせよ，それはその時期の天皇制のあり方を逆に照射するものではないのか。通時代的に天皇がどのように表現されているのかを分析することによって天皇制のあり方の変化が見えることは確かである。本論の出発点となったのは「赤玉祭り」と揶揄されていた日の丸（1875年）に関する記事との出会いである。それがどのようなプロセスを経て天皇が絶対的存在へと変化していくのかを本章は天皇表現の変化から検証していく。

　ここでは『読売新聞』[2]のCD-ROMを主に使用した。同紙は，1927（昭和2）年の内務省警保局の新聞雑誌社調査によると，その発行部数は約10万部ということであり，『東京日々新聞』の約45万部，『東京朝日新聞』の約40万部，『報知新聞』約25万部，『時事新報』約20万部などには遠く及ばないとはいえ，『国民新聞』の約15万部，『都新聞』の約12万部に次ぐ新聞であった（『新聞雑誌社特秘調査』大正出版，昭和54年）。しかも同紙は外交や宗教などの方面の記事が多いこと，また大正期に入ると与謝野晶子を起用し，いち早く婦人欄・家庭欄・コドモ欄・娯楽欄などを重視したことからも国民と接点の多い新聞の1つであり，分析する価値は極めて高い。

　次に分析の方法だが，今回は明治期から昭和戦前期までという長期間を扱うためすべての記事を分析することはできない。「天皇表現」について考察するためにここでは天皇に関係が深い紀元節と天長節に関連した記事を中心に分析

---

[2] 『日本近代文学大事典』第5巻によれば，『読売新聞』は，1874（明治7）年，子安峻，本野盛亨，柴田昌吉という神奈川裁判所の3人の翻訳者が創刊した。創刊半年後の明治8年5月には日刊となり，発行部数は1万部を突破して，東京第1位，そして明治10年末には3万3450部となって全国第1位となった。大正3年には，与謝野晶子が入社，毎日1ページの婦人付録をつけた。大正15年には婦人・娯楽・宗教・教育・農業・少年少女などの特殊欄をつくってこれまでの他の新聞に見られなかったユニークな新聞の型をつくりあげたという。

をすることにした。また『読売新聞』のみを検討することについて異議を唱える向きもあるかもしれない。しかし本論で取り上げる天皇制に関わる用語——ここでは、「皇紀」「聖上」「大元帥」のみを例とするが[3]——を、『読売新聞』と『朝日新聞』戦前紙面データベース（1926〜45年）に、見出しとして使われる年次別数をグラフとすると、以下の図1〜3の通りである。

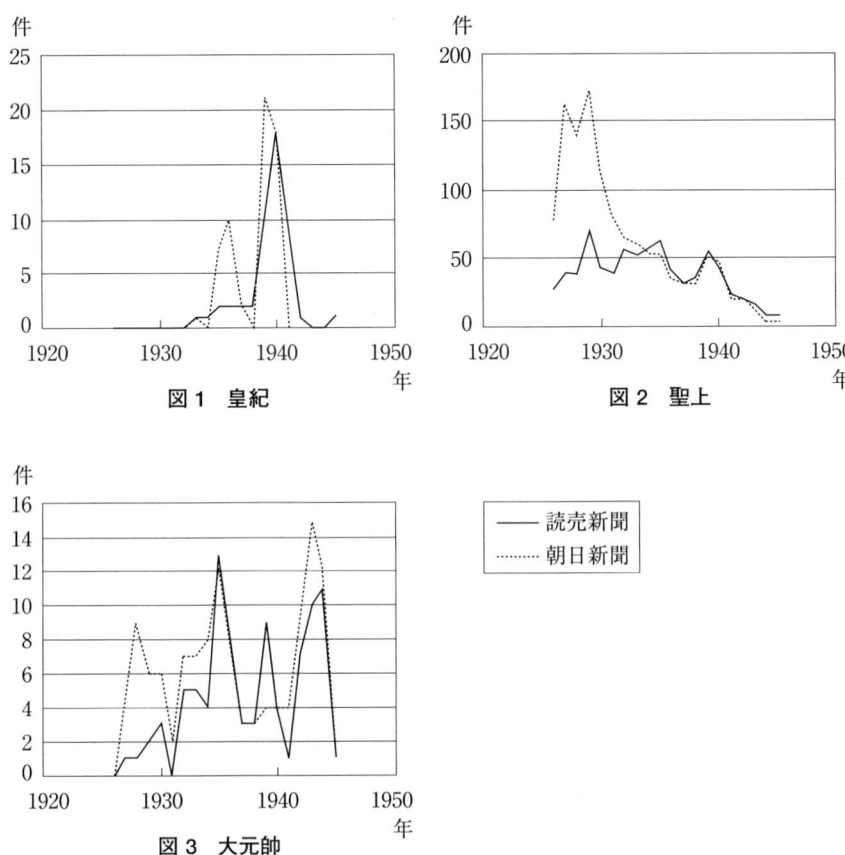

図1　皇紀

図2　聖上

図3　大元帥

―――――――――――――――――――――――――――――――――――
[3]　紙数の関係もあり、この3つを例示するが、他の用語でも差異はあれ、同様な傾向をうかがうことが出来る。

異なる新聞でありながら，数値が上昇する年次は，ほぼ一致しており，その数的推移の傾向には，ある程度共通性が見られるのではないか。また見出しとして出現する数は少ないとはいえ，遥拝・国歌（君が代を含む）といった用語にも，『読売』・『朝日』に類似の傾向がある。この点から見ても，『読売新聞』を分析することは，ある程度普遍性があり，十分意味がある仕事といえよう。なお記事を分析する際には，記事の内容はもちろん，記事の大きさや敬称，言葉の使い方・写真の使われ方などにも特に着目した。

1. 国民に浸透しない天皇 ——1874〜88年——

ここでは『読売新聞』が創刊された1874年から1888年までを扱う。この期間は，紀元節・天長節の記事を見ても，天皇という存在が国民に浸透していないと考えられる時期である。いうまでもなく紀元節は，1873（明治6）年の太政官布告によって定められ，記紀神話の神武天皇即位の日＝1月1日を太陽暦に換算して，2月11日としたものである。

この1874年からの15年間，天皇とはどのような存在だったのだろうか。周知の通り日清戦争までは天皇制は安定していなかったことは間違いない[4]。紀元節から見ていこう。1878年2月12日の記事によれば前日の紀元節の市中は大雪のため国旗を出す家は「平均二丁に一軒」と少なかったという。約200メートル余に1軒という状態だったというのである。次に注目すべき記事は1885（明治18）年2月13日付「読売雑譚」（社説）である。それは以下の通り，極めて興味深い。

---

[4] たとえば前掲『近代日本の軌跡』7 近代の天皇 参照。なおこうした危機感は，岩倉具視が，1882年「府県会中止意見書」で述べる「海陸軍及警視の勢威を左右に提げ，凛然として下に臨み民心をして戦栗する所あらしむへし」と述べる通り，天皇と軍の関係を強めている。『読売新聞』によれば，天皇は，1880年から94年，毎年陸軍士官学校に「行幸」する（海軍兵学校にも，1877年から90年，ほぼ隔年で赴く）。そして日清戦争を通じて，天皇制が安定すると，1896年から1919年は，ほぼ隔年の「行幸」へと変化するという傾向がみられる。

実に我々ハ此の三千年近き年月の間に種々様々の変遷を受け茲に至りたり然れども万世一統の天皇を君主に戴きその御代に棲む事と未だ外国に此の日本を取られたる事なきの二タ事ハ二千五百四十五年前の昔しより明治の今日に至るまで終始変はることなく三千年一日の如き有様なるハ不思議にもまた有りがたし試みに君が眼を開き世界の国々を見よ一系の天皇にして三千年の久しきその国を治め給ひし帝国ある乎又た三千年の久しき一度も外国に取られざる国ある乎隣国の支那朝鮮より遠き西洋各国に至るまで斯様なる不思議の国柄はあらざるべし。

　すなわち建国祭である紀元節に，領土をとられていないことを，「万世一系」の天皇と関連させて論じているのである。領土を「一度も外国に取られざる国」の有り難さを強調し，それを天皇のおかげだとし，国民に天皇を浸透させようとしているのである。国民にとって理解しやすい領土という問題をことさら取り上げることによって天皇の重要性をアピールし，存在感を強めていこうとしているといえよう。逆にいえば，そうしなければならないところに天皇が国民の間にいまだ浸透していないことがうかがえる。

　紀元節に際して，文部大臣が出席する祝賀会で君が代・「新作」の紀元節歌（「雲に聳ゆる高千穂の……」）が演奏されるようになるのは1888（明治21）年以降である。また，同年より「今上陛下」「聖壽」の単語が紙上に出てくるようになる。1888（明治21）年2月10日「文部省にて成りたる紀元節の歌を小学校唱歌の部に加へらるる由」と各小学校へ摺物を配布したとの記事も載る。わざわざ「神武天皇の御徳を頌し又君が代の曲を唱へて今上の聖壽を祝し」と述べるほど，君が代もこの時点では，自明の存在ではなかったのである。

　次に天長節の記事はどうだろうか。天長節とはいうまでもなく今日の天皇誕生日の旧称で，国家的行事となったのは明治以後である。では国民にとって天長節はどのように受け取られていたのか。

　まず1874（明治7）年の天長節前日・11月2日の「説話」（社説）は「又天長節も是までハ大神宮の御祭だの天子様の御先祖の御法事だのと思って居る人も多くあります」と述べている。これはこの時期を象徴する興味深い史料だといってよい。いかに天長節というもの自体が知られていなかったかがうかがわれる。

1875（明治8）年11月27日の記事によると「天長節も（中略）別に祝ひもせず日の丸の旗の事を越中の薬やジアあるまいし赤玉祭りなどと悪口をいひますが」という投書が載せられている。1876（明治9）年11月18日の記事も，「祝日と御大祭に出す国旗（ふらぐ）ハ天長節でさへ東京ハ七分ばかり横町や新道ハ多く何にも出さずまた新嘗祭にも試して見たが是も同様」と，天長節に日の丸を出さない家がかなり存在していた。西南戦争に明治政府側が勝利し，国家統一が名実ともに実現した翌1877年11月28日の記事も，「肥後の国ハ天長節その外日の丸の旗を出す日にハ出さない家があると巡査が諭されるので隅から隅まで一軒も残らず旗を出し」ているのに対し，「東京などハ出す家と出さない家が有」るとの記事が載る。逆にいえば，日の丸掲揚も，巡査による強制が必要であったといえよう。1878（明治11）年11月5日の天長節記事は，「一昨日の天長節ハ天気もよく日曜日でハあり国旗ハ家々に立てつらね」と，日の丸掲揚の普及を伝える。だが，そこでも「中に大通りの大商人や御役所勤めの官員さんで出さない家もあった」と記されるのであった[5]。天長節記事も紀元節の記事と同様，天皇存在が国民に浸透していない様子がうかがえよう。

しかし次の時期へつながる変化の兆しも現れてきていた。1888年の天長節記事は，その意味で象徴的である。「聖上の御写真を拝し」という表現が登場したのである。「小学生徒の天長節」と題されたこの記事は，「来三日天長節に付てハ各公立小学校生徒ハ何れも登校し聖上の御写真を拝し今度編成になりし祝歌を唱へ萬歳を祝す筈なり」と伝えていた。東京の各公立学校でも生徒が登校し式典が行なわれる様子がはじめて記事に掲載されるのである。

この1874年から1888年までの記事の分析の結果，この期間は，天皇の存在感がなお希薄だったことが明らかになった。明治になって突然現れたかのような天皇は国民にとって理解しにくい存在だったといえよう。天長節も祝わず「国

---

[5] なお1884（明治17）年の天長節には鹿鳴館の夜会の様子が紙面に登場した。余興として仕掛け花火が打ち上げられるなど華やかな夜会が催されたようである。そしてこれ以降外務卿（1885年以後外務大臣）が毎年主催し，夜会が行なわれることが恒例となっていく。

旗」を馬鹿にしたり，天長節・紀元節にも国旗を出さない国民のことが紙面に掲載されていたのである。すでに明らかにされている通り，この時代，天皇は小話のネタにされていた[6]。国民にとって天皇は強く意識される存在でもなければ，まして崇拝の対象ではなかった。

　しかし1888年頃から天皇に対する報道ぶりは少しずつ形を変えていく。それまで時折紙面に現れるに止まっていた「聖上」（天子の尊称）表現の一般化である。1888・89年，「今上陛下」「天皇陛下」という天皇表現も現れる。大日本帝国憲法発布，教育勅語発布を前に，それまでこのような表現をされた記事が少なかったにもかかわらず，「聖上」「陛下」という表現が日常化したことは大きな変化とみてよいだろう。

2. 天皇の「聖」化と国民意識の温度差 ——1889〜95年——

　第2の時期は天皇の「聖」化をもって特徴づけられる。紀元節から見ていこう。1889（明治22）年2月13日の「上野公園へ行幸行啓」という記事には，「叡聖文武明治天皇」（傍点引用者）という表現が現れる。天皇・皇后が紀元節の日に上野公園へ「行幸」「行啓」した時の記事である。「叡聖文武明治天皇陛下ハ一昨日を以て憲法並に議員法，選挙法，会計法，貴族院令を我々臣民に授与せられ序で皇后陛下と共に青山練兵場にて観兵式を挙げられたる」として，以下のように語る。

　　我々臣民たるもの何の幸が生れて此明世に遭遇して以て聖恩の深さに浴し仁徳の高を仰ぐ事を得我々臣民何を以て之を謝し奉らんことを知らざるなり聞説く西洋の諸国

---

6) 鹿野政直氏は，かつて「『この頃天子様は喘息を御累ひなさる，何故といふに頬にぜいぜいとおっしゃる』とか，あるとき天皇が高楼から東京市中をみわたして，『高き屋に登りて見れば烟りたつ』とだけくりかえすので，侍従が『恐乍ら下の句は何と申し升かと伺しかば，天子様曰く，朕は下の苦はしらぬ』などというそのころの一口ばなしは（『開化問答』）そうした反政府的な要求を庶民的な機智でいいあらわした実例といえるであろう」と指摘している（『資本主義形成期の秩序意識』筑摩書房，昭和44年）。

にてハ其人民参政の権利を得んと欲し血を流し屍を積みわづかに此権を得たりしに独り我日本に於てハ麗日和風大平歓呼の中にこの権利を有たることに得るに至るハ是れ実に我聖天子の大恩にあらざるはなきなり。

　この史料は次の点で大きな意味をもつ。第1に「我日本に於て」人民参政の「権利を有たること」が「聖天子」のおかげだというのである。1889年は大日本帝国憲法が発布され，同時に皇室典範，議院法，衆議院議員選挙法などが公布された年でもあった。憲法発布によって日本「人民」が「参政の権利」をもつとし，それを天皇と結びつけて，人々に天皇の「有り難さ」を強調している点が注目されるべきであろう。

　そして第2には，「各区各町学校組合等夫々の思付を為し或ハ宮城門外或ハ観兵式の御道筋にて奉迎し洋々と謳ひ起る『君ケ代』の中に両陛下の万歳を禱り奉つり又市中到る処にハ国旗を掲げ提灯を懸けアーチ杯種種の飾り付を為し以て寳祚万歳を祝し奉り其喜悦連呼たる様」という憲法発布を歓呼する人々の存在である。君が代という単語を強調するように「　」が初めてつけられた点，及び日の丸掲揚が一般化しつつある状況は重要であろう。

　第3には，「此吉日にハ全国到る処祝賀の式典を挙げしハ我紙上に掲載さる各地よりの電報にて分明なるならん電信の通ぜざる所ハいざしらず北ハ札幌より南ハ鹿児島に至る迄ハ昨日ハ日本国中歓喜の声溢れし報知ありし」という祝賀の全国的広がりである。「日本国皇帝陛下萬歳日本人民萬歳」で結ばれる同記事は，天皇表現が新たな段階に入ったことをも象徴しているようである。

　それは天皇の位置の変化の現れであった。すなわち大日本帝国憲法発布前後に天皇が「聖」なる存在へ変化していったのである。文中に登場する「聖恩」「叡聖」（聖明の意）「聖天子」といった単語の「聖」の文字は天子に関する物事の上につける敬称で，一般化してきた「聖上」表現とあわせてまさに急激に「聖」化されていく天皇の姿をとらえることができる。

　しかし紙面がいかに「聖」なる存在を強調しようとも，国民意識は簡単には変化しなかった。憲法が発布されたからといって急激に意識が変わることは不可能だったといえよう。1890（明治23）年2月8，9日には東京の区や養育院

などでの2月11日の過ごし方の予定についての記事があるが,「御影」「御写真」の表現はあるが,「聖」の文字は見られない。2月8日の記事は,「憲法発布記念の祝意」と題して,「日本橋区京橋区にてハ来る十一日ハ憲法発布式の一週年に付祝意を表する為め軒提灯を掲げ何か趣向を為さんと総代ハ目下頻りに奔走中」と伝える。この記事は,2つの点で注目をひく。1つは,紀元節以上に「憲法発布式の一週年」が前面に出ていることである。第2には,「何か趣向を為さんと総代ハ目下頻りに奔走中」という部分である。型にはめられた催しはまだなく,「自主的」に何かしようとする雰囲気が見てとれる。

養育院についての記事も,「来る十一日の紀元節ハ憲法発布の一周年祭に当るを以て本所長岡町の養育院にてハ両陛下の御影を会議所に飾り在院の貧民一同之に参拝し工業を休み赤飯を炊き質素ながら祝意を表す」と伝える。ここでも,「憲法発布の一周年祭」への祝意が中心であった。11日の紙面には「昨日までの所にてハ全区総掛りのお祭りを企てたるハ殆どなきが如く大抵ハ一部の団体一二の町内会が軒提灯でも点ける位の有様なり」という一節も見られる。昨年まではこうした地域での祝賀関係の記事はなかった。しかしそれにせよ,各郡区の一部でしか祝意を表さなかったことが,この記事からうかがわれる。君が代についても依然として「唱歌」として扱われており,「国歌」という表現が紀元節・天長節の記事に現れるまでにはなお20年近くの時間が必要だった。さらに「国歌」として教科書に載るのは1936年のことになる。

こうした中で,同年2月12日の紙面には上野公園に各学校の生徒らが集まり,球投げなどの遊戯を行なおうとしたことなどが記されている。紀元節に厳かな式典を催すのではなく,運動会をするといった催しで祝意を表していることがわかる。また大井憲太郎や中江篤介（兆民）らが,憲法発布と大隈重信外相による條約改正交渉中止の祝宴が開かれたという記事も見られる。これらも,紀元節が,運動会や祝宴の「だし」として使われている面は否定出来ない。しかしこのような催しをするようになったということだけでも少しずつ天皇の「聖」化に国民が取り込まれだしていることも確かであろう。1891（明治24）年になると貴族院・衆議院両院の紀元節祝賀の酒宴の様子が紙面に登場する。

しかし他面，1893年に小学校大祭日の儀式規定が変更され，五大祭のうち「元始祭・神嘗祭・新嘗祭」が任意でよいとされた。この「小学校大祭日儀式規程の変更」は，「原始祭・神嘗祭及び新嘗祭の三祭日ハ此禮拝を行ふと否とを各学校の任意に任せたり今其理由なりと云ふを聞くに屢屢小学校生徒をして祝祭の儀式を行はしむるハ反て各生徒をして嫌厭せしめ是れが為めに恭敬の意を歙くの恐れ尠からざるに付今回の改正を見るに至りたるなり」というものであった。天皇制を人々にしっかり認識させようとする祝祭日も，頻繁に毎回登校させることは，生徒の「嫌厭」を招きかねないという理由であった（『読売新聞』1893年5月6日付）。しかし残る2つの紀元節・天長節は任意ではなくその祝い方は強制的なものとなっていったと見ることも出来る。そして日清戦争下の1895年になると紀元節は，貴衆両院議員及政府委員祝勝会が開かれ，『読売新聞』は，以下のように伝えることとなる。

　　敵国の関門と頼みたる旅順口及び威海衛ハ既に我軍のために陥落せられ北洋艦隊の精鋭定遠等亦既に我艦隊の撃沈する所と為る此の空前の快事に会ふ四千萬民衆誰れか一大白を挙げて祝せざる者あらんや（1895年2月12日付）。

　日清戦争の勝利の中で，紀元節も人々の間に定着し始めたと見てよかろう。
　一方，この時期の天長節の方は，どうだろうか。1889（明治22）年11月3日の天長節は，あわせて嘉仁親王（後の大正天皇）の立太子式典も挙行された。天長節と立太子礼という2つの行事が重なったため，全国的にお祝いのムードが高まった。その中ではじめて函館から福岡まで各地の天長節祝賀風景が紙面に掲載されるのであった。
　1890（明治23）年11月6日，正則予備校での祝賀の様子が伝えられる。「同校生徒一同ハ去る天長節にハ午前六時半参校して両陛下の御写真を拝し夫より校長が今回発布されし　勅語を朗読し次で生徒一統君が代の唱歌を謡ひ」というこの記事で注目すべきは「御写真」「朗読」の言葉である。前述したように天皇が「聖」なる存在へと変化していく中で，天皇から「賜る」勅語においてはなお「朗読」という言葉が用いられていることは注目に値する。なお「奉読」になっていないのである。「今回発布されし勅語」というのは10月30日に発布

された「教育ニ関スル勅語」であることはいうまでもない。この催しも、その後、運動会が実施されている。

　1891（明治24）年に入ると立太子式を終えて初めて皇太子が天皇とともに観兵式に臨む（1891年11月3日）。翌1892（明治25）年10月31日、「(ママ)来十一月三日の天長節にハ陛下の御盛徳に関する詳細の記事を掲げ聊(ママ)が祝意を表せんとす」という読売新聞社告が初めて登場する。同年11月3日には「聖壽萬歳」と題した記事が掲載された。そしてこの記事には菊の紋章が描かれるのである。これまでの記事では菊の紋章は描かれていない。同記事には「現御神(あきつみかみ)天皇の此世にあれ」「聖徳の一斑」などの言葉が、管見の限りはじめて登場するのである。

　この「聖壽萬歳」という記事は、以下のように述べるのである。

　　懸まくも畏き現御神天皇の此世にあれ出ましく其日にしもめぐりあへれバなりけれ（中略）我大八洲国領知を道ハ武く雄々しきを本とさせ賜へる神代のままの道を履せ賜ふと。

　さらに「聖徳の一斑」として、「嗜好を謹み給ふ事　厳粛を守り給ふ事　善く知り善く任じ給ふこと　道を以て情を制し給ふ事　文武を兼備し給ふ事」と天皇を賛美するのであった。天皇表現は、明らかに新たな段階に入ったといえよう。1893（明治26）年には天候不順により天長節観兵式（1891年初出）は中止となり、翌年1894年8月1日に日清戦争宣戦布告、天長節当日に大本営への行幸予定が掲載された。日清戦争宣戦布告後、各地の様子とともに、翌年日清戦争に勝利する中での天長節記事には、韓国「京城」の「小学校」で君が代を歌うなどの天長節風景が掲載されるのであった。そして日清戦争期には、天皇の広島行幸と戦勝の中、天皇個人を指す「大元帥」表現が見出しで36件も出現し、「大元帥陛下」の表現も、12件見られるようになる。

　ここでは1889年から1895年までを扱った。この時期の特徴としては、天皇を「聖」化する表現が頻出するようになった点である。「聖」のつく単語の使用などにより、前述したように天皇意識は徐々に変わりつつあったといえよう。皇室の紋章である菊が紙面に描かれることなどからも「皇室尊重」「天皇尊重」

を読み取ることが可能だ。しかしその「聖」化の動きに対し国民意識の変化はなお必ずしもついていっていない。学生が上野公園で運動会をしようとしたり，日本全国でお祝いムードが高まったことは事実だが，変化の速度は遅く戸惑いさえも感じられる。1890年2月8日付「十一日ハ憲法発布式の一周年に付祝意を表するが為め軒提灯を掲げ何か趣向を為さんと」の一文に象徴されるように何か「祝意」を表そうとはするが，何をして祝ったらいいかわからないという雰囲気もうかがわれる。「聖」化していく天皇と国民の意識の間には，ずれがなお存在していたと見てよかろう。

3.「御真影」表現の一般化と明治の終焉 ——1896〜1915年——

　1895年4月17日，日清講和条約調印により，以後の台湾植民地化戦争を除き日清戦争は終結した。この日清戦後の第3の時期は，「御真影」表現の一般化をもって特徴づけられる[7]。1896（明治29）年には，それまで様々に表現されていた天皇の写真への表現がほぼ紙面で「御真影」という言葉に統一されていく。また「不敬事件」という表現も出現する。『読売新聞』1896年3月12日付は，「第二高等学校の不敬事件」と題して，「去る二月十一日の紀元節教師米人カロザーハ御真影に対し拝禮することを肯ぜざりしかバ職員及び生徒ハ非常に激昂し一同申合せて出校せず為めに臨時休業せし程なり其折合甚だ悪しく為めに校長も殆んど困じ果て遂にカロザーを免職することに決心し」たと報じるのである。すでに周知の通り1891（明治24）年，内村鑑三が教育勅語に対して拝礼しなかったという不敬事件はあるが，紀元節・天長節関連の記事にもこのような事件が載せられるのは，この時がはじめてであった。さらに1898（明治31）年の紀元節の際，新潟県尋常師範学校で「太閤記十段目」（尼崎の場）が演じられたことが問題になった。「師範学校内の『太閤記十段目』に就て」というこの記事は，以下のように述べている。

---

[7]　「御真影」表現は1889年から紙面に登場するが，その後も，「御写真」「御親影」などと表現され，なお「御真影」に統一されていない状況が続く。

新潟県尋常師範学校においてハ去十一日紀元節の祝賀会に際し生徒相集り校内において太閤記十段目の演劇を催し職員も其興を助けたりとの事世上に流布せしが文部省にてハ此程其実否如何と勝間田県知事及該校長久保田貞則氏に向て問合せたりと。

　その後もこの話題は2月27日，3月5日の2回にわたり掲載され注目を集めた。紀元節に，天皇以外の存在を持ち上げることすら問題となりはじめた可能性が高い。1901（明治34）年には「帝国大学・学習院・華族女学校・高等師範学校其他各公私立学校にてハ午前八時より一同登校の上両陛下の御真影を拝し」との記事が掲載されるのである。御影・御写真は「御真影」に統一されたのである。次の1901（明治34）年2月13日付の記事は，この点を示している。

　帝国大学，学習院，華族女学校，高等師範学校其他各公私立学校にてハ何れも午前八時より一同登校の上両陛下の御真影を拝し「高千穂」「君が代」の唱歌を唱へ式の如く奉祝の式を挙げたるが当日ハ降りみ降らずみの天気とて市中ハ国旗の影尠く随て全体に余り賑はしく見えざりしかと。

　文部省の威令が及ぶ学校では，一律的儀式化が進みだしていたことは間違いない。しかしなお「君が代」は，「唱歌」であり，天気が悪いと「国旗」の掲揚も少なく，奉祝気分も乏しいことがうかがわれる。
　1903年になると紀元節を「国民祭」として位置づける動きが出てくる。2月11日付の記事は，注目される。「国民祭としての紀元節」というこの一文は，1901年のような状況を受けてか，「独り怪む毎年三大節の一たる紀元節において国民慶賀の状態が大に他の両者に及ばざるの実状あることを」と，前提する。そして北清事変の講和会議で「脱亜入欧」を果たし[8]，大英帝国と日英同盟を締結出来た自信を背景にしたのであろうか，以下のように述べるのである。

　郷土開拓民族膨張を以て建国の大主義とせられたるも亦青史の明示する所なり神武天皇が，都を橿原に奠め玉ひ，始めて天下に君臨ましませし時ハ，大八洲建国の大主義が始て形式的に成立せられたるものとして，我邦家の有らん限り国民の忘るべからざる記念日なるを知らざるべからず。

8）　北清事変の講和会議で，大日本帝国は，欧米側に席を占め，ビジュアルな面でも「脱亜入欧」を果たす。

とりわけ「郷土開拓民族膨張を以て建国の大主義とせられた」という一文は注目される。「民族膨張」を「建国の大主義」だとした上で、この記事は、紀元節が人々に浸透していない状況の改善を、次のように提言する。

> 建国の大主義未嘗て一度も銷沈せず、近時大に発展するの傾向あるを思ふて、盛に其記念日を慶せざる可からず、祝賀の絶えて行なはれざるにあたらずも、其賑ひの度の、元日と天長節とに比して大なる遜色あるハ従来の事例が明々地に立證せる所なり、今月今日も恐らくハ又然るべしと信ず。

そして「我輩ハ四千余萬の同胞が此の記念日を以て国民の大祭日と心得、深く建国の大主義に想到し、一方には皇祖皇宗の雄図を喜び、他方にハ将来に向て斯大主義を失墜せざるべしとの勇を鼓し、戸戸業を休み家々職を擲ち、和楽の情、奮励の気、相錯踪して大平の春に満ちんことを希望する」と述べるのである。これは紀元節が「元日と天長節とに比して大なる遜色ある」状況を、国民皆が祝う日にしようとの趣旨であった。

1904年2月10日、日露戦争の宣戦布告は、このような雰囲気をさらに強めたであろう。翌2月11日には宮中に大本営が設置される中、台湾の紀元節の様子なども掲載されるようになる。2月12日の「台湾の紀元節」という記事は、日本人だけの催しであったと思われるが、次のような盛大な奉祝ぶりを伝える。

> 当地台湾神社において紀元節の祭典あり参拝者非常に多し各戸国旗を掲げ特に戦勝の結果にや士気平生に数倍せり各所に祝宴を開き且松明行列を為して各市街を練り行けり。

1905年9月に日露講和条約によって日露戦争は終結した。1906年には「殊に今年の如きハ世界の強国と戦ひて勝ち国運更に一段階昇りて、一等国の伍伴に入りたることなれバ、国民がこの大記念日を祝するの情も亦一層痛切ならざるべからず」という記事が現れることとなる。1907（明治40）年には「勅語奉読」の言葉が見られる。しかしなお「雲に聳ゆる」「君が代」の「唱歌」が歌われたとされ、君が代もなお「唱歌」の扱いに止まっていた。1908年2月11日付の読売新聞は、「紀元節」と題して、「神武天皇即位二千五百六十八年の紀元節は

来たれり」として以下のように主張する。

　三大節は維新の始めにおいて定められたるものなれども，其の来歴は素より古くして宏し。(中略) 皇祖尊業の偉蹟を偲びて，更に将来における国運の発達を思うは，新取的国民(ママ)の元気を鼓舞する上において最も重要のことなる可し。今日の佳辰は実に古く二千五百六十八年の偉蹟を尋ねて，近く二十年前における大業を記念す可き二重の国民的大祝節なるにおいて，国民が之を祝するの情の決して之を今日の如き有様に止め置く可きにあらざるなり。

「今日の如き有様に止め置く可きにあらざるなり」とこの記事が述べる通り，紀元節をなんとか「国民的大祝日」としていこうとするのである。逆にいえば，紀元節が人々に受け入れられていない様子が読み取れる。それ故であろうか。人々の記憶に新しい憲法発布を持ち出し，「二重の国民的大祝節」であることを強調するのである。

　翌1909（明治42）年2月12日付『読売新聞』の東京市の祝賀会風景記事は，3つの意味で注目される。第1は，「東京市の憲法発布二十周年記念祝賀会」という表現である。紀元節よりも，憲法発布記念日として，2月11日は，当時認識されていた可能性が高い[9]。第2には，記事に見られる「最初に君が代の国歌を奏し」という表現である。管見の限り，これが，『読売新聞』の記事に現れた初の国歌表現である。これまでは君が代は「唱歌」としての扱いであったものが，紀元節が「国民的大祝日」として強調され始める中，君が代も「国歌」としての役割を担うようになってきたのである。第3には，この祝賀会の席上の板垣退助（伯爵）の祝辞である。彼は，「思ふに今日我邦が軍備の膨張を行ひ以て国防を充実し条約の改正を為し以て列国と対等の地位に進み更に日清日露の戦場を勝ち得たる所以のものは是固より[10] 陛下の聖徳の為す所なり」と述べ，天皇と戦争，国家の「栄光」が結び付けられるようになってきていたこ

---

9) 当時なお「神武天皇」が，人々に必ずしも強く意識されていなかったことが，憲法発布20年が強調される結果となったと考えられる。
10)「陛下」の前のスペースは，天皇・皇室などに敬意を示すための闕字。なお闕字の初出は，『読売新聞』では，神武天皇を除くと1889年である。

とをうかがわせる。文字通り大きな変化が日露戦後起こったといえよう。
　この第3の傾向は，これ以降強まっていく。翌1910年には，紀元節毎年恒例の豊明殿御宴には徳大寺侍従長の奏請に依り，天皇が「大元帥の御正装」で出席している（『読売新聞』1910年2月12日付）。紀元節においては初の「大元帥」の服装の登場である[11]。
　1912（明治45）年7月30日，明治天皇が61歳で死去し，皇太子嘉仁が践祚し大正と改元されても，この傾向は変わりなかった。同年8月28日には「天皇陛下には大元帥の御正装に御喪章を附し」との記事が掲載されている。「大元帥」の服が天皇の礼服として定着したといえよう。
　翌年1913（大正2）年の憲法発布25周年には前年の天皇の死去に伴い，国旗掲揚には喪章をつけること，市役所，学校は挙式の際も国旗は禁止，電車は喪章をつけた国旗を掲揚することが「訓示」された（「紀元節と東京市」1913年2月4日付）。1914（大正3）年になると，紀元節の記事に「神武天皇」の文字が目立つようになる。2月11日付の「紀元節と国民教育」という記事は興味深い。「紀元節は一般の祝日たると同時に，家庭及び学校において，建国の歴史を説き国体の精華を談するに絶好の機会なり」と，はじめて「国体の精華」という言葉が登場し，それを考える「絶好の機会なり」と紀元節が位置づけられるのである。「建国の歴史」や「国体の精華」が強調されるのは，新しい天皇の権威が低かったためではないのか。さらに同記事は，文部省の方針を，「今回全国各直轄学校及び中等諸学校に対し，本日を以て教育勅語の外更に憲法発布の勅語を奉読せしめ，又小学校においてその要旨を講話せしむるの新例を開き」と，新たな国民思想対策もとられだすのである。1915（大正4）年になっても「諒闇大喪第三期喪中」につき紀元節の公式の式典はすべて中止となった。明治天皇の存在は圧倒的だったのである。ちなみに大正天皇の死亡の際はこうした記事は現れない。

---

[11] なお1911（明治44）年には天皇が施薬救養費として150万円下賜したという記事が恩着せがましく掲載される。施療済生の勅語とセットの，明らかに大逆事件をうけたものである。

天長節の記事に移ろう。日清戦後の1896（明治29）年の天長節夜会は帝国ホテルに内外貴顕2000人あまりを迎えて盛大な舞踏会が行なわれた。翌1897（明治30）年は皇太后大喪につき夜会は見合わせられる。しかし11月3日，自由党などが天長節の祝賀を開く。大喪なども徹底していなかった節がある。

1898（明治31）年11月22日には千葉小学校での「不敬事件」が問題となる。「千葉縣千葉町高等小学校に於て校長外職員七八名御真影の御前にて酒宴を開き同町の芸妓数名を招きたるハ不敬の挙動なり」という記事である。前述した紀元節でも1896年に不敬事件が紙面に登場していたことからも，次第に天皇が絶対性を伴った「聖なる」存在へと変化していったことは確かである。1901（明治34）年には都合により天皇が観兵式に行幸しないことが発表されたにもかかわらず，天長節夜会は招待客も前年の倍，大規模に催されたという。

1904（明治37）年，日露戦争下，『読売新聞』の1904年10月13日付社告は，以下のように述べる。

　皇師頻りに勝を奏して，国民大に外に張るの時に於て，我允文允武なる天皇陛下ハここに第五十三回の御誕辰を重ねさせ給ひ，我等ハ光栄ある戦勝国の臣民として，歓欣抃舞以つて軍国の天長節を祝し奉らんとす。

そして允文允武（文徳・武徳を具備した）の天皇に対し，同紙は，「我社の微力亦敢へて奉祝の誠を表し奉らん為め，当日の頁数を増加して数十頁とな」すと，戦勝の中，奉祝のボルテージは上っていく。同年11月4日には「敵は未明より我左翼軍を砲撃す何等の損害なし恰も我賀辰を祝する祝砲に異ならず」という記事も見られるのである。翌日にはロンドンタイムスの天長節についての記事が日英同盟を強調するかのように掲載される。

この中で，日清戦争期と同様，1901年から1905年，見出しに「大元帥陛下」の表現が21件現れる（1904・05年で11件）。また1901年，天皇の病気の際に見出しに使われた「聖上」表現が，1903～1906年，5件見出しに見ることが出来る。

1906（明治39）年，日露戦争中は行なわれていなかった天長節夜会が復活した。大国・ロシアに勝ったこともあってか，この天長節夜会は，従来の帝国ホ

テルでは手狭となるほど盛大なものとなったという。同年の夜会会場には菊を飾ったり，御真影を飾るなどの装飾も施された。装飾内容が詳細に記事にされるようになるのはこの時期からである。同年の学校での奉祝会は御真影の拝礼，勅語奉読，唱歌などが行なわれたという。

　翌1907（明治40）年には「今上陛下の御成徳(ママ)」と題した記事が掲載された。「御成徳」「御聖恩」「御聖明」など天皇を称える表現が多く用いられ出すのである。そして天皇は，これ以降，毎年大元帥の軍服を着用し，式典に出席するようになった。先に見た紀元節より早い大元帥服の着用である。1910（明治43）年には，「西洋人と天長節」と題して「我国のやうに国民挙って天長節を祝ふなどといふことは元よりなく（中略）日本程盛大に祝する処はないといっても好い」と西洋諸国と比較することによって天皇の誕生日を国民皆が祝うことの重要性をアピールするのであった（11月3日付）。暗に日本が，欧米よりも優れていると言わんばかりに。さらに韓国「併合」との関連か，この1910年，見出しの「聖上」表現は，1年に10件と，それまでの最高を示すのである。

　しかし1912（明治45）年7月30日の明治天皇の死去は，天皇制を取り巻く状況に変化をもたらした。7月31日掲載された「論議　新天皇践祚」と題された文章は，象徴的である。30日の践祚の儀をうけて，この一文は，以下のように述べる。

　　新天皇陛下は，ここに皇祖皇宗の神益を享けて萬世無窮の大統を継がせ給へり七千萬臣民は　先帝を哭し奉る涙の中にまた新　天皇に対し奉りて忠誠を誓ふの念を固くせざる可からざるや申すまでも無し。

　この文章は，次の点で注目される。「〜せざる可からざるや」——「〜しなければならない」という表現を用いたということがそれである。自明の事実であれば「しなければならない」という表現は使わないであろう。若年の天皇の誕生が，『読売新聞』にもある種の危機感を与えていたことは間違いない。また同年8月11日には「中興節設定の議」という話題が出る。「明治天皇陛下の天長節十一月三日を明治中興節[12]と申上げ奉りて先帝の御偉業を記念し奉りたしと元老宮内大臣まで進言せんとしつつあるものありといふ」というこの

記事は，興味深い。明治天皇死去から2週間もしないうちに中興節をつくろうとする動きは，影の薄い今後の大正という時代を現しているといえるかもしれない。

同年8月31日の社説「論議　大正天皇天長節」も，注目する必要がある。長いが引用してみよう。

> 本日は今上天皇陛下第一の天長節なり。時大喪中に属するが故に宮中に於ける御祝典の儀更に行はせられず，臣民参賀奉祝の事も其義に及ばずと仰せられたれど国民の至情としては此の大正第一年の天長節を如何でか平日の如く過得べき。そもそも　今上陛下の資性叡聖文武にましまし御年歯又少壮に渡らせ給ふは萬民の夙に欽迎し奉る所なり。顧みるに　明治天皇陛下が維新の初めより明治四十五年の本年に至るまで帝国中興の宏業を完成し給へる間の御辛苦は申すも畏き極なり。

わざわざ新天皇の「資性叡聖文武にましまし」，「御年歯又少壮」と語るこの社説は，「帝国の歩調を誤まるをなく　先帝陛下の偉業を辱しめずして其の完成期せんことは一に　今上陛下の御稜威を仰ぎ奉るの外なしと雖も，亦国民一般の堅牢なる覚悟を要す」と結ぶ。いわば「陛下の御稜威」を前提としつつも，「国民一般の堅牢なる覚悟」なしにはやっていけないというある種の不安感さえうかがわれるのである。新天皇の時代になっても明治天皇の影響は根強く残っていることが読み取れる。原武史氏も著書の中で触れているが「新天皇にとって「先帝ノ偉業」はあまりに重すぎた」[13]のだと言えよう。

翌1913（大正2）年7月19日には天長節祝日が10月31日に決定したという記事が突然登場する[14]。「天長節祝日」というこの記事は，「天長節祝日十月三十一日尚ほ右の結果宮内省告示第十五號を以て左の通り発表せられたり」として以下のように述べる。

> 天長節に付ては自今八月三十一日に在りては天長節祭のみを行はせられ特に十月三

---

12) この明治中興節への動きは，1927年，明治節として定められ，新年節・紀元節・天長節とならび，四大節として重視されることとなる。
13) 前掲『大正天皇』参照。
14) なおこの天長節の変更については，原氏は，前掲書で触れていない。

十一日を天長節祝日と定め宮中に於ける拝賀宴会は同日に於て行はせらるべき旨仰出さる天長節に付き宮中に参賀し又は賀表を捧呈する者は十月三十一日に於て之を為すべし。

「気候を考慮し」時期をずらしたのだというが、『読売新聞』では1916（大正5）年10月29日付の「コドモノシンブン」というコーナーではじめて理由に言及している（後述）。少なくとも誕生日が、ずらされたことは間違いない。1914（大正3）年、日本は、第一次世界大戦に参戦する。その中で、「軍国天長節」と題する記事も現れるが、そこでも、「明治大帝の大業」「明治大帝の偉業」が繰り返されている。

本節は1896年から1915年を扱ってきたが、この時期の特徴は、以下の点にあろう。日清戦争終結後から紙面上では統一された「御真影」表現、そして前述したように勅語「朗読」から「奉読」への表現の変化、また君が代の「国歌」化、さらに見出しでの「聖上」・「大元帥陛下」などの使用が、それである。日清日露の戦争を経て明治天皇が「聖」化されていく期間が、この時期であったといえよう。日清戦争までの段階では天皇を「聖」化させたい思惑と、国民意識にずれが生じていることは、先に言及した。しかしここで扱った期間では、新聞も天皇の「聖」化を後押しし、国民意識レベルでも天皇は「敬うべき」「聖なる」存在へと変化したと言えるだろう。であるからこそ「不敬」事件が問題になるといえよう。

しかし「聖」化を果たした明治天皇の死去の結果、新天皇には明治天皇の「御偉業」がついてまわった。また大正期の天長節の記事から見て、1912年から13年に起こった第一次護憲運動などが危機感を与えていたことは間違いない[15]。

その結果、『読売新聞』の天皇表現に、変化が顕著に見られるのである。第1に、1912年から1922年まで、見出しに「聖上陛下」表現が、計58件（1912年

---

15) 松尾尊兊氏が、かつて『民本主義の潮流』（文英堂、1977年）で指摘した第一次護憲運動での尾崎行雄の桂内閣弾劾演説（「彼等は玉座を以て胸壁と為し詔勅を以て弾丸に代へて政敵を倒さんとするものではないか」）は、こうした点を象徴する。

14件，14年10件）が現れたことである。第2には，大正初期の『読売新聞』の2つの社説に登場する「現人神」表現である。

　この2つの社説は，極めて興味深い。第一次護憲運動の余燼冷めやらぬ1913（大正2）年11月13日付の「国民精神統一建議案」は，「現人神」表現が現れる。なぜ大正天皇に対して，「現人神」が使われたのであろうか。そこには，明治末から大正初期の政治や社会への『読売新聞』の，以下のような凄まじいほどの危機感があった。

　　挙世滔々功利的なる唯我独尊教に赴き，小なる現実我に執着の結果は，厭世悲観の徒を出すに至りたり。

　国民の自我への目覚めを，功利的・唯我独尊・我執というように受け取った同紙は，「歴代の天皇は現人神」，「天皇を神化し，徳政を予期する点」こそが「国運隆盛の端」となるのだといった主張することになる。

　1915（大正4）年11月6日の「東京御発輦」という社説は，即位大礼式典のために京都に向かう天皇を，「陛下現人神（うつひとがみ）はにてまします」と断定する（ルビは原文）。同社説は，3ヶ所で「現人神」表現を使うのである。その背景には，第一次世界大戦下，同盟国イギリスが厳しい戦争を戦っている最中に，中国に対華21ヶ条要求を突きつけ，欧米の激しい対日不信を招いた国際的孤立感があったと考えられる。この社説には，以下のような一文が見られるのである。

　　思ふに我帝国の地位たる，欧米列国と密接し来り，愈々世界の日本となるに至りたり。帝国建国以来の聖謨は愈々展開せんとするの時期に達したるものゝ如し。皇運を輔翼し奉るにつきて吾々国民の最も力を致さゞるを可らざる時期に到達したるなり。吾々ハ祖先代々より覚悟し来りたる忠誠を皇祖皇宗以後御歴代の現はれ給へる現人神の御前に披瀝し奉り，吾々の子々孫々が今後の御歴代に仕へ奉るの素地を固定し置くの時期に到達したるなり。

　内外の危機感におそらく触発され，『読売新聞』は，こうした神話的視点から，国民の忠誠を確保しようとしたと考えられる[16]。しかし時代は，大きく

---

16) 補注　次章に見る田中智学の「八紘一宇」造語も，奇しくもこの時期であったことは注目に値する。

変容していた。さらに明治天皇と異なり，カリスマ性に乏しい大正天皇というパーソナリティは，こうした現人神的方向を以後展開していくことを不可能にしていった。天皇に対して，直接的に現人神表現が，紙上に登場するのは，管見の限り，対米英開戦後国民が勝利に酔っている1942年まで飛ぶこととなる。

そして新天皇を，現人神としていく方策も不可能な結果，逆に「明治天皇」「神武天皇」を持ち上げることにより，「聖」なる天皇を維持しようとする動きを強める結果となったといえよう。

4. 民衆を意識する紀元節・天長節 ——1916〜31年——

1916〜31年の紀元節・天長節の記事の特徴は，著しく国民の眼を意識していることである。まず紀元節の記事から見ていこう。1916（大正5）年の紀元節に際して，『読売新聞』2月10日付は，「あしたの紀元節　▽大典後第一年の新しい計画　▽立憲国の将来を祝福するため」という見出しで，以下のように述べている。

> 今や欧州の大戦争を背景にして我が国運いよいよ発展の際，日本建国の記念日，先帝の憲法を発布せられた其の日以外此の佳日を迎へる国民の胸には何か新しい意義が齎されなければならない。

紀元節が，「立憲国の将来を祝福するため」と位置づけられていることは，この時期を象徴するかのようである。同時にこの一文は「各学校で拝する御真影も奉戴したのであるから小国民の胸にも自ら新日本の使命とそれに対する各自の責任が強く印せられるであろう」と述べ，国民に対して「あるべき姿」を説くのであった。また同年2月11日には「建国の精神と立憲思想」という以下のような社説が掲載される。

> 本日は帝国肇造の佳節なり。臣民一般に此佳節の意義を知識し，我建国の精神を奉体し，祖宗の威霊を仰ぐと共に皇謨を翼賛して益々国家の丕基を鞏固にし，八州民生の慶福を増進し，以て伝来の宏図を恢弘し，歴代の偉業を大成することを思はざるべ

からず。
　大凡そ臣民忠義の道は国体の擁護，君徳の輔翼，君命の奉行(ママ)を以て三大要綱と為す。

　この社説は，以下の2点で注目をひく。第1は，明治期，大日本帝国憲法発布と結びつけられることが多かった2月11日が，「帝国肇造の佳節」として，「建国の精神」の「奉体」が強調される前段である。いわば大正天皇の権威の低さ（もちろん明治天皇と比してのものであるが）を，神話的「伝統」で補完しようとする姿勢を見ることが出来る。そして第2には，この問題と関連して「臣民忠義の道」が強調され出していることである。「大凡そ臣民忠義の道は国体の擁護，君徳の輔翼，君命の奉行(公)を以て三大要綱と為す」という一節は，国民のあるべき忠義の姿が描かれていた。しかし同時に，それらが「立憲思想」とともに語られる時代が出現したのであった。第一次護憲運動に見られた天皇制の揺らぎが，「立憲思想」，神話と，「臣民」の「忠義」への依存を強めたと見ることが出来る。

　それは，以下の1917年の新聞記事からもうかがわれる。1917年2月11日の同紙「コドモノシンブン」のコーナーには「紀元節は，神武天皇が長髄彦を殺して，大和の橿原に都を定め，そこで御位におつきになった日を祝ふのです。その日から今年まで，二千五百七十七年経っています。神武天皇は，日本の天皇の第一番目の方で，強い勇気のある方でありました」という記述が登場する。また翌2月12日の記事にも「神代の姿を偲び奉る御袍」という一節が見られた。紀元節の日に「神武創業」の時代に戻るかのような記事が登場してくるということは，上述の点を裏付けていよう。その天皇制の揺らぎと，大正天皇の権威の低さを補おうと，その分，明治天皇や神武天皇に注目を集め，天皇の権威を高めようとしていると考えられる。同時に，それが，立憲思想を自明の前提としていることが，この時期の特徴であったといえよう。

　1918年には祭典や宴の様子が記事に書かれているだけに止まる。翌1919（大正8）年は大正天皇の具合が悪く還幸は見合わせられ，祭典には代拝がたてられた。天皇の病気に加えて，1918年8月にシベリア出兵，そして米騒動と社会

情勢の混乱が見られ，翌年には紀元節御饗宴自体中止となるのである。1920年から1921年にかけて起こった「宮中某重大事件」[17]の影響か，1921年は紀元節の記事は少ない。

1921年3月，皇太子裕仁（後の昭和天皇）は，皇室史上初めて，イギリス・フランス・ベルギー・オランダ・イタリアの歴訪に出発する。そして帰国後の同年11月，病気の大正天皇の摂政となった。若い摂政への期待も高まる翌1922（大正11）年の「よみうり婦人欄」の記事には「二月十一日の紀元節を日本国の元日に」という一節がある。太陽暦に反対する動きといっていいかもしれないが，次の説明は，注目される。

　我建国の日二月十一日は昔は一月一日で本当のお正月である所から国民は記念すべき此の紀元節の佳節をお祝すると同時に此の日を神ながらのお正月，神代の春と決定した。

その後もこの紀元正月を定着させようという動きは続いていくが，それは，紀元節自体の影響力の低下の反映ではなかったか。事実，翌1923（大正12）年には，経緯は不明であるが，箱根小学校で紀元節の式に生徒が登校しないという事件も報じられる（2月15日付）。さらにこの年には，皇室にとって衝撃的な事件が起こった。1923年12月27日，難波大助が，摂政を狙撃するのである（虎ノ門事件）。摂政周辺の多大な衝撃と危機感を内大臣・牧野伸顕は，その日記に次のように記している。

　今日の出来事記すに忍びず。唯々恐懼の外なく，近来思想の推移益々甚しく，国体に関係する観念さへ驚くべき変化を一部国民に懐かしむるに至りたるは事実にして，

---

17) 1920年から21年にかけて起こった皇太子迪宮裕仁親王（昭和天皇）の妃決定をめぐる紛糾事件。久邇宮邦彦王の長女良子が皇太子妃に内定し，1919年6月には正式の婚約が成立したが，元老山県有朋は，良子の母系に色盲遺伝があるとして婚約に反対を唱えた。けれど，久邇宮側は杉浦重剛・古島一雄・頭山満らの支持を得て反撃し，山県と原内閣に対する反対運動を展開し「宮中某重大事件」として騒がれた。1921年2月10日には宮内省が皇太子妃は内定に変更なしと発表，事件に決着をつけた（『日本史大事典』2，平凡社，1993年，及び藤樫準二『皇室事典』明玄書房，1976年参照）。

固より極めて少数に限りたる事申すまでもなき事なれど，実際に其出現を試みる者顕はるべしと考へ得ざるところなりしに，此大不敬事を目撃するに当りては人心度を失ふの恐るべきを痛感し，幸ひ天祐に依り何等御障りなかりしも，前途実に憂慮限りなき次第なり（伊藤隆・広瀬順晧編『牧野伸顕日記』中央公論社，1990年）。

　王族が次々とテロの犠牲になる中で，ロマノフ王朝自体崩壊したロシア帝国（1917年，ソビエト政権誕生）の姿が，皇室関係者などに二重写しになったとしても不思議ではない。そんな中，翌1924（大正13）年の紀元節に，東京市長の勅語奉読中に市会議員が脱帽もせず，「御真影」の前を歩いたという「不敬事件」も起っていく（同2月13日付）。こうした時代の雰囲気を敏感に反応したのは，内大臣・牧野伸顕であった。彼は，皇太子妃が出た久邇宮家の若宮が婚約を解消しようとしている動きを「皇室に於て人倫道徳を傷つける様の出来事」だととらえ，「今日は皇室国民の関係は直接となり，雲上総べての出来事は一般に皆悉知論評する次第なれば，皇室の出来事に付ては余程慎重に考慮致さなければ不相成，特に今日の国運は多難，危機の伏在するもの少なからず，人心の刺撃を来すものは出来る丈け予防除却せざる可からず」と危機感を表明する（前掲『牧野伸顕日記』1924年2月15日）。

　しかし牧野の心配をよそに，この問題が新聞に報じられる。彼は，その日記に次のように記すのである。

> 皇室の尊厳，人心の及ぶところ実に重大なるべし。取消にても辞退にても治るまじく。先年の重大問題（宮中某重大事件）の時は山県公あり，今回は的になる人なし。直接宮家に世の攻撃向ふべく，又宮内省も非難さるべく，世間は何か問題を求め居る際とて一般の論題とならん（1924年9月8日）。

　文字通り皇室関係者自体も，民衆を意識しなければならない時代がやってきていたのである。その中で，摂政への拝謁資格を持っていない人々の拝謁を許したり，陸軍大演習を「国防上の重要なる準備事業たるは勿論なるも，此機会に於て皇室と国民との接近親密を実現増進する」機会といった記述が，牧野の日記に現れる（同前1924年11月4日，1924年11月5日）。そして1924年11月6日には，大演習の際の「大饗宴」も，「本年より趣向を改め食物を廃し御紋章附

菓子を兵士にまで下さる事」としたという。牧野は、「費用も減少し恩沢も広く下層に及び、一般は寧ろ好感を以て迎ふる事なるべし」とその措置を自賛するのであった。

そうした天皇制の将来への不安感は、建国祭の動きとなっても現れる。1925（大正14）年11月24日には「日本の不安を除く年中行事の『建国祭』……」という記事が掲載された。長いが引用してみよう。

> 来年の紀元節から憂国の士が馳せ参じて時潮とは云え「日本の現在状態は不安でならぬ」といふ声が国民全体の胸に潜んでいる。確固不抜の国民精神を養ひ帝国の将来を泰山の安きに置かねばならぬと「建国祭」なるものが生まれたが各方面に非常なる反響を与えて多種多様の団体が賛成して早くも万端の献立が出来た、建国祭は来年二月十一日の紀元の佳節として行ふことになった。準備委員長は前市長永田秀次郎氏、副委員長丸山鶴吉氏それに各方面に名ある人々は総て委員に名を列ねて居る。国民が祖先を思ひ、建国の精神を忘れずに一大国民精神運動を起して緊張し自覚すれば一般の不安は自ら除かれる自分は当面の者で期間も短いが建国祭は永久的のもので、年と共に盛大にせねばならぬ。委員は宣伝の細目を研究中であるが年中行事にするだけ当日は『建国だんご』でもほおばって趣旨を徹底させたいと云っている。

特に興味深いのは、建国祭の準備委員会が「建国だんご」などで紀元節の趣旨を徹底させたいと考えている点であろう。「だんご」で国民を紀元節へ振り向かせようとしている態度から、それだけ紀元節が、民衆に意識されていないことが暗に伝わってくる。1926年2月11日には、第1回建国祭が行なわれ、また森永製菓から発売される建国だんごの話題が掲載される。しかし同年12月25日に大正天皇は死去した。

摂政裕仁親王が践祚し、昭和へ改元される。1929（昭和4）年の建国祭には、労働団体（石川島造船所　石川島自彊組合）が初めて参加した。1929年1月31日の『読売新聞』は、「労働団体も加はって建国祭　紀元節当日の壮観」との見出しで当日の予定を「宮中に於ける御挙式の時刻午前十時十分喇叭「気を付け」によって開式　国旗掲揚、喇叭「君が代」吹奏「君が代」二回、司会者の宣誓文朗読などがあって　同宮城に向って最敬礼をなし、更に建国歌奏楽、紀元節唱歌合唱の後司会者の發聲で天皇陛下万歳を三唱して式を閉ぢ」ると報じ

た。君が代の合唱回数が1回から2回へと変化している点は注目をひく。

　この昭和初期の時期の紀元節記事で，興味深いのは1930（昭和5）年のものである。同年の宮中の儀式は，豊明殿で天皇が，御束帯黄櫨染御袍（即位礼・結婚式・立太子式をはじめ宮中の恒例祭儀を通じて，最も多く用いられている）で祝宴を催したという。大元帥正装でないことが注目される。浜口民政党内閣の，この時期だけの特徴のようである。世界恐慌が日本に襲来した1931（昭和6）年の紀元節の際には，「今年は特に建国精神の家庭への進出を計る」という記事が見られる。また紀元節を「梅の節句」に設定し家庭でも積極的に祝おうという主張も現れていた。「甘酒や赤飯などで「家庭まつり」を」という主張である（1931年2月5日付）。これも，天皇と民衆の距離を縮めようとするものだったと考えられる。

　一方，この期間の天長節についての記事は，どうであろうか。先にも触れたように1916（大正5）年10月29日の「コドモノシンブン」に，菊の花の歌，勅語とともに「天長節祝日」という平易な子ども向け説明記事が見られる。内容は，以下の通りである。

　　十月三十一日は天長節祝日であります。天長節は　天皇陛下のお生まれになった日のことです。明治天皇のお生まれになったのは十一月三日でしたが，今上天皇は八月三十一日のお生まれです。けれどその時分は余り暑い時ですから，いろいろな御都合があってお祝いは十月三十一日にすることになっているのです。

　暑いことや「いろいろな御都合」から，大正天皇の天長節は，誕生日から2ケ月遅れとなる。またこの年の天長節当日の記事は，「今日十月三十一日は陛下御誕辰を吾吾国民一同が御祝ひ申し上ぐるといふとの意味は吾吾国民が陛下に統治せらるることにより最上の生活を送り得ることを悦びて聖壽の萬歳を希望し奉る」との一節が見られる。「最上の生活」という表現に，国民に利益をもたらしてくれる天皇という意識が現れているといえよう。そこには，明治天皇の場合には見られなかった大正天皇の写真と日の丸，菊花の絵が添えられていた。翌年も同様に写真が添えられる。また同日の記事にははじめて天皇の私生活（食事内容や行動）が細かく記述されており，国民の天皇への関心を高

めようとの意図がうかがわれよう[18]。

　天長節や天皇・皇室関係の記事が様変わりしているのではないか。その意味で、1917（大正6）年11月2日の記事は、興味深い。「来年日曜日と祝日との重なりは一度もなく勤人や学生の当り年といえる」というこの記事は人々にとって天長節・紀元節を含む「祝日」は日曜日以外にも休める貴重な日になっていたことを示唆している。翌1918（大正7）年には社会的には米騒動など大きな事件の起こった年で、天長節祝賀会などは行なわれなかった。その代わりに8月31日の大正天皇本来の「天長節」の日に「恩賜デー」が設定され、米の値段を安くし多くの人が米を買うことができたという記事が見られた。恩恵を与える存在としての天皇を国民にイメージさせようとしているといえよう。

　1919（大正8）年には天長節夜会の会場の裏手で爆弾が炸裂するという事件が起きた。第一次世界大戦のベルサイユ講和条約が結ばれたこの年、「一大歓楽場となる」はずであった天長節祝賀会の裏手で爆弾が炸裂し、「夜会会場の硝子戸を目茶目茶に破壊」するという椿事が起こったというのである（1919年11月1日付）。翌1920（大正9）年には天長節の夜会は取止めになり、園遊会と晩餐会だけが行なわれた。国民の側は、天長節を「お祭り気分」で迎えたという。1920年11月1日付『読売新聞』は、明治天皇を祭神とする明治神宮竣工鎮座祭を翌日に控え、「天長節祝日に加へて秋晴れの心地よい散策日和に帝都は何処も非常な人出て中々の賑ひであった」と伝えるのである。先に触れた1917年の日曜日と祝日の重なりがないという記事と同様、天皇制の祝日は、休みや娯楽のために貴重な日と受け止められていたといえよう。

　1921（大正10）年、10月4日、大正天皇の病状が発表された。その結果、天長節には平癒の祈願が話題の中心となる。この年の観兵式は皇太子が「御名代」として行啓し、若き皇太子が国民にアピールされるのである。1922（大正11）年、天長節奉祝会は行なわれるものの、折からの戦後恐慌の中、当時「節約内

18）なお1917年8月31日の記事によれば、大正天皇の食事について、「御朝餐はオートミールに少量のパンをせられ、御昼餐は洋食、御夕餐は多く日本料理にて、両陛下御同室にて御食卓に向はせ給ふと拝聞す」と記される。

閣」と呼ばれた加藤友三郎内閣は，大夜会は抜きで宴会費用を縮小し，例年の半額であげる予定だと報じられる（1922年10月31日付）。この記事が，「不景気風はこんな華美を競う外交界にまで吹きまくって来たのである」という一節が象徴するように，天皇の病気より関心は不景気であった。天長節夜会での爆弾炸裂事件，皇室スキャンダル（宮中某重大事件など）といい，皇室の存在自体が揺れ動いていることを象徴しているかのようである。

1923（大正12）年，関東大震災後のため観兵式・宴会は取止めとなる。翌1924（大正13）年10月31日，「天長節祝日を壽ぎ奉る」という一文が掲載される。それは，以下のように述べる。

> 日本帝国は今や帝礎を全くして世界のあらゆる試練に堪へねばならない。皇室と国民は二にして一，一にして二ならず，この試練に依り，我皇室我国民の一層の光輝を増し，一段の権威を加ふるは即ち我国礎の萬歳萬々歳たる所以でなくてはならない。

日本に対する国際世論が厳しさを増していく中での，「世界のあらゆる試練に堪へねばならない」という認識の下，前年の虎ノ門事件を受けてであろう，「皇室と国民は二にして一，一にして二ならず」という一節は，皇室と国民の距離を近くしたいという意識が働いていると考えられる。

翌1925（大正14）年になると，護憲三派内閣の下，従来の「俗悪な感をだすまで飾りたてた」天長節の夜会は「時代の風潮やら倹約やら」で質素になったと報じられる。さらにそれを報じた11月1日付『読売新聞』は，静養中の大正天皇の状態を掲載する。しかしその記事は，「摂政宮御陞進の天長節祝日　聖上の御容態」という見出しで，中心は，この日，陸海軍大佐に「陞進」した若き摂政であった。こうした傾向は，1926（大正15）年，3年ぶりに挙行された天長節観兵式についての記事でもよりはっきりする。静養中で国民の前に出てこない大正天皇の代わりに「摂政殿下の御英姿」が記事の中心となるのであった。「馬上に拝す摂政殿下の英姿」を「拝して一般拝観者は感激に満ちていた」という報道は，摂政へ国民の視線を集めようとする意図が見られるといってよいであろう（1926年11月1日付夕刊）。そしてこの年，大正天皇は12月25日に葉山御用邸で死去し，摂政裕仁親王が践祚，昭和と改元されるのである。

1927（昭和2）年4月29日，新天皇の天長節は諒闇中で儀式は行なわれなかった。しかし前日の4月28日，よみうり婦人欄に，三輪田高女校長・三輪田元道は，「あすは初の天長節　旗日を国民の理想デーに　昭和聖代の発足点」という見出しの談話を寄せる。ここに見られる三輪田の見解は，ある意味，1920年代の天長節や祝祭日のあり方をうかがわせ興味深い。「国家の祝祭日をもっと有意義にしたい」と前提した彼は，彼の目に映った祝祭日の3つのあり方に触れる。第1は，「近頃少しこの方面が一般にゆるんだやうで中には国旗さへ出さぬ家を見受けるのは残念」という傾向である。第2には，「従来祝祭日といふと特に暴飲暴食したり，不摂生をやつたりするものがあ」るとして，「これは心得違いの甚だしいもの」と指弾する。さらに第3の傾向として，「学校の式なども形式にのみ走らず，徒に恐縮と謹慎そのものの如き有様」を批判する。そして彼は，以下のような祝祭日のあり方を提言するのである。

　　特にこの天長節は一国を挙げて喜びの日，ニコニコデーとして音楽会，展覧会，運動会などを盛んに催し，極めて有意義な日にしたいものです。

彼は，「国民は皇室中心的に何事も自覚」するように求める。学校で児童にお祝いのお菓子を与えるより，「聖上陛下の御高徳を記載した小冊子でも与えたほうが遥に有益ではないか」とする一方，三輪田は，「日本の旗日はもつともつと国民挙げて和気藹々裡に有意義に迎えたい」と結論づけるのである。牧野内大臣らにも見られた天皇と国民との距離を近づけたいとする当時の雰囲気が，祝祭日の実態とともに語られている一文といえよう。

翌1928年からは天長節観兵式，祭典ともに行なわれ，諒闇明け最初の天長節であることもあって，盛大な式典になったようである。1929年には皇后誕生日（3月6日）である「地久節」を国家的休日とする案が出されたが，宮内省は不賛成だということが報じられた。1930年4月25日，ロンドン海軍軍縮条約締結に関して，統帥権干犯問題が起こる。その直後，4月30日の紙面には「統帥権問題，教育費　答弁方針決す　国防の責任は政府負ふ」という記事が掲載されるが，天長節についての具体的言及は見られない。浜口内閣期，天長節の比

重も低下した感が深い。

　1916年から1931年9月の満州事変勃発までのこの期間を簡単にまとめておこう。この時期は，一言でいえば，天皇周辺が国民の眼を強く意識した時期であった。前述した『牧野伸顕日記』の1924年2月15日の久邇宮の婚約破棄問題に際して，「今日は皇室国民の関係は直接となり，雲上総べての出来事は一般に皆悉知論評する次第なれば，皇室の出来事については余程慎重に考慮致さなければ不相成」というような記述は，内大臣でさえも，国民を強く意識せざるを得ない時代だったことをうかがわせる。

　大正期は米騒動・第一次世界大戦終結と，反動恐慌・関東大震災など様々な事件が起こり，宮中某重大事件など皇室スキャンダルや，摂政を狙ったテロ＝虎ノ門事件はとりわけ支配層に強烈な危機感を与えていた。

　その中で，大正天皇の時代になってから，新天皇の権威のなさを補うかのように明治天皇・神武天皇に注目を集めようとしたと見られる。そして社会情勢を考慮しながら天長節・紀元節の祝宴を取止めたり，予算を削ったりするといった手段もとられるのである。夜会の縮小などは国民感情を考えて皇室が動こうとする姿勢を示した点で，従来と異なる時代が暗示されている。国民を意識し始めたことの現れといえよう。それは不況の中で，国民の不満が噴出することを恐れたための決断であったことが記事からもうかがうことができる。天皇制は従来にはない新たな段階へ入ったのである。

5. 天皇絶対化への道 ——1932～36年——

　満州事変から国体明徴運動を経て，二・二六事件勃発の1936年までの期間は，前の時期とは全く異なり天皇崇拝が強制されだしたことをその特徴としている。

　まず紀元節から見ていこう。1931年9月18日の満州事変勃発は，1930年に見られた浜口内閣的方向を180度転換させることとなった。翌1932年には「建国の精神を発揚するため紀元節の催し」と題されて国民に建国精神の発揚が求め

られるのである。また同年の建国祭では，国威発揚の「デモ」などが行なわれ「天壌無窮」「国威宣揚」「盡忠報国」などのスローガンが叫ばれるようになった。1932年2月12日付『読売新聞』夕刊は，「六ヶ所から十万人　祖国愛の大行進」という見出しで，「紀元節の佳節に当って建国の昔をしのび国威の発揚を高唱する大デモ第七回建国祭は晴れやかに行なわれた」と報じるのである。

　いうまでもなくこの1932年には五・一五事件が起こり，犬養首相が殺害され，政党政治が終焉を迎える。その中，軍部の台頭がはっきりするのであった。そしてそれが新聞記事にも反映してくるのである。1933（昭和8）年には，1940年（紀元2600年に当る）開催予定の万国博覧会・（東京）五輪に関連して，「皇紀」という言葉が，初めて『読売新聞』1件，『朝日新聞』1件，見出しとして使われることとなる。とくに『読売』は，見出しとして「皇紀二六〇〇年記念事業」と銘打つのである。

　そして1934（昭和9）年2月11日付の社説は，「聖恩あまねし　けふの佳き日」と題して，以下のように述べるのである。

　　けふ紀元の佳節，神武大帝大和の橿原宮に，萬代不易の皇基を開かせ給うてよりここに二千五百九十有四年，今日この佳き日に卑しくも聖上陛下におかせられては皇儲御誕生初の御盛儀として，祝福を下万民に頒ち給ふ　われ等国民も，国運扶翼の赤心を傾け，協力一致以て皇室国威の繁栄に専念これ努むべきである。

　前年の皇太子（現天皇）誕生とも結びつけつつ，「われ等国民も皇室国威の繁栄に専念これ努むべきである」といった主張は，ほんの数年前の立憲思想と関連づけた論調などとは全く縁遠いものであった。満州事変を一大画期として，天皇制をめぐる論調は，大きく転換したといえよう。1935年，「皇紀」は，見出しで，『読売新聞』2件・『朝日新聞』7件と使用頻度が増していく。『読売新聞』の検索では，1875年・1890年・1915年・1927年・1931年，各1件ヒットするだけの用語だったにもかかわらず。

　そして二・二六事件により，軍部の影響力が飛躍する中，1936（昭和11）年には，「国歌」・君が代が新尋常小学修身書第四に「第廿二，国歌」の題ではじめて掲載されることになった。1936年12月1日付『読売新聞』のコラム「話

の港」は，次のように，この間の事情を伝えている。

　　国体明徴に力を注いでいる平生文相の熱心な主張によって国歌「君が代」がいよいよ近く出来上がる新尋常小学修身書第四に「第廿二，国歌」の題ではじめて掲載され来年四月の新学期から全国一斉に児童にお目見得することになった　国歌の記事はちょうど第三学期の紀元節ころに習うように配置されているので，学校で紀元節を祝う君が代の歌であるという意味のところから書き起し，歌の大意を解いて国歌に現はれたわが国体の尊厳を小国民の胸裏に深く刻みづけるようになる。

　君が代を国歌として位置づけ，教育現場で教えることによって「小国民」に天皇制をたたきこもうとしたと考えられる。関西の財界人であり，大正デモクラシーの理念に基づく個性尊重の教育を行なうとされる甲南高校の設立者・平生釟三郎が，こうしたことの旗振り役になっているところに，満州事変を画期とする1920年代から30年代の大きな変化が象徴されているといえよう。
　さらに同年，東京帝国大学は三大節の式典を行なうことを発表する。これまで60年間，国家の「大祭日」には一度も式典を挙行しなかったのだが，「非常時局の波に促され」行なうこととなったというのである（『読売新聞』1936年12月22日付）。天皇機関説事件を契機とした「国体明徴」の強い影響をみることができよう。
　一方，天長節関係の記事は，どうであろうか。満州事変を経た1932（昭和7）年には「天皇陛下にはけふ厳かなる天長節祭を執り行はせられ」という一文が登場する。「執り行はせられ」という表現は，天皇自ら主催し先頭になっていることを現しているのではないか。今までの記事にはないことである。
　1933（昭和8）年には鈴木貫太郎侍従長の「謹話」が掲載された。鈴木は，次のように述べたという。

　　方今内外の政局極めて複雑多難なるは既に国民周知の通りでありまして従って陛下の御政務，御軍務の御多端に亘らせられますことは今更申上ぐる迄もない所であります。屡々国連の消長にも関係する重大事項に聖断を下し給ふ次第でありまして軍事その他諸般政情，国際関係等に就いて御軫念あらせらるることも浅からざる御事と拝察し奉るだに驚懼の至りであります。

特に注目すべきは,「国運の消長にも関係する重大事項に聖断を下し給ふ次第でありまして軍事その他諸般政情,国際関係等に就いて御真念あらせらるることも浅からざる御事と拝察し奉る」という一節である。大日本帝国憲法では,天皇は,統治権の総攬者であるとともに,陸海軍を統帥する大元帥である。しかし天皇が軍事事項に関わっていることが紀元節・天長節に関連した記事として紙面に登場したのは,この記事が管見の限り初めてのことであった。また同年から「愛国」という言葉が盛んに使われるようになる。

翌1934(昭和9)年からは新年節・紀元節・天長節・明治節の四大節御宴での洋楽吹奏楽をやめ,舞楽にすることが決定された。同年,天長節夜会が外相主催で催されたが,前年(1933年)と同様,舞踏会は行なわれなかった(『読売新聞』1934年4月30日付)。西洋的なものを排除するような時代の雰囲気が広がりつつあったのである。奇しくもこの1934年8月には,岡田啓介内閣の民政党出身の松田文部大臣が,「パパ・ママ」の呼称を非難するような出来事も起こっていたのである。1935(昭和10)年には観兵式が行なわれたが,翌年は二・二六事件で中止となった。しかし宮中での賀宴は盛大であったという。

本節は満州事変以後の1932年から1936年までを扱った。満州事変勃発後,天皇と軍事を関連させようという動きが現れる。天皇を前面にだすことを通じて軍部が台頭していく。君が代は「国歌」として,教科書に載るようになった。天皇機関説事件に見られるように,天皇絶対的方向へ向かう構造が新聞紙面にもはっきりと現れる。民衆を意識していた天皇は,「現御神」表現はないものの,「大元帥」[19]として崇拝される特別な存在へと変化した。前述した「聖」なる天皇として位置づけようとしていた時期とは,全く異なり「執り行なはせられ」という表現に見られるように絶対化への道を歩みだしたのである。

---

19) 1935年には,「大元帥」が,13件,『読売新聞』の見出しに現れる。『朝日新聞』でも,12件が見出しで使用されている。戦争状態でないにもかかわらず,日清戦争期に次ぐ数字である。

6. 大戦争と軍事指導者としての天皇 ——1937〜44年——

　1937年7月の日中全面戦争開始から，1941年12月の対米英開戦を経て1944年に至る期間は天皇が，とりわけ天長節記事において軍事指導者としての面が強調された時期である。まず紀元節関係の記事から見ていこう。

　日中戦争が勃発することとなる1937（昭和12）年の紀元節は「愛国行進」が行なわれた。そして同年12月24日の紙面には，翌1938年の紀元節から一週間，国民精神総動員運動強調週間が施行されることが決まったと伝える。『読売新聞』は，次のように述べている。

> 国体観念の明徴と日本精神の昂揚，誤れる外来思想，外来文化の無批判輸入の不平の相乗等々によって我日本の進むべき大道を拓けと国民精神総動員運動第二回強調週間が梅薫る昭和十三年二月十一日紀元二千五百九十八年の紀元節当日から一週間に亘って施行されることとなった。

「国体観念の明徴と日本精神の昂揚」などの言葉がはじめて使われだす。そして1938（昭和13）年は，1月1日・2月11日は，ラジオに合わせて，国民に宮城遥拝が求められることとなる（前掲『日本ファシズムとその時代』参照）。

　1938年2月11日，事変下の非常時局を理由に，紀元節の賀宴は取止めとなった。同年2月6日付「少年・少女のページ」には，次のように述べる。

> 紀元節は神武天皇が建国の御偉業を了へさせられて大和国畝傍山の橿原宮に御即位あらせられてはじめて皇基を樹てさせられた日で，そこでこの佳き日をただお役所や，学校の挙式のみでなく日本国民は老いも若きも大人もコドモも，紀元節の式がを（ママ）わってのち，『日本国が建てられたお祭』といふ気持で『われらは日本人！』の意識を，ほんとうに自覚しなければならないといふのが，建国祭の催されるいはれであります。

　すべての国民に，「日本人」という意識を自覚することが求められるようになるのである。また1938年になると「東亜の盟主日本」などの言葉が現れるとともに日の丸の建国祭ポスターの写真が載せられるようになる。紀元節の記事にも変化が起こっていく。昭和天皇についての記述は減り，かわりに神武天皇

についての記載が増えていくのである。しかし前までの時期と比較して，紀元節の記事自体は減少傾向を示していく。戦争の遂行により「挙国一致」が実現する中で，紀元節を強調することで国民を動員する必要が相対的に低下したためだと考えられる。

　1939（昭和14）年1月12日付『読売新聞』夕刊は，紀元節の計画として，「"国民奉祝の時間"建国祭に日本精神発揚週間」と題して，「日本精神発揚週間中の実施方法は次ぎの通り決定した」と報じた。

　　一，八紘一宇の精神闡明，日本文化の発揚，東亜新秩序の建設等に関する講演会，座談会の開催
　　一，国体の闡明，国史の顕揚，東亜新事態の認識強化に資する展示会。

　この年，紀元節関係の記事に「八紘一宇」[20]という言葉が初めて用いられるのである。同年社説の中にも「神武建国」「八紘をもって一宇となす」などの表現が出現する。新聞紙上では直接天皇を引き合いに出すことは少なくなった代わりに，神武天皇などを登場させる。日本建国精神を植え付け，「八紘一宇」を強調し，戦争へ国民を総動員しようとしていたと考えられる。

　1940（昭和15）年は1月5日に橿原神宮が平易な現代文で「神武天皇御紀」を出版して，全国の学校へ寄贈したという記事が見られる程度であった。10月の紀元2600年式典に集中していたものと見られる。同年宮中においては儀式が行なわれたようだ。1941（昭和16）年には紀元節の皇太子参内の様子が小さな記事で書かれているに止まる。そして1941年12月，真珠湾攻撃などによって日中戦争は，アジア全域・太平洋へと拡大するのであった。対米英開戦とともに，現人神表現も出現する。

　その中，1942（昭和17）年になると1940年に成立した大政翼賛会が中心となり，国民奉祝の実施方法などを決定，通達するようになった。1月11日付『読売新聞』は，「午前九時　国民奉祝の時間　大東亜戦争下の紀元節」という見出しで，通達内容を「大東亜戦争下に輝く紀元節を迎えるにあたり大政翼賛会

20）補注　なお「八紘一宇」については，次章内藤論文参照。

ではこの日一億国民がよくよく挺身奉公の誠を為すやう国民奉祝の次の実施方法を決定，全日本各支部に通牒を発した」と報じる。「挺身奉公」の言葉も登場した。同年，「宮中では天皇陛下御親祭の御もとに紀元節を厳かに執り行なはせられる」との記事が掲載される。前の時期と同様，「執り行な」うと表現されることを通じて「天皇自らが行なふ」という面が，明治期とは異なり強調されているといえよう。天皇が紀元節祭の中心となったのである。1935年までは紙面に記載されていた天皇の服装についての記事も減少する。1935年までは大元帥正装及び陸軍正装という天皇の「軍服」が載せられていたのであった。だが，その点についての言及も目立たなくなる。おそらく軍服が当たり前となっていたからであろう。

さらに対米英開戦と，緒戦の勝利の中，1942年1月17日の『読売新聞』は，日比谷公会堂での東条英機首相の演説を「惟心の心境以て現人神に仕え奉れ」との見出しで報じる。「今時の大東亜戦争も亦，肇国の大理想に基づく道義の戦いに他ならぬ」と前提した東条は，「一億国民総てが己れを空しくして神意に帰する惟心の心境は，即ちそのまゝ現人神にて在します上御一人に仕へまつる尽忠奉公の精神となって発揮せられ」ると述べるのであった。勝利の中で，天皇は，はっきりと現人神と表現されるのであった。さらにガダルカナル島で苦戦が続く12月12日，天皇は，伊勢神宮を参拝する。12月14日付の『読売報知新聞』[21]は，一面全部を使って，次のような大見出しを連ねるのである。

　　神国日本　現津御神　伊勢の神宮に戦勝を御祈願　昭々たり，世界修理固成の大理想[22]。

戦争の拡大とともに，現人神・現津御神(あきつみかみ)表現が紙面に現れるのである。

翌1943（昭和18）年には，飢えの島と化し，2万5000人もの戦死・餓死者を出したガダルカナル島からの撤退が行なわれた中，「神威発動！　けふ紀元節」と題された記事が掲載される。記事中には，宮中での天皇御親祭の模様が伝え

---

21)　『読売新聞』は，1942年，『報知新聞』を吸収合併し，『読売報知新聞』となる。
22)　なお戦局が敗北続きになると，この現人神表現は，『読売新聞』から姿を消す。

られる。しかし天皇は古来からの礼服である「束帯」であったようだ。同年の社説においては戦争が苛烈を極める中で「建国創業の大理想」などを掲げることによって国民を統合しようとする色彩が濃くなるのである。1943年2月11日付社説「決戦第二年の紀元節」は、次のように述べるのである。

　悠久三千年の国史を通じて、一度といえども外敵のわが領土をすら侵すを許さず、国礎のいよいよ鞏く、国運の年とともに盛んなる所以のものが、一に建国創業の大理想と、皇祖皇宗の大稜威に負へるは論なく、この故に肇国の精神は同時に世世代々の精神であり、創業の苦心経営はまた現代国民にまで承けつかれなければならないのである。

敗北が続く中で、記事にも神がかり的色彩が強まっていく。

1944（昭和19）年の2月11日にも、「建国御鴻業の御辛苦を仰ぐ」という社説が掲載される。「決戦下、こゝに三度の紀元の佳節を迎へた」と前提にしたこの社説は、「建国の御鴻業が我が国体の本意に即して天業を恢弘し、尊厳善美なる天皇国家として萬代不易に昌榮すべき国体を完全に固め成し、天壌無窮の国運の發展すべき」だと主張し、さらに以下のように述べるのである。

　大東亜戦争が、わが建国精神の大發現であると同時に、それが建国鴻業の護持顕現であり、必然に建国以来の大難局であることは、国民が、かの御鴻業を翼けまいらせしところの、祖先の血を受けし御民われとして、厳として体得し来つているところの信念である。

「神武建国」を「翼け(たす)」た祖先の血を「体得」している「御民われ」として、「建国精神の大發現」である「大東亜戦争」の「大難局」を乗り越えろというのである。同年宮中での儀式にも天皇は大元帥正装ではなかった。「建国以来の大難局」という戦局の中で天皇は紀元節においては軍服を脱いだのである。この原因については、推測する以外ないが、神話的世界への傾斜の中で、近代的軍服は、不都合となってきていたのではなかろうか。

天長節の記事に移ろう。1937（昭和12）年4月25日の「少年少女のページ」には、観兵式とはどのようなものなのか、そして天皇に関係する言葉の意義を太字にして説明する記事が掲載された。「御誕辰」「御親閲」「行幸」などの言

葉に対しての説明があることは，これらの言葉が多く使われはじめることを現していると考えられる。子供たちに向けても天皇への敬語を徹底させようとしたと考えられる。また同年の観兵式からは，天皇が馬に乗っている正面からの写真が大きく載せられるようになった。これまでは，天皇が正面から馬上にいる姿の写真が大きく載せられることはなかった。この時期から新聞一面に写真が大きく掲載されるようになる。大元帥天皇が，視覚的に国民に焼き付けられ始めるのであった。

　翌1938（昭和13）年3月10日，次官会議において天長節に宮城遥拝が行なわれることが決定された（『読売新聞』3月11日付）。新年節・紀元節に次いで，宮城遥拝は，日常化していく[23]。その記事の中に「挙国一致」「国威を宣揚」などの表現が頻出するようになる。

　また天皇の服装に変化が現れる。以前は「大元帥陸軍式御軍服」であったのだが，この年からは「大本営御統帥の御軍服」と表現されるようになる。1937年11月20日，宮中に大本営が設置され，12月1日，中国国民政府の首都・南京攻略の命令が出されるという大戦争の中，陸海軍大元帥としての天皇が「陸軍式御軍服」であることが不都合となったことは間違いない。この「大本営御統帥御軍服」という表現は1944（昭和19）年の天長節まで用いられている。

　また1938年4月30日付夕刊には天長節に受刑者に仮出所の「恩典」が与えられたとの記事が掲載された。「この佳き日司法省をはじめ全国裁判所，各刑務所では天長の賀式を挙行国家非常時の折から益す宏大無窮の聖恩に報い奉らむことを誓ったが，殊に囹圄の人々は各刑務所において午前九時を期し所長の訓示後宮城を遥拝し，君が代を奉唱し」たというこの記事は，天皇の「慈愛」を強調したものであった[24]。この記事は，さらに注目すべき点を含んでいる。

---

23) 前掲『日本ファシズムとその時代』によれば，この「宮城遥拝」は，「静かなるハイル・ヒットラー」と位置づけられている。
24) 翌1939（昭和14）年5月5日には「天皇，皇后両陛下」は，「震災被害の罹災民御救済の有難き思召をもって金一封御下賜の御沙汰あり」という記事が掲載される。前述した仮出所の「恩典」とともに，天皇のありがたみを強調することが，泥沼化した戦争により，国民の不満が高まりかねない中で必要とされたのではないか。

宮城遙拝とともに，君が代を「奉唱」するという表現の出現である。君が代が「奏し」や「唱し」以外の表現をされたことは初めてのことであった。「君が代」の扱いにも変化が見られたのである[25]。

　1940（昭和15）年には「今年は特に御恒例の観兵式行幸をはじめ各皇族殿下，文武諸官の拝賀，内外使臣を召されての賀宴など諸行事一切を行わせられず」という記事が掲載された。また同年も仮出所や刑務所の受刑者に作業を休ませるなどが行なわれた。仮出所については「聖恩」という表現が用いられ，天皇の恩恵を強調する。天長節も，様変わりし始めていたのではないか。

　1941（昭和16）年，天長節には「国民奉祝の時間」が「時難剋服」のために実施された。同年天長節の観兵式が行なわれ，4月30日の朝刊一面には観兵式の写真が大きく載るのである。この時期の天長節記事では次第に紙面に写真が占める割合が増えてきたことが大きな特徴である。翌1942年には，対米英開戦の中，「大元帥陛下には聖戦を御統帥あらせ給ふにも拘らせられず親しく代々木原頭に行幸観兵式を行はせられ」という記事が掲載される。天皇が戦争を「統帥」つまり「率いている」ことが紙面に登場したということは，天皇と戦争の関係を考える上で注目すべき点であろう。また「皇民」などの表現も出現するのである。

　1943（昭和18）年にも「皇都」「皇恩」などの表現が用いられるようになる。同年「萬一空襲の場合は『皇都は死をもって守る』の信念であたること」という「"一死奉公"の誓」という記事が掲載された。また観兵式には大本営統帥陸軍軍服着用の記述があるが，宮中の儀式では束帯を着用している。翌1944年には観兵式が行なわれ，4月29日の社説「決戦下に仰ぐ天長節」は，紀元節同様，「秀抜なる神国日本の国體の世界萬邦に卓越する所以のものが，一に肇国以来磐石不動の国體を築いて上に萬世一系の皇統を戴き，下萬民の帰依信頼すること恰も児女の慈親に対するが如く」と，神話的世界への傾斜を示す。そして「皇室の御繁栄は同時にまたこの国，この民の繁栄であり，皇室の御悦びは，

---

[25] 1939年1月21日付『朝日新聞』によれば，小中学生は，君が代が歌われる際には，脱帽するよう指示されたという。

延いて一億民皆の喜びであるのである」という一節が現れるのであった。皇室と国民が一体なのだという点を強調する，次の敗戦期につながる主張と考えられる。

　本節では1937年から1944年までを扱った。日中戦争が勃発することとなる1937年の紀元節から，紙面には「国体明徴」「日本精神昂揚」という表現が出現する。しかし紀元節関係の新聞記事では，昭和天皇についての記事は減少傾向にあった。逆に神武天皇を紙面に登場させることで，「建国精神」・「八紘一宇」を植え付けようとしていたと考えられる。そして1935年の紀元節までは，大元帥正装など軍服姿として紙面に紹介されていた天皇は，次第に紀元節については，軍服姿として紹介されることがなくなった。

　同時に注目すべきは，1937年以降，紀元節と天長節の間では天皇に対する扱いが異なっている点である。前述したように紀元節の記事では昭和天皇に対する記述は減少し，かわりに八紘一宇との関係であるのか神武天皇の話題が多くなる。紀元節の式典に天皇が軍服で登場することも少なくなった。ところが天長節に関しては全く扱いが異なる。天皇への敬語の徹底，そして観兵式で馬上にいる天皇の写真を掲載した記事などが特徴的である。他にも「大元帥陛下には聖戦を御統帥あらせ給ふ」と天皇が軍務に関わっていることを現した表現がされるなど，紀元節とは全く正反対の「軍事指導者」としての扱いで紙面に登場した。そして1938年からは天皇の服装にも変化が見られる。紀元節の際は軍服から「束帯」となった天皇が，天長節では「大本営御統帥の御軍服」を着るようになっていたのであった。

小　括 ——1945年・国体護持へ……——

　1945（昭和20）年・敗戦の年，2月11日の社説は，「国体に帰一し奉らん」と題して，以下のように述べる。

　　紀元二千六百五年。けふ紀元の佳節を迎ふる一億国民の感激は，未曾有の厳粛に充てをる。大東亜陸，海，空の戦陣と，全国津々浦々に翻る慶祝の日章旗は，そのまま

この萬国無比の国体の下に生を受け，この国体を護持し，この国体の顕現のために，勝利の日まで戦ひ抜こうとする日本国民の戦闘旗であることを，しみじみと深く感得せざるを得ない。
　国体統一の誠は，一切奉遍の誠に外ならぬこれこそ，この大国難を打破し，この大危急を克服する一億必勝の根幹である。

　「この萬国無比の国体の下に生を受け，この国体を護持し，この国体の顕現のために勝利の日まで戦ひ抜こうとする日本国民」という一節は，まだ本格的大都市空襲の前にもかかわらず，「国体護持」が至上の命題となりつつあったことを示していよう。翌日の記事にも「皇国護持」の言葉が見られる。米軍が，フィリッピン・ルソン島に上陸し，マニラ市内を制圧した時点で，何よりも「国体」を守ろうとすることが第一義的となっていたのである。
　同年の天長節の際には朝刊一面に「靖国神社参拝」の話題が掲載される。新聞の一面に観兵式ではなく，靖国神社参拝の話題が出たことははじめてのことである。同記事には「大元帥陛下」「聖上」表現は見られず，呼び方は「天皇陛下」へと戻っていた。「聖上」が記事の見出しとなることも，図2～3で見た通り，1943年には『読売新聞』16件・『朝日新聞』12件あった同表現が，44年，8件・2件，45年4件・2件と激減する。大元帥も，1943年，『読売新聞』10件・『朝日新聞』15件あったものが，45年には，1件・1件へと推移する[26]。宮城遥拝といった天皇の神格化を示唆する用語も，『朝日新聞』では，1937年30件，38年40件，39年49件，40年36件，41年31件，42年19件と相当数が見出しに現れていた。ところが，その用語も，43年には11件，44年4件，45年2件と激減する。『読売』も，42年10件，43年13件あったものが，44年3件，45年0件となる。
　1945年，紀元節と天長節においても，以上のような用語の推移と同様，天皇と戦争・軍務を結びつけるような表現がなくなったことである。天皇の存在によって国民を団結させようという考えと，そして敗戦の時にどのように「国体」

26）ただし『読売新聞』45年8月4日付では，「大元帥陛下親しく皇楯の出陣御激励　栄光燦たり，陸大新卒業生」なる見出しが見られる。

を守るのかということが大きな問題であったのだろう。こうしていわば「敗北に抱かれる」天皇[27]が準備されたのであった。ジョン・ダワーは著書『敗北を抱きしめて』の中で1945年8月15日，敗戦から天皇の扱いが変化したと主張しているが，本論で分析した記事から見れば1945年に入ると，徐々に天皇と戦争を切り離そうとする動きがあったといえよう。戦後のマッカーサーだけでなく，敗戦前の日本支配層によっても「天皇擁護」への準備は整えられていたのではないか。2つの新聞に見られる用語の推移は，この点を暗示しているといえよう。

　今回，明治期から昭和期までの紀元節・天長節の新聞記事を中心に分析し，天皇表現の変化を追った。その結果，国民に浸透しない天皇，天皇の「聖」化と国民意識の温度差，「御真影」表現への統一と明治の終焉，民衆を意識する紀元節・天長節，天皇絶対化への道，大戦争と軍事指導者としての天皇，と六段階に時期区分した。さらに戦後につながるような1945年という特別な年もあったことも明らかにした。前述した須崎慎一の詔勅の研究においては，大日本帝国憲法発布前，近代天皇制の確立，天皇制国家の動揺，天皇制国家の新たな段階と四段階に時期区分されているに止まる。しかし今回の分析の結果，新聞の天皇表現から近代天皇制の変化を追うと，さらに細かい時期区分が必要になってきたといえよう。そしてその細かい時期区分に現れていることは，近代天皇制が状況に応じて（時には国民の動向を気にしながら）様々に変化を遂げてきたということである。天皇に関する表現を追うことを通じて，近代天皇制の諸段階がある程度，浮き彫りにされてきたといえよう。

27）ジョン・ダワー『敗北を抱きしめて』上巻（岩波書店，2001年）。

第2章 「八紘一宇」はなぜ「国是」となったのか

内藤 英恵

　日本神話の地，宮崎に「県立平和台公園」という公園がある。ここに過去の日本の侵略行為を象徴するともいえる塔が，1940（昭和15）年，第二次近衛内閣の「基本国策要綱」で「皇国の国是」——国家方針——とされた「八紘一宇」の文字を掲げたまま今日に至るまで建っているということは意外と知られていないのではないか[1]。

　戦後，「平和の塔」（建設当時は「八紘之基柱（あめつちのもとはしら）」）と呼ばれるこの塔は，「皇紀二千六百年」を記念して建てられた。いうまでもなく皇紀2600年とは，『日本書紀』に基づき，神武天皇が橿原で即位して2600年，すなわち西暦1940（昭和15）年を指している。建立された当時は話題になり，四銭切手（1942年発行）や十銭札（1944年発行[2]）のデザインにもなった。

　この塔の正面の「八紘一宇」の大文字は，昭和天皇の弟・秩父宮雍仁親王の染筆によるもので，かつての日本の「皇威」の及んだ各地から送られた石によってこの塔は建設された。この塔は，塔正面の文字から「八紘一宇の塔」とも呼ばれていた。

---

[1] 「八紘之基柱」自体については，以下を参照されたい。「平和の塔」の史実を考える会編『石の証言　みやざき「平和の塔」を探る』（1995年，以下『石の証言』と略す），W・エドワーズ「宮崎市所在『八紘一宇の塔』について」（『天理大学学報』第187号平成10年2月発行），及び Walter Edwards, "Forging Tradition for a Holy War: The Hakkō Ichiu Tower in Miyazaki and Japanese Wartime Ideology", *The Journal of Japanese Studies*, 29:2 (Thomson Hall: University of Washington, 2003) pp. 289-324. ならびに「平和の塔」の史実を考える会編『八紘之基柱（平和の塔）礎石一覧表』，（2002年8月31日，以下『礎石一覧表』と略す）。

[2] 同時に出された五銭札のデザインは，楠正成銅像であった。

この「八紘一宇」という用語は、1913（大正2）年に誕生し、1940年には戦前の大日本帝国では絶大な権威を持った詔書にまで使われることになる。本章は、この用語自体が、どのように生まれ、いかにして広がり、定着していくのか、その歴史的経緯に焦点をおくものである。かつて丸山真男氏は、1946年の歴史的論文「超国家主義の論理と心理」において、国民の政治的意識の低さを規定したものは、「決して単なる外部的な権力組織だけではない」とした上で、問題とすべきは、「国民の心的傾向なり行動なりを一定の溝に流し込むところの心理的強制力」だとして、以下のような提起を行なった。

　「八紘為宇[3]」的スローガンを頭からデマゴギーときめてかからずに、そうした諸々の断片的表現やその現実的発現形態を通じて底にひそむ共通の論理を探りあてる事が必要である（『現代政治の思想と行動　増補版』未来社、1964年、12頁）。

　本章は、この丸山氏の提起に、いくらかでも答えようとする試みである。
　「八紘一宇」という用語は、国柱会の創始者であり、日蓮宗系国家主義者田中智学[4]の造語であるという。『日本書紀』神武天皇即位前紀の橿原奠都の令に「兼六合以開都、掩八紘而為宇、不亦可乎」とあるところから、田中は「八紘一

---

[3]　ここで丸山氏が「八紘一宇」ではなく「八紘為宇」を使っているのは、次のような事情からであると考えられる。児玉武夫氏は、1941年3月22日の第76帝国議会決算委員会における秘密会で、「八紘一宇」は『日本書紀』中の「掩八紘而為宇」と同じ意義であるのかとの質問が提起されたことを指摘している（「平和の塔」の史実を考える会編「11.25シンポジウム報告集『八紘一宇』から60年　21世紀……『平和の塔』のあり方を考える『八紘一宇の塔』はこのままでよいのか」（2001））。この秘密会の内容については、北沢治編著『帝国議会衆議院秘密会議事録集』中（教育図書刊行会、1997年）でも確認できた。この秘密会をうけて、「八紘一宇」を「八紘為宇」と言い換える人々も現れたことにより、丸山氏も「八紘為宇」を使用していたものと考えられる。

[4]　なお田中は、「日蓮主義」という用語の造語者でもあるといわれている。この点については、西山茂「日本の近・現代における国体論的日蓮主義の展開　──石原莞爾と国柱会──」（石原莞爾『石原莞爾選集1　漢口から妻へ』たまいらぼ、1985年）、及び、大谷栄一『近代日本の日蓮主義運動』（法蔵館、2001年）を参照されたい。

宇」を造語したといわれている[5]（書紀そのままであると「八紘為宇」となる）。この一民間人の造語が，国柱会の田中智学によるものであることには触れられないまま，1933年の国際連盟脱退後，陸軍によって用いられはじめ，日中全面戦争の中で，「八紘を一宇とする」という形ではあるが，「日独伊三国条約締結の詔書」（1940年9月27日）にまでも使われる用語となるのである。

しかし，なぜ「八紘一宇」という用語が，1940年の基本国策要綱や日独伊三国条約締結の詔書にまで使われるに至ったのか。この用語自体に焦点を当てた研究は，筆者の管見の限りではなされていない。

「八紘一宇」を取り上げているものとしては，まず山中恒氏の『ボクラ少国民』シリーズ（辺境社，1974〜1980年）がある。山中氏は，「八紘一宇」を端的に「天皇制ファシズムのスローガン」と規定し（第3部「撃チテシ止マム」133頁），後述するように「八紘一宇」について貴重な史料・体験を提示しているが，系統的にこの用語に迫っているわけではない。

また，三輪公忠氏（『国史大辞典』「八紘一宇」の項の筆者でもある）は，「『八紘一宇』という概念がはじめて公式文書に表現されたのが」，1940年の基本国策要綱であったとすればと前提して，「基本国策要綱」の「『皇国ノ国是ハ八紘ヲ一宇トスル肇国ノ大精神』なりとは，まさに松岡（洋右）と松岡輩の外務官僚の作文ではなかったろうか」と述べている（『日本・一九四五年の視点』東京大学出版会，1986年，10〜11頁）。

Walter Edwards氏は，宮崎県の八紘之基柱建設についての論文中，「八紘一宇」が二・二六事件の決起将校の決起趣意書に使われている点に言及している（前掲論文参照[6]）。

---

5) 里見岸雄『八紘一宇　東亜新秩序と日本国体』（錦正社，1940年，以下『八紘一宇』と略す）。なお里見は，田中智学の三男である。
6) なおW・エドワーズ氏は，この論文で「八紘一宇」が「国是」とされていく一因となった1940年2月の，帝国議会での齋藤隆夫演説問題（後述）に言及している。しかしこの論文は，本章が明らかにする「八紘一宇」という用語が「国是」とされていく契機となる国際連盟脱退後の陸軍による使用，日中戦争開始後の国民精神総動員運動や，木戸幸一文部大臣により使われたこと（後述）等々は指摘していない。

荻野富士夫氏も近著『戦前文部省の治安機能』（校倉書房，2007年）で，文部省が，「八紘一宇」を使っていくプロセスをある程度明らかにし，教えられるところは多い。しかし，その主題からいっても，「八紘一宇」という用語そのものを取り上げた研究ではない。

これらの研究は，いずれも「八紘一宇」が使用されている資料に言及している。しかし，「八紘一宇」が田中智学によって造語されてから，詔書にまで使われる語となるまでの過程に焦点を当て，その歴史的経緯を明らかにした研究は，管見の限りではあるがなされていないといってよい。

しかしこの詔書が出されて以後，この「八紘一宇」という用語は，人々にも一層浸透していった。紀元2600年を記念して，巷にも「八紘一宇」の石碑が立つ（本書表紙参照）。山中恒氏も，「〈紀元二千六百年祭〉の三年ほど後」のこととして，「ぼくは中等学校（旧制）入試のための補習授業で「八紘一宇とは，世界中を一つの字として，御稜威をあまねく知らしめることで，もとの言葉は神武天皇の御詔勅にある」というのをくり返し学習させられた」として，以下のように語っている。

　これは入試の口頭試問等で比較的頻度数の高い出題に対する模範回答として，まる暗記させられたのである（前掲『ボクラ少国民』147頁）。

「八紘一宇」は，当時，上級学校への進学を志す「少国民」の最も関心の高い入試問題としても，広まっていったことがわかる。

こうして大きな広がりを1940年以降見せていく「八紘一宇」という用語は，本章で明らかにしていく通り，満州事変を経た後の国際連盟脱退後，軍事費拡大をねらう陸軍が危機意識を煽るために使い始め，日中戦争開始後には国民精神総動員運動の中で頻繁に使用されるに至り，広く知られるようになっていったという歴史を持つ用語なのである。「八紘一宇」という用語が，国是――国家方針――とされたことは，他国への侵略などの行為を伝統や歴史性によって粉飾し，対外拡張を正当化した日本の近現代史の一断面を象徴しているといえよう。

「八紘一宇」は一見，万世一系とされていた天皇に関わり，長い歴史性を有する雰囲気をたたえているが，実は日露戦後に造られた用語である。そのため，

皇国史観の中心人物とされる平泉澄や有識者たちにも「八紘一宇」は新しい用語であった。その結果，その語義の解釈をめぐって平泉も，その説明に苦心することとなる（後述）。

本研究は従来，歴史的経緯が明らかでなかった「八紘一宇」の用語がどのように生まれ使われていくようになるのかを系統的に明らかにしていく。それは，日露戦後における天皇制に関わり造語された用語が一日蓮宗系の国家主義団体である国柱会の田中智学によるものであるということを越えて，詔書に使われる用語にまで昇華していくプロセスを明らかにし，近代天皇制国家のあり方の変化を用語の面から捉えなおそうとする試みである。

1.「八紘一宇」の造語と国柱会

大逆事件と「八紘一宇」の造語

本論で検証しようとする「八紘一宇」という用語は，国柱会の創始者・田中智学による造語である。1913（大正2）年3月，田中は，『国柱新聞』紙上の連載，「神武天皇の建国」で，次のように述べている。

> 「天壌無窮」といひ，「乾霊授国」といひ，「就治」といひ，「積慶」といひ，「重暉」といひ，「養正」といひ，「八紘一宇」といひ「六合一都」といひ，「天業」といひ「天日嗣」といふ大抱負に照らして，どうして是れが通り一遍の月並式建国談として看過されよう。日本の国運国命は，理窟や下廻りでなくて，「統治」の天職といふことに先天的帰着して居る（「神武天皇の建国」『国柱新聞』第31号 1913〔大正2〕年3月11日）。

これが，田中が「八紘一宇」の用語を初めて使った時だという[7]。この「八

---

[7] この指摘は，前掲里見岸雄『八紘一宇』による。筆者も，この点は，『国柱新聞』で確認した。なお田中智学が，「八紘一宇」を造語した年代について，1903（明治36）年の講演ないし1904年の著書説もあった。それは，里見岸雄『田中智学の国体開顕』（錦正社，1940年，以下，『国体開顕』と略す）の年譜，及び『日本の師表 田中智学』（錦正社，1968年）の「田中智学先生の主要著書解題」で，その旨の記述があったことによるためであろう。しかし筆者の調査によれば，この時，田中が使用していたのは，「天地一宇」であり，「八紘一宇」が1903年に造語されたという説は，誤記であろうと考えられる。

紘一宇」は、『日本書紀』神武天皇即位前紀の橿原奠都の令に「兼六合以開都，掩八紘而為宇，不亦可乎」とあるところから造語したと考えられている。そのため，書紀そのままであると「八紘為宇」となる。この「八紘一宇」造語の元となった部分は過去に，「古者皇祖国ヲ肇ムルノ初ニ当リ六合ヲ兼ネ八紘ヲ掩フノ詔アリ」と，1893（明治26）年2月10日の「在廷ノ臣僚及ビ帝国議会ノ各員ニ告ゲル勅語」においても使われていた[8]。

　この「神武天皇の建国」の連載は，1912（明治45）年に開始された。「日本国は日本の為に建てられずして，世界人類の為に建てられたり」との前提の上，「神武天皇を忘れたる過去の日本は，道鏡と（北条）義時と日本国王道義（足利義満）」などを出したとし，「昏々たる国民の眠は，今猶さめず，幾多の悪夢に魘はれて，遂に幸徳秋水を出しぬ」（「神武天皇の建国」『国柱新聞』第2号 1912（明治45）年4月3日）と田中は述べるのである。田中にとって，幸徳ら12名が死刑に処された大逆事件の発生に衝撃を受けたことが執筆の原動力となっていたとみてよかろう。そして，「日本の国運国命は，理窟や下廻りでなくて，『統治』の天職といふことに先天的帰着して居る」という田中の主張に，正当性をもたらす根拠の1つとして「八紘一宇」は使われているのである。日清・日露戦争勝利の後の「一等国」意識の中，天皇制が脅かされると認識された大逆事件という事態に対する危機感，この危機感が田中に「八紘一宇」を造語させた背景にあったと考えられる。以下で述べるように，「皇紀二千六百年」を前に広まりを見せ，後には詔書にも登場する用語となった「八紘一宇」はこのような背景のもとに誕生したのである。

田中智学と「八紘一宇」造語への道
　では，この「八紘一宇」を造語した田中智学とはどのような人物であったか。

8）　この勅語は，明治政府が民党の攻勢に対抗して出したものである。田中が造語をする際，この「勅語」に触発されたと考えられなくもないが，田中にはそのような言及はなく，「在廷ノ臣僚及ビ帝国議会ノ各員ニ告ゲル勅語」との関係は，不明とせざるを得ない。

『国史大辞典』によれば，田中は，巴之助（ともえのすけ）ともいい，1861（文久1）年医師の多田玄竜の三男として江戸日本橋に生れた。幼くして父母を失い，1870（明治3）年日蓮宗妙覚寺で得度，智境院日進の弟子となりここで智学の名を授かった。1872（明治5）年，田中姓を名乗る。はじめ飯高壇林ついで日本榎大教院に学んで優陀那院日輝の摂受の教学を疑い，独学研鑽ののち脱宗帰俗して，1880（明治13）年横浜に蓮華会をおこして祖道復古・宗門改革を目指した。1884（明治17）年東京に進出して檀家制度によらない信仰者の組織である教会同盟として立正安国会を創立，1914（大正3）年に有縁の諸団体を統合し教行を統一して，国柱会を創始したとされる[9]。

以下，田中の主張を，本章との関わりで見ていこう。日本は建国当時から他国を統治する立場にある国柄であるとする田中の主張は，次のように日清戦争後にはもう現れている。1897年，雑誌『妙宗』に掲載された田中の一文は，以下のように述べている。

　　有道の国は万国の主脳なり，道と共に出で道と共に生じ道とともに終るべき国は，先づ精神的に万邦を統御し，遂に形体的に万邦を統御すべき先天の約束を有せる聖国なり，吾日本国は　天祖開治の始めより道と共に終始すべき国柄と定まれるもの也，故に日本国の日本国たるを知りて以て之を主張するは，日本の為めに主張するにあらずして，寧ろ世界万邦の人類を救ふが為めに，その首脳を認覚せしむるに在り（「所謂国家主義」『妙宗』第3号，1897（明治30）年10月28日）。

ここで，日本は「天祖開治の始めより道と共に終始すべき国柄」であると田中は語る。「天祖」とは皇室の祖神とされる天照大神のことを指すのであろう。その天照大神の昔から，日本は「道と共に終始すべき国柄」であるから，「先

---

[9] 里見岸雄によると，智学は源義世とも名乗っていた。「智学は法号，本名巴之助源義世と称し又，師子王道人，巴雷，正文，榴難，鐘宇の号あり。」（前掲『国体開顕』361頁）。田中の父が多田姓を名乗るようになったのは，その父である田中意隆（義郷）の意に背いて江戸に出たため，私淑する「一族の多田満仲」の姓を名乗ったからだという（同前『国体開顕』15頁）。なお，田中智学の活動については，前掲大谷栄一『近代日本の日蓮主義運動』，松岡幹夫『日蓮仏教の社会思想的展開　近代日本の宗教的イデオロギー』（東京大学出版会，2005年）を参照。

づ精神的に万邦を統御し，遂に形体的に万邦を統御すべき先天の約束を有せる聖国」であるという。つまり世界を統治する使命を「天祖開治の始め」から担っているのが「聖国」日本であり，それを広めることは世界中の人類を救うためであるというのである。そして，「聖祖特に独り此日本国を選びて本尊戒壇の霊土と定めらる」との自らの解釈を拠所として，日蓮宗的立場から日本による世界統治の正当性を主張する。「天祖」と，「聖祖」つまり日蓮の両面から，「万邦を統御すべき先天の約束を有せる聖国」とする主張は，明らかに「八紘一宇」へとつながるものといってよかろう。

　このような仏教的立場からの主張は，天皇と転輪聖王を同一視していたところからきているとされる。松岡幹夫氏は，天皇の転輪聖王説を田中が主張しはじめたのは，日清戦争中の1894（明治27）年9月ではないかと指摘している。転輪聖王とは，古代インドの神話に現れる理想の帝王像で，武力を用いず，正義にのみよって世界を統一支配する聖王である。そして以後，田中はこの主張を繰り返すことで「天皇を戴く日本民族が世界を道徳的に統一する先天的使命を持つことを仏教的に啓蒙しようとした」という[10]。

　松岡氏の指摘のように，日清戦争時に天皇と転輪聖王を同一視する主張を田中が始めたのであれば，後の「八紘一宇」成語の源流は日清戦争時にはもうすでにあったと考えられる。そして，日本は建国当時から他国を統治する立場にある国柄であるという田中の主張は，以後更に軍事的様相を帯びていく。

　北清事変を経た1901（明治34）年の段階では日本軍を「宇内万邦霊的統一軍」，「宇内統一軍」として，「日本国は正しく宇内を霊的に統一すべき天職を有す」，「宇内を統一せしめ」と軍事的意味合いが強まっていく（優婆塞・田中智学選「宗門の維新〔総論〕」『妙宗』第4編第5号，1901（明治34）年5月6日）。1901年5月の『妙宗』紙上で，田中は，「聖祖は，正しく世界統一軍の大元帥也，大日本帝国は正しく其大本営也，日本国民は其天兵也」（同前）と主張する。

---

[10] この間の記述は，松岡幹夫『日蓮仏教の社会思想的展開　近代日本の宗教的イデオロギー』（東京大学出版会，2005年，30～31頁）による。なお，松岡氏の研究は「八紘一宇」の用語に着目したものではない。

「極東の憲兵」と日本の軍事力が列国に評価されたことによって，日本による世界支配の正統性に確信を得たのであろうか。日蓮を，「世界統一軍の大元帥」とするこの主張は，天皇を中心に据えるものではないとはいえ，注目に値する。こうした軍事的傾向は日露戦争開始の年には一層強まることになった。

1904年3月の『妙宗』には，「神武天皇」が登場してくる。ここには，「神武天皇」と「法華経」と「日蓮大士」を並べた上で，「上即答乾霊授国之徳下即弘皇孫養正之心然後兼六合以開都掩八紘而為宇」と『日本書紀』からの引用が見られ，また，「天地一宇」という語も登場する（「吾人の祈」『妙宗』第7編第2号，1904（明治37）2月6日）。これは後の「八紘一宇」造語への繋がりを思わずにはいられない。

さらに田中は日露戦争を期に，「世界統一主義」とより直接的な表現をするようになっている（師子王瑣言「世界統一主義」『妙宗』第7篇第3号，1904（明治37）年3月6日発行）。この一文で，彼は，「『天に二日なく国に二王なし』とは，猶仮定の真理也，天に二日なくが如く，世は応さに一国なるべき也」と述べる。そして彼は，「世は一国なるべく，世界たゞ一王なるべし，道を体し，徳を行ひ功長く，位久しきもの，是れ世界大統の王種なり」と主張するのである。「位久しきもの，是れ世界大統の王種なり」と，「万世一系」を拠り所に，田中は，以下のように主張するのである。

 神武聖帝曰く「正を養ひ，暉を重ねて，多く年所を歴たり」と，日蓮聖祖曰く「三才を貫くを王といふ」と，宇内一国，六合一君，これ天地の公道，人類の正義也（同前）。

なお神武天皇と日蓮は並列されているとはいえ，天皇による「世界統一」が主張され始めたと見てよかろう。田中は言う。「由来人類は終に斯の如き君主を戴て，以て世界一宇の大統に輳帰すべきの運命を有す，釈迦も之が為に出て，基督も之が為に求めたり」。そして「神日本磐余彦（カムヤマトイハレヒコ）の王統これ也」と結論づける。つまり第一代の天皇とされる神武天皇の皇統による「世界統一」が語られるのであった。そしてそれを正当化するかのように，「人類一国世界一王は即ち人道の大成也」と，付け加えるのである。「八紘

一宇」へとつながる「世界一宇」が登場し，すべて天皇を中心とする国家体制である日本による世界支配を肯定する主張が，日露戦争下，出現したのである。

1905年1月の『妙宗』では，もともと国家主義的傾向をもつ田中が，日露開戦と，その勝利の報の中，自らの方向性を強く意識することになる。彼は「日露戦争は日本国民をして国家の天職を自覚せしむべき天啓なり」と，その確信を強めていくのである。また，これを機会に「予は年来の宿志を伸ぶべく，これ迄の態度を一変する必要を生じた，然し是は俄かの思ひ付きでなく，二十年来順序的に斯く進行し来ツタ（ママ）のである，即ち今日までの予は，おもに『対宗教的』であツたが，これからは『対国家的』である」（田中智学「教光発揚の時機到来せり〔日露戦争は日本国民をして国家の天職を自覚せしむべき天啓也〕」『妙宗』第7編第11号，1905（明治38）年1月3日）と「対国家的」な活動をこれからは展開していくと，強い意志を自ら確認するのであった。

以上のように，すでに日清戦争時，日露戦争時において，田中は，「八紘一宇」的な言説を語っていた。そして，大逆事件を機に，天皇を中心とした国である日本による世界支配を理想とし，彼は，1913（大正2）年に「八紘一宇」を造語するのである。それは，日本の近代における対外戦争の勝利を経て形成されてきた一等国意識を，天皇制の危機意識にも触発される中で，日本神話によって裏づけていこうとする作業であったといえよう。

第一次世界大戦前後の「八紘一宇」

田中は造語以後，「八紘一宇」の語をことさら多用しているわけではない。しかし，「八紘一宇」の語は，日本が中心となって，世界を統治するということと同義語であり，田中はこのスタンスを変えることなく活動していたと見られる。

第一次世界大戦勃発後の1914（大正3）年11月（3日），それまでの立正安国会は国柱会へと改称する。「国柱会創始の宣言」は，「国柱会とは，専ら国聖日蓮大士の解決唱導に基きて，日本建国の元意たる道義的世界統一の洪猷を発揮して，一大正義の下に四海の帰一を早め，用て（ママ）世界の最終光明，人類の究竟

救済と実現するに努むるを以て主義と為し，之を研究し，之を体現し，之を遂行するを以て事業と為す」（田中智学「国柱会創始の宣言」『国柱新聞』第90号 1914年11月21日）と述べている。ここで「道義的世界統一」を公言していることは，「八紘一宇」につながる主張であるといえよう。さらに，ロシア革命後の1918（大正7）年1月号になると，次のように「八紘一宇」を使い，日本の対外進出を押し進めるかのような発言が見られる。

> 世界は一家となって，「八紘一宇」の「皇謨」が実現される，その機関車として是非日蓮主義的国体開顕の牽引力を以て，日本国体の真価を宇内に証明宣伝しなければならぬ，その為めの法華経である，又その為めの日本国である（智学田中巴之助「天祖の神籌　大正七年の歳端に於て謹みて本化唱導三大秘法の妙義によりて開顕せられたる日本国体の根元を讃説し奉る」『国柱新聞』第198号，1918（大正7）年1月1日）。

なお日蓮主義の思想が色濃く反映しているが，対外進出とセットとなった「八紘一宇」の使われ方であるといってよい。

その傾向は，第一次大戦後も同様である。1918（大正7）年11月，ドイツは連合国と休戦協定を結び第一次世界大戦は収束をむかえる。それを受けて1918年11月の『国柱新聞』で，田中は次のように述べている。

> 震旦露国既に乱れ，墺洪尋で四分五裂すと伝ふ，勃土赤平を失し，独都に赤旗を見るの日あらば是れ正しく根拠なき君権の幻化泡散するの日なり，此日到らめや，此日到らめや，此日の至らん時こそ，吾日本国体の始めて世界に輝くべき日なり，根基固く淵源遠く，真理と共に存し正義と共に開展発生し来れる天津日嗣の君道と，日本精神の発揚たる忠孝不二の臣道とが，明かに人間世界の最大光明なることを知るの日は，世界人類が平和に蘇り，光明に浴するの日也，この日来らめや，この日来らめや，久しき飢は世の人と苦しめたり，光を望み平和に渇する諸の民種は，先づ理由なき君権を削除し，後に正しく明かなる君臣道に安住すべきなり（「此日来哉」『国柱新聞』第228号，1918（大正7）年11月11日）。

つまり，清の崩壊，ロシア革命，ついで第一次大戦によりドイツ，オーストリア・ハンガリー帝国などの君主国が次々と崩壊する中で，世界を統治する「根拠」のある日本が統治してはじめて世界に平和がおとずれるというのであ

る。平和のための「八紘一宇」と，時代の変化に合わせながらこれまでの主張を繰り返すのであった。また，田中は，次のようにも述べている。

 吾人の世界は，実に世界ありて以来，はじめての事に出遭へり，曰く
  ▽世界を挙げての大戦争一なり
  ▽大国の君主相尋で亡びたる二なり
  ▽人を殺すことの上手になれる三なり
 以上の三現象は，たしかに吾人の頭と世の中に一転機を与ふ（「九界即仏界の妙理」『国柱新聞』第229号，1918（大正7）年11月21日）。

このように前提した田中は，民本主義の潮流をも意識して，「民本主義此に於て昌ふ，この民本正しく発達せば，終に必ず光明なる君本に会帰せずんばあらず，日本国体はそれなり」（同前　ルビは原資料による）と，述べるのである。ここでは「八紘一宇」という語を使用してはいないが，日本による世界統治ということに対して，田中のスタンスが同様なことがわかる。第一次世界大戦後，田中はその認識をますます確かなものとしていく[11]。

では，「八紘一宇」が次節で見るように陸軍とつながりを持つ用語となるのには，どのようないきさつがあってのことなのだろうか。以下，この点を見ていこう。

国柱会の布教活動と陸軍

後述する通り，「八紘一宇」が国柱会の田中智学の造語であることを越えて，広がりをみせるに至ったのは，1933年の国際連盟脱退後に，陸軍によってこの用語が使われ始めたことによる。「八紘一宇」という用語を考えていくためには，陸軍に対する国柱会の影響がどのようであったかを見ておく必要があるだろう。

まず，国柱会は機関誌（紙）を発行し，それを軍などに寄贈していた。すでに日清戦後の1899（明治32）年，『妙宗』に田中は，以下のように記している。

11）以後，国柱会は，1923（大正12）年1月15日，天業青年団（日蓮主義を奉じる国家主義団体），同年11月3日，立憲養正会を設立し，政治活動にものりだそうとする。

この記述からも，機関誌を利用した布教への並々ならぬ力の入れようがうかがわれる。

　本誌は予期の如く，本年四月を以て全国鉄道の大布教を決行し，既に一千に垂んとする各駅の待合室には，吾が『妙宗』の光輝燦然として四方往来の人を照らし，（中略）更に帝国各軍艦，水雷艇，兵団，病院，汽船等の方面に於て，雑誌施本の大布教を企画し，目下夫々交渉中の処，既に各鎮守府を始め，日本郵船，大阪商船等の各社は，疾く快諾を寄せ来りて，雑誌配送を了ぜるもの少からず，（中略）既に陸面に於て毎号七十五万人に布教し，今復海上に於て更らに七十五万の平均閲覧を有して，合計毎号の繙読者無慮壱百五十万の大多数を相手として，日夜間断なく文字化身の活布教を試みつゝあるは，宗教雑誌界に在つて空前の壮挙なりとす（田中智学「敢て本誌の読者及び道交各位に乞ふ」『妙宗』第2編第6号，1899（明治32）年6月21日）。

　この『妙宗』が述べている内容については，俄かには信じがたい点もあるが，田中らが，「帝国各軍艦，水雷艇，兵団」を意識していたことは明白であろう。そして，日露戦争時には，「『世界統一の天業』を筆作して，二万部を　皇軍犒施にあて」（山川智応「日蓮聖人の日本観と我が国体」『国柱新聞』第172号，1917（大正6）年4月1日）たという。さらに大逆事件に際しては，「『国民的反省』数万部を，別して陸海軍，総じて一般人に頒施して，一大覚醒を促」すという行動をとった（田中智学「国家諫暁」『国柱新聞』第7号，1912（明治45）年6月11日）。国柱会は，精力的に機関誌（紙）を配布していたのである。それらが，陸海軍軍人の目に触れる機会も少なくなかったであろうと考えられる[12]。

　では，このような国柱会の活動を陸軍にとってどのように受けとめられるものだったのだろうか。

　すでに日露戦争後，軍隊で精神教育が非常に重視されるようになったことが指摘されている。浅野和生『大正デモクラシーと陸軍』（慶応通信，1994年）や，広田照幸『陸軍将校の教育社会史　立身出世と天皇制』（世織書房，1997年）の

---

12) なお田中らの資金力については，現在のところ不明というしかないが，国柱産業株式会社（1917年6月25日　創立総会）が諸種の事業を展開していたことが機関紙（誌）からうかがわれる。同社の株式募集広告によると，書籍の発行販売，各地物産の紹介売買，印刷業，発明品特許品の販売などが事業目的としてあげられている（『国柱新聞』第175号，1917年5月1日）。

先行研究が示唆を与えてくれる。浅野氏の研究を援用して，広田照幸氏は，以下のように指摘している。

> 日露戦争後から大正期にかけての『偕行社記事』を丹念に検討した浅野和生は，その時期には，精神教育を充実させるための方策の中の重要な一つとして，将校の自己修養が盛んに主張されるようになった様子を明らかにしている。すなわち，日露戦争後の論説を見ると，兵卒の精神教育を実施するにあたっては，まず将校自身が軍人精神を身につけておくべきことが求められ，そのうえで下士や兵卒を感化することが期待された。さらに大正期にはいり，一九一七（大正六）年頃から青年将校の常識の欠如や，デモクラシー思想への将校一般の無理解が問題になってくると，兵卒の精神教育を徹底するために常識の涵養や思想の研究が将校にとって必要である，と論じられるようになったというのである（広田前掲書）。

さらに広田氏によれば，明治期後半から，「訓話を通した忠義，勇敢といった個々の徳目の形成から，訓話を通した世界観の形成へという目標の転換」があったという。

日露戦後に精神教育が重視される中，陸軍の将校が「国体観念」を体得しておく必要が出てきたのである。このような陸軍内の「国体観念体得」志向は，第一次世界大戦後の民本的思潮の強まりの中，さらに必要性を増していたであろうことは，容易に理解できよう。陸軍内において，国柱会の田中智学のような人物の主張が受け入れられやすくなっていたと考えてよいだろう。事実，後に満州事変を画策する陸軍の石原莞爾が国柱会に入会したのが1919（大正8）年ごろだという（『石原莞爾資料——国防論策篇——』《明治百年史叢書》原書房，1967年，以下『国防論策』と略す）。

また，田中智学の三男・里見岸雄の監修した戦後の出版物によるが，石原の他にも，藤井重郎（1930年大佐，予備役編入），陸軍大将大迫尚道，林中将[13]，佐藤鉄太郎中将，小笠原長生中将，元帥東郷平八郎，中将四王天延孝，大将荒木貞夫などの陸海軍人が国柱会に出入りしていたという（里見岸雄監修『日本の師表　田中智学』錦正社，1968年，286頁）。ここまでではないにせよ，公安調査庁

---

13) 当時，林姓の中将は，銑十郎・仙之・弥三吉の3名がおり，確定出来ないが，中将で予備役になったのは，林弥三吉であり，おそらく彼だと考えられる。

が，戦前の資料によってまとめた『戦前における右翼団体の状況』（公安調査庁，1964年）も，里見岸雄主宰の「里見日本文化学研究所」（1929年，「国体科学聯盟」と改称）には，陸軍中将小磯国昭，陸軍大佐藤井十郎，陸軍少将板垣征四郎などの顔ぶれも見られたという（前掲『戦前における右翼団体の状況』[14]）。事実，1920年代初頭，陸軍内の将校教育は，危機的状況にあったという（須崎愼一『二・二六事件――青年将校の意識と心理――』吉川弘文館，2003年，19〜23頁参照）。陸軍内で，田中のような主張への関心が高まっていく素地があったのである。

　このような状況下，田中智学自身も，陸軍において講演する。1925（大正14）年，陸軍士官学校での軍事教育講習会において，軍事教育にあたる選抜将校1200名を前に，田中は「神武の国」と題する講演をしている。田中の講演は，畑英太郎軍務局長からの特別の懇請であったという（「『神武の国』田中先生が軍教の将校連に」・「日本の武とは何ぞや　軍事教育の将校連に　義家を説く田中先生」『天業民報』1925（大正14）年3月26・27日）。1927（昭和2）年には，陸軍総監部で「軍人教育の中心点」を講じ，同年8月には，陸軍士官学校（8月26日までは陸士校長は真崎甚三郎）の生徒に国体講話を懇請され灼熱の中を2時間にわたって講述したという。この講演は，陸軍士官学校在学中の皇族・竹田宮恒徳王（昭和3年3月陸士予科卒），北白川宮永久王（昭和4年3月陸士予科卒）両殿下も聴講している（前掲『国体開顕』）。

　陸軍と田中とのつながりは，里見の著書に現れるだけではない。陸軍将校のクラブである偕行社の機関誌『偕行社記事』の巻頭論文に田中智学が，登場しているのである。第一次大戦後から満州事変の間において，『偕行社記事』の巻

---

[14] なお『国柱会百年史』（1984年11月）によれば，妙宗大霊廟（国柱会の，合同で納骨されるシステムのお墓）には，造廟斡旋委員であった石原莞爾の遺骨が納められているほか，板垣征四郎も，没後，遺髪が「納鎮」され，さらに板垣喜久子夫人の勧めで，東条英機・木村兵太郎も遺骨が「納鎮」されたという。また陸軍と国柱会のつながりについては，国柱産業株式会社発明部が開発した国柱印粉末消火器が，陸軍参謀本部から，「実験上効力偉大」という証明書を下付され，陸軍省・参謀本部の指定試験の光景の写真もみられる（『毒鼓』1920年2月号）。国柱会と陸軍との関係をうかがわせるエピソードである。

頭論文に軍人以外の執筆者が登場するのは，後藤新平・金子堅太郎らにとどまり，田中は極めて異例である（吉田裕編『「偕行社記事」目次総覧』1・2，大空社，1990年参照）。1931年4月号に，彼は，「国家の危機に際し敢て篤く軍人諸公に望む」という一文を掲載するのであった（『偕行社記事』第679号，1931（昭和6）年4月号）[15]。日蓮主義的色彩を薄めたこの田中の論稿は，陸軍への，田中らの影響の強まりが暗示されているといえよう。この点については，後述する。

2. 陸軍と「八紘一宇」

満州事変前後の「八紘一宇」

「八紘一宇」を造語した田中智学と国柱会は，1920年代後半，陸軍や政官界との関係を強め，大衆への影響も拡大していたと見られる[16]。しかし「八紘一宇」の用語は広まりを見せてはいなかった。国柱会関係者の石原莞爾は，比較的早い時期から使用していたことは確認出来る[17]が，1964（昭和39）年，公安調査庁が戦前の史料に基づいてまとめた『戦前における右翼団体の状況』によって，右翼団体の綱領や宣言の中に「八紘一宇」を使う団体があるか確認してみたが，見られない。愛国勤労党が1930（昭和5）年2月に「新世界秩

---

15) なおこの論稿には，「八紘一宇」は，現れないが，「神武天皇建国」「三種の神器」は見られる。
16) 1920年代後半，田中智学や国柱会の影響は，陸軍に止まらず，広がりつつあったと見られる。明治節制定運動・教化総動員運動などにも関与し，国性芸術などを通じて皇族とも関係を強めたという。これらの動きについては，前掲大谷栄一『近代日本の日蓮主義運動』をも参照。1928（昭和3）年，田中の著書『日本とは如何なる国ぞ』は，読売新聞が「御大礼記念」として募集した読売文献賞で21万4000余票を獲得し，1位となる。また息子の里見岸雄の『国体に対する疑惑』（里見岸雄研究所出版部，1928年）も，26名いる第5位の3番目の票（6万余票）を獲得するのであった（『読売新聞』1928年12月3日付）。
17) 石原は，1931（昭和6）年4月の「現在及将来ニ於ケル日本ノ国防」において，国柱会の山川智応の著書を引きつつ，「八紘一宇ノ皇謨」という表現を使用している（前掲『国防論策』）。

序の創建」を唱えたり、急進愛国党が同年8月に「日本皇道に基く世界的正義の実現」といった、後に「八紘一宇」に結びつきそうなことを言っているのは散見されるが、「八紘一宇」の語は使われていない。

　後述する通り、1933（昭和8）年、「八紘一宇」を使い始める荒木貞夫（1931年12月〜34年1月　陸軍大臣）も、1920年代に、『国本』誌上で、「八紘一宇」に類する発言は行なっているが、なおその言葉自体は使用しない。たとえば1929（昭和4）年8月、熊本第六師団長に着任した荒木は、8月20日付の『大阪毎日新聞』西部毎日（熊本大分版）によれば、次のように語ったという。

　　新師団長としての抱負？　話せば尽きぬ、国家のためになる丈夫な軍隊を作る、それには少し極端かも知れぬが日本の軍隊教育の組織、制度に対し将来大いに革新を計らねばならぬ点が多々あると思ふ。

　こう前提した荒木は、さらに以下のように述べる。

　　まづ第一に教育だ、日本の軍隊は現在あまりに洋化してゐる、なるほど欧州の軍隊は強く軍紀は厳粛である。しかし日本の軍隊は畏くも陛下の遠大なる御理想のもとに防護の任に当ってゐることをよく認識し西洋かぶれを脱却して飽迄日本古来の大精神に立ち返って世界の列国に優つた独特の軍隊を作ることに努力せねばならぬ。

　ここでも、ヨーロッパ諸国の軍隊をそれなりに評価しつつも、「陛下の遠大なる御理想」とか、「日本古来の大精神に立ち返って」といった、荒木が「八紘一宇」を使用する前提となる箇所も散見される。しかしなお「八紘一宇」は、使われないのである。おそらく使用する必然性がなかったと見るべきであろう。1933年の国際連盟脱退までは、大日本帝国は、欧米列強との協調が、国際関係の基本であったのである。前述した民間人・田中智学のように、「世界は一家となッて、『八紘一宇』の『皇謨』が実現される」（前掲『国柱新聞』第198号、1918（大正7）年1月1日）といった発言は、荒木貞夫といえども語れない時代であったと見るべきであろう。

　つまり「八紘一宇」は、満州事変前においては、一般的広まりはなかったといってよい。しかし国柱会の陸軍への影響力は小さくなかったのである。

　まず、国柱会と陸軍のつながりを考える上で、陸軍の石原莞爾の存在が浮か

び上がってくる。だが国柱会の影響は，石原以外の軍人にも見られる。その影響を，三種の神器をキーワードに見てみよう。田中智学は，三種の神器をそれぞれ「積慶・重暉・養正」を表わすとしている。この田中の「積慶・重暉・養正」は，陸軍中将の四王天延孝や陸軍少将の中柴末純らも用いている。また皇道派の首領格と見られていた荒木は，三種の神器を「公明正大・仁愛・勇断」の象徴と述べるのが常である。しかし，1932年6月号の『偕行社記事』では，「我が建国が三種の神器に象徴せられ」るとし，「積慶・重暉・養正」の元である「慶ヲ積ミ暉ヲ重ネ（中略）正ヲ養フノ心ヲ弘メ」と，『日本書紀』からの引用をもってしている[18]。このように三種の神器が何を象徴しているか見ていくと，田中智学の影響がうかがわれるのではなかろうか。これは，前述した陸軍将校のクラブである偕行社の機関誌『偕行社記事』の1931年4月号の巻頭論文に田中智学が，登場していることと無関係ではあるまい。この巻頭論文では，「神武天皇建国」や「三種の神器」について述べられており，田中が陸軍において講演していること（前述）からも田中の陸軍への影響力を想定することも十分可能であろう。

　満州事変前夜，田中智学が『偕行社記事』の巻頭論文を執筆していることや，事変後，「積慶・重暉・養正」が，将官級の陸軍軍人により使われていることから，国柱会や田中が，陸軍に影響を及ぼしていたことが，ある程度想定できよう。

荒木貞夫によって使われはじめる「八紘一宇」

　「八紘一宇」が，国柱会の田中智学の造語であることを越えて広まり始めるのは，満州事変を経た国際連盟脱退後のことである。軍事費獲得のため，危機意識をあおる陸軍によって「八紘一宇」は使われ始めるのである。その背景には，満州事変，ならびに国際連盟脱退以後の以下のような状況があった。

18）荒木貞夫「皇軍に就て」。この一文には，「本文は昭和七年五月二十日参謀長会同の際に於ける荒木陸軍大臣談話の梗概であります」と付記されている。なおこの談話では，「道義を八紘に布き国徳を六合に施し給ふことを理想とせらるるのでありまして」とも述べている。

周知の通り，満州事変は，国民の排外主義的熱狂と軍部支持の声を高め，それまで政党政治に，それなりに従ってきた軍部の政治的地位を飛躍させた。そして満州事変や，国内的テロによる「非常時」の下，五・一五事件を契機に，政党内閣は，「挙国一致」内閣へと席を譲っていく。また満州事件費によって，満州事変以前，軍縮の声に脅えていた軍部の予算は大きく増大するのであった（この間の記述は，差し当たり大日方純夫他『日本の近代』梓出版社，1984年，235～240頁）。

このプロセスは，日露戦後以降の日本の外交政策をめぐる2つの潮流——欧米列強との協調とアジア・モンロー主義——の対立ないし併存に決着をつけることとなった。満州事変をきっかけに，大日本帝国は，はっきりと後者の路線を選択し，1933（昭和8）年3月，国際連盟からも脱退するのである（同前240～242頁）。この日本の国際的地位のドラスティックな変化は，大日本帝国の進路をめぐる新たな「理念」，ないし「スローガン」を必要とさせたのではないか。

しかも1933年半ば，中国との間に塘沽停戦協定が調印され，軍事的衝突を主要な契機の1つとする排外主義的熱狂も「小康」する。また国際連盟の脱退によっても，列強の干渉は起こらず，満州事変下の情勢は一段落していく。その中，五・一五事件で政権を失った議会の絶対多数党・政友会は，政権回復を求める動きを強めはじめ，「非常時」の解消の主張も現れる。軍部は，軍事費増大の口実に苦慮することになる（同前242～244頁）。

その状況下，陸軍は，「一九三五・六年の危機」——国際連盟脱退発効を機に，列強が南洋委任統治領の取り上げを図る，ソ連の5ケ年計画の完成により日本に危機が訪れる云々——を叫び始めるのである（同前243～244頁）。すなわち満州事変の一段落は，予算獲得のための「正統性」を提示する必要を陸軍にもたらしたといえよう。「一九三五・六年の危機」を唱え，これから2・3年後に危機が到来する，と危機感を強調することによって，軍拡を押し進めようとしたのが1933（昭和8）年のことであった。陸軍が，このような排外熱の弱まりをきっかけとする危機を打開しようとする中で，「八紘一宇」という用語が

陸軍大臣によって使われ始めたと考えられる[19]。

　1933（昭和8）年12月17日，陸軍大臣荒木貞夫は愛国労働農民同志会結成の祝詞に「八紘一宇」を用いている。この例が，現職の陸軍大臣が「八紘一宇」を使用した初出だと思われる（署名の肩書きは，陸軍大将）。荒木は，次のように述べている。

　　会員諸子，冀クハ恒ニ克ク其ノ本領ヲ守リ，相戒メ，相扶ケ，友愛同胞ト交リ，信義同志ト結ヒ，率先力行，益々本会ノ使命ヲ拡充シ，赤誠以テ国家興隆ニ資シ，日進日新ノ国是ヲ顕現シ，八紘一宇ノ理想ニ邁進センコトヲ（『1936』三六社[20]，1934（昭和9）年2月1日）。

　この祝詞が，荒木貞夫が「八紘一宇」を使用した最も初期のものであろうと考えられる。これ以前の荒木の著書『昭和日本の使命』（社会教育協会，昭和7年2月）[21]や，雑誌『国本』掲載の荒木の文章には「八紘一宇」は見られない。おそらくこれが，荒木が「八紘一宇」を使った最初の例と見てよいだろう。

　ではなぜこの1933年12月の時点で，荒木貞夫は，「八紘一宇」を使用したのであろうか。史料に即して考えてみよう。この祝辞は，以下のように述べている。

　　烏兎匆々昭和八年将に逝カントシテ国際危局既ニ目前ニ迫ルヲ思ハシムルノ秋，愛国労働農民同志会創設成リ，発会ノ式典ヲ挙グ，惟フニ労働者及ビ農民ハ，是国家生産ノ本源ニシテ，武力ノ主体タリ。乃チ其ノ思想動向ハ国運ノ消長ニ関スルヤ言ヲ俟タス。
　　翻ツテ現下国内ノ情勢ハ，思想混沌トシテ徳教敗頽シ，人情浮薄，徒ラニ外来ノ思想ニ惑溺シ動モスレハ国体ヲ紊ルカ如キ言動ヲ敢テスルモノ亦尠シトセス。

---

19) また網羅的に右翼・ファッショ団体の綱領・運動方針などを掲載している前掲『戦前における右翼団体の状況』に，「八紘一宇」を使用する団体が登場するのも，管見の限り，国際連盟脱退後の1933（昭和8）年9月にずれ込む。赤松克麿の青年日本同盟が「八紘一宇の理想に基き日本民族の雄飛を期す」と述べているのが初見である。
20) なお『1936』は，陸軍大佐小林順一郎が，「一九三五・六年の危機」を強く意識し，結成した三六倶楽部の機関誌。同倶楽部は，陸軍の別働隊的役割を果たした。
21) なおこの荒木の著書は，1932年4月に第80版に達したという。荒木の人気ぶりがうかがわれる。

「国際危局既ニ目前ニ迫ル」状況と,「外来ノ思想ニ惑溺シ動モスレハ国体ヲ紊ルカ如キ言動」がある中,「愛国労働農民同志会会員諸子,深ク此点ヲ憂ヒ蹶起スル所アリ,建国ノ大精神ニ基キ,愛国ノ至誠ヲ捧ケテ真個日本ノ完成ニ尽瘁セントス,寔ニ其機ヲ得タルモノト称スヘク快欣ニ堪エス」と荒木は述べ,「八紘一宇ノ理想ニ邁進」することを求めたのである。すなわち荒木は,国際連盟脱退による国際的危機が迫っていると危機感を強調し,国内においても,「外来ノ思想」に「惑溺シ」,「国体」をゆるがそうとする動きがあるという認識から「八紘一宇」を使用したと考えられる[22]。

「外来ノ思想」とは何であろうか。共産主義が,真っ先に考えられるが,この1933年6月,共産党の最高幹部であった佐野学・鍋山貞親が,獄中で「転向」を声明し,これをきっかけに,共産党事件関係被告の転向が相次いでいた。そのような状況下,「外来ノ思想」として陸軍などが標的とするものは,共産主義から自由主義へと重心を移しつつあったのではないか。この祝辞が出される直前の12月9日には,陸軍・海軍両省は,最近の政党による軍部批判は,「軍民離間」の行動で黙視出来ないとして,軍部の膨大予算への批判を強めつつあった政友会・民政党(既成政党)を暗に強く牽制していたのである(「軍民離間声明」)。

事実,荒木は,前年の絶大な人気[23]に引き換え,1933年後半には,その人気は衰えはじめていた[24]。焦点となっていたのは,軍事予算であった。

---

22) なお荒木は,1934年3月13日,日本青年館での建武中興六百年記念会における講演でも,「八紘一宇の聖業」と述べている(『皇国日本の大使命』講演通信社協会,1934年)。
23) 新潮社から発行されている大衆雑誌『日の出』には,「現代日本の生んだ英雄」,「現日本のヒイロオ 荒木貞夫中将」(『日の出』第1巻第1号,1932(昭和7)年8月号)と紹介されていた。
24) 元老・西園寺公望の秘書・原田熊雄は,この時期の荒木について「若い将校達が真夜中に塀を越えて,大臣を叩き起し,『大臣就任前に約束したことは,一体どうしたんだ』といふやうなことを言つて詰寄る者が多いので,ほとんど睡眠もとれず弱りきつてゐる。」(『西園寺公と政局』第三巻,岩波書店,1951年,139頁 昭和八年九月九日口述)と伝えている。

国際連盟脱退直前の1933年3月には，外務次官の有田八郎によれば，荒木は，「一時間余りも滔々と得意の対露計画を述べ，陸軍として決心も準備も既に充分出来てゐる由を答へてゐた」と述べ，「対露計画」——対ソ戦——には積極的態度を示していた（原田熊雄『西園寺公と政局』第3巻，岩波書店，1951年，38，39頁，昭和8年3月21日口述）。しかし，この祝詞が書かれる直前の1933年12月5日の内政会議では，天皇・宮中・財界からも信頼の篤い大蔵大臣・高橋是清は「軍部が，一九三五，六年を危機なりと称して，地方でも中央でも，まさにロシアやアメリカと戦争でも始まるかのやうな口吻で刺激してゐる」，「軍部は言動を慎まなければならん。なにも一九三五，六年が危機でもなんでもない」と追及する。すると荒木は「そんなことはない。今日軍部はなにも戦争をしようと思ふんぢやないけれども，しかし準備はしておかなければいかん。危機でないことはない」と述べたという（同前198，199頁，昭和8年12月13日口述）。3月の時点に比べて，トーンダウンせざるを得ない状況が広がりつつあったといえよう。

軍事費の更なる増大を求める陸軍に逆風[25]が吹き始めていたこの1933年12月，荒木陸相によって「八紘一宇」が使われ始めた点は重要であろう。軍事費拡大を求める「理論的」根拠として「八紘一宇」という「国家目標」が持ち出された可能性が高い。先の祝詞にもどろう。そこで，「八紘一宇ノ理想」とはどんな理想なのか，具体的には述べられていない。また，「建国ノ大精神」，「真個日本ノ完成」，「国是ヲ顕現」とあるが，またこれらの意味するところもここでは明らかにされていない。しかし上述の点から見て，これらの用語を使うことによって，「三五・六年の危機」を叫び，軍事費の拡大を目ざす陸軍の主張に正当性や根拠を付加させる目的があったと考えられる。

陸軍パンフレットに現れる「八紘一宇」とその背景

陸軍大臣である荒木貞夫が「八紘一宇」を使い始めたことは，その後の陸軍

---

[25] なおこの逆風は，翌1934年の第65議会での既成政党の屈服によって吹き止み，陸軍の政治的地位は，著しく上昇する（前掲『日本ファシズムとその時代』180〜184頁参照）。

の方向性を示すものとなった。この陸軍大臣による使用の後，陸軍の中で「八紘一宇」の比重が大きくなっていく。「八紘一宇」は陸軍省という国家組織によって使われる用語となるのである。1934（昭和9）年7月28日発行の陸軍省新聞班によるパンフレット，『躍進日本と列強の重圧』中に「八紘一宇」は登場する[26]。荒木が「祝詞」中に使用したその約半年後のことである。

　このパンフレットを皮切りとするように，1934年から1935年にかけて，陸軍省新聞班によるパンフレットなどに「八紘一宇」が使用されている。この『躍進日本と列強の重圧』は，「一九一四年六月二十八日は，サラヱヴォ事件突発の日，七月二十八日は，世界大戦の序幕たる墺匈国の対塞国宣戦布告の日である[27]」と前提とし，以下のように語るのである。

　　爾来二十星霜，躍進に躍進を遂げつゝある皇国は，列強嫉視の中心となり，皇国を第二の独国たらしめんとする策謀は，世界の随所に刻々と進展しつゝある。之に対する国民の覚悟や如何，準備，対策や如何。

　「躍進」する日本を，第一次大戦で敗北するドイツのように世界がしようと圧迫しているのだという危機感を煽りつつ国民にどのような準備をすべきか，との問題提起を行なう。軍拡を主張しつつ，このパンフレットは，「日本精神の宣布」をその方策の1つとして示す。そして，欧米列強からの反発を受ける理由は，日本の驚異的な発展と「皇国の真意に対する認識の欠如」によるところが大きいとし，そのため日本精神を世界に対して広めることが緊要だとするのである。そしてその日本精神とはどのような精神であるのかを説明する中に，「八紘一宇」は使われるのであった。

　　皇国は肇国の始めより，厳として存する大理想たる，八紘一宇の精神により，排他的利己主義を排し，四海同胞，一家族的和親の実現によって，世界人類の発展と，恒久平和とを招来せんことを庶幾しつゝあるものである。

---

26) 管見の限りではあるが，「八紘一宇」という用語は，それまでの陸軍パンフレットでは見られない。
27) 墺太利（オーストリア）匈牙利（ハンガリー），塞耳維（セルビア）を指す。

「八紘一宇」がどのような「精神」を指しているのかを説明している部分であるが、「八紘一宇の精神」とは、「肇国の始め」、つまり「神武天皇による日本建国」の初めから確固として存在している大理想であるとする。つまり、ここでは「日本精神」とは、「八紘一宇の精神」とほぼ同じ意味に扱われているのである。「八紘一宇の精神」である「日本精神」を広めることで、世界と親和的関係を築き、「恒久平和」を構築するのが「皇国」日本なのであるとするこの主張は、「恒久平和」を構築するための戦争という理由で、軍拡を目指す陸軍の主張を正当化していると見てよいだろう。

しかし、ここでは「八紘一宇」は「日本精神」という精神を説明するための用語であって、『日本書紀』や天皇制に関わる用語だというところにまでは言及されていない。それが、次に紹介する1935（昭和10）年6月に陸軍省から発行された『「日本精神学」序説』には、「八紘一宇」が『日本書紀』に由来する用語であるとの説明が付くようになってくる。つまり、「八紘一宇」の用語が『日本書紀』に由来すること、そして初代天皇であるとされる神武天皇に関わる用語であるということを説明し、用語自体の神聖さをアピールし始めるのであった。『「日本精神学」序説』は、次のように述べている。

　即ち我々は識る。日本精神の思想攻勢は悩める人類を救ひ、迷へる世界を導き、暗黒に化せんとする世を照らすものであり断じて「自己の階級のみが生きんとし」（ママ）……マルキシズム……自国のみが栄えん」と図る……ファッショ（ママ）　ナチス（ママ）……彼等の思想戦と同日に語らるべきでないと。我が皇国の思想戦こそは、即ち親が子に対する理論的なる説諭であり、其国の武は親が止むに止まれずして振ふ愛の拳である。之は八紘一宇化（ママ）……日本書紀に掲げたる神武天皇建国の詔勅（ママ）……世界を一家の如く包容するの意（ママ）……を目的とする皇国の対世界目的からいへば当然に論証し得ることである。

ここで、「八紘一宇化」とは、「日本書紀に掲げたる神武天皇建国の詔勅」に由来し、「世界を一家の如く包容するの意」であると注釈が入っている[28]。

---

28) 陸軍パンフレットなどでの「八紘一宇」の登場は、陸軍の動きをファッショ的だと批判的に見る意見がある中、ナチスなどとの違いを示すためにも、天皇制の「伝統」をイメージさせる「八紘一宇」的用語が必要であったためとも考えられる。

「八紘一宇」の用語が，『日本書紀』神武天皇即位前紀の橿原奠都の令の「神武天皇建国の詔勅」の部分に由来すると，はっきりと意識して使っていることがわかる。それは，『日本書紀』の「神武天皇の詔勅」に関わる用語であると明言することで，「八紘一宇」の用語の神聖さを際立たせ，いわば用語の権威化を図ったとも考えられる。また，「八紘一宇」について注釈がついていることから，陸軍内でさえもこの用語が一般的ではなかったことを示唆しているといえよう。

　このように，「八紘一宇」という『日本書紀』の世界に根拠を置くような用語が，陸軍大臣の使用を手始めとして陸軍省から出されたパンフレットなどに見えることに対して，現代の私たちは怪訝に思う気持ちを否めないのではないか。この背景には，「皇道」を唱える陸軍大臣荒木貞夫に喝采を送るような雰囲気が広がりつつあったのである。

　北河賢三氏によると，「満州事変前後から『日本精神』ということばが流行し，とくに1933年（昭和8）から34，5年にかけて日本精神論は猖獗をきわめた」という。さらに北河氏によると，「出版物に限っても，各種の調査によると，満州事変前後から三〇年代中ごろまでに，単行本・雑誌・パンフレットなどに発表された日本精神論は数百点にのぼると推定される。このうち，内務省警保局図書課の「日本精神ニ関スル出版物調」（『米軍没収資料』マイクロフィルム）によれば，1933年1月から34年3月までの15ヵ月間に出版された日本精神関係の書籍は70冊におよんでいる。このなかには，より大衆向けに企画されたと思われる新潮社刊『日本精神講座』全12巻の一部も含まれている。雑誌特集も目立ち，右翼団体などが発行する雑誌以外でも，哲学誌の『理想』が1934年1月号で「日本精神への志向」と題し，『思想』が同年4月号で「日本精神」と題し，それぞれ特集を組んでいる。このように，日本主義思想も「日本精神」の掛け声にとどまらず，一部の日本主義イデオローグの論壇進出もみられ，「日本主義哲学」として，あるいは「日本精神史」として著されるようになったのである」（この間の記述は，北河賢三「ファシズムと知識人」『近代日本の軌跡5　太平洋戦争』吉川弘文館，1995年，89〜90頁による）。

また，1932（昭和7）年には，外来思想であるマルクス主義に対抗するための日本精神を研究するための研究所，国民精神文化研究所が設立される（同前90〜91頁）。
　この日本精神論の流行について，勤王連盟（会長 菊池武夫[29]）講師である大場喜嘉治は次のように語っている。

　　数年前までは日本主義を云為するとか，或は皇道を口にするやうな者があると，時代錯誤的な旧思想の墨守者として嘲笑したものであるが，今日に於ては日本精神とか，肇国の大道とか皇道政治の徹底とか云ふことが，一般国民の関心事となり，之を口にせざる者は却つて我が帝国の国際的危機を解せぬ反逆者として糺弾せられるやうになつた（大場喜嘉治「皇道我観（上）」『国本』1934（昭和9）年10月号）。

　ここで注目すべきは，1934年当時においては，「日本精神とか，肇国の大道とか皇道政治の徹底」などということを口にしない者は，「我が帝国の国際的危機を解せぬ反逆者として糺弾」されていると大場が述べている点である。この「日本精神とか，肇国の大道とか皇道政治の徹底」ということが，「一般国民の関心事」となっているとも書かれている[30]。つまり，「国際的危機」，「三五・六年の危機」だとして，国際連盟脱退によってもたらされた「危機」を声高に叫ぶ陸軍の主張が，国民にもある程度浸透しつつあり，その中で，「日本精神とか，肇国の大道とか皇道政治の徹底とか云ふこと」が，その「危機」に対する対抗手段のようなものとして理解されていると読み取れるのではないか。
　そして，勤王連盟の大場の目からも，「日本主義」や「皇道」を唱える者に対する評価がここ数年間のうちに大きく変わってきており，かつて「時代錯誤的な旧思想の墨守者」であるとされていたのが，今日においては，「一般国民の関心事」となり，口にしないものがかえって「糺弾」されるようになったというのである。

---

29) 陸軍中将。宮崎県出身。天皇機関説事件の仕掛け人の1人。
30) こうした傾向にもかかわらず，この1934（昭和9）年，秩父宮を総裁とする神武天皇御東遷記念2600年祭が催されるが，この年の『宮崎新聞』を通読しても，管見の限りでは「八紘一宇」という用語は見当たらない。

78　第2章　「八紘一宇」はなぜ「国是」となったのか

　つまり，皇道派の首領格と見られた荒木貞夫が唱えるような，「三五・六年の危機」，国際連盟脱退によってもたらされる「危機」を煽る陸軍の主張が，左翼勢力への厳しい弾圧とも相俟って，影響力をある程度強めていた。その中で，「日本精神とか，肇国の大道とか皇道政治の徹底とか云ふことが，一般国民の関心事」となりつつあるという状況を呈していたのである。

　満州事変の勃発・国際連盟脱退によって，それまでは一部の人々によって取り沙汰されていたに過ぎない「八紘一宇」を陸軍が使い始めて，それが，さらにその周辺によっても使用されていくのである[31]。修養団[32]主幹・蓮沼門三も，その1人である。彼は，「八紘一宇」を，修養団機関誌『向上』で使用するのである。荒木とも近しい彼は，1934（昭和9）年，「世界平和の為めに選ばれたる神国日本」と題して，「平和の選民たる日本人は神武天皇の八紘一宇の天業を翼賛し奉る為めに，献身の苦難を嘗むべきなり」（『向上』第28巻第4号，修養団，昭和9年4月1日）と述べるのである。さらに第29巻第3号（昭和10年3月1日）でも，「神の家建設」と題して，蓮沼は，「されば我住む家郷を，神の家郷たらしめんと苦労することは，洵に『八紘一宇の天業』を翼賛し奉る初陣なり」と記すのであった。工場労働者などに影響力を持つ修養団の機関誌が，「八紘一宇」を使用したことは，この用語の広がりにとって無視することは出来ない。

　さらに内務省警保局長で徹底的な左翼弾圧に当たった松本学[33]も，1936年1月24日付の「皇紀二千六百年記念事業に関する建議書」の中で「八紘一宇」を

---

31) 荒木と，ほぼ同時期に，愛国勤労党などの結成に関わった綾川武治（日本大学講師）が，「八紘一宇」を使用している。この綾川の「日本の大陸政策」という論稿は，新潮社の『日本精神講座』第3巻（1934年）掲載されたものだけに，「八紘一宇」という用語の普及にある程度資したと思われる。
32) 1906年，蓮沼門三によって創設された教化団体。この時期は，平沼騏一郎が団長を務め，荒木貞夫とも国本社がらみで近しい関係にある。大正期には，後の昭和天皇や皇族たちも視察に訪れている。
33) なお内政史研究会『松本学氏談話速記録（下）』（内政史研究資料第56，57，58集 1967年11〜12月，109〜110頁）によれば，松本は，「八紘一宇」を造語したのは，自分だと語っている。しかし，松本が田中以前に造語していた事実は確認できない。

使い，以下のように述べる。

　皇紀二千六百年。この千歳一遇の年を迎ふるに当り　神武天皇御創業の御理想を回想し奉るは日本国民の感激おく能はざるところなり。天業恢弘八紘一宇化これ御理想の真髄にして（中略）国際的文化事業（中略）列国の間に文化的理解を深め以て世界平和招来の礎石たらしめざるべからず（粟屋憲太郎・小田部雄次編『資料日本現代史9　二・二六事件前後の国民動員』大月書店，1984年，144〜145頁）。

　まだ「世界平和」を謳っているとはいえ，蓮沼といい，松本といい，「日本精神論」の広がりの中，「八紘一宇」を使用し始めていたことは注目に価する。「八紘一宇」の使用が，徐々にではあれ，広がり始めていたのである。

3.「八紘一宇」の広がり

準戦時体制と「国策の基準」

　1936（昭和11）年2月26日，一部の陸軍青年将校により，斎藤實内大臣・高橋是清大蔵大臣らが殺害される流血の決起事件が起る（二・二六事件）。この二・二六事件の際，すでにW・エドワーズ氏が「宮崎市所在『八紘一宇の塔』について」（前掲『天理大学学報』第187号）において指摘している通り，青年将校の「決起趣意書」の中で「八紘一宇」が使用される。

　謹ンデ惟ルニ，我ガ神州タル所以ハ，万世一神タル天皇陛下御統帥ノ下ニ挙国一体生々化育ヲ遂ゲ，終ニ八紘一宇ヲ完フスルノ国体ニ存ス。此ノ国体ノ尊厳秀絶ハ，天祖肇国神武建国ヨリ明治維新ヲ経テ益々体制ヲ整へ，今ヤ方ニ万方ニ向ツテ開顕進展ヲ遂グベキノ秋ナリ（原秀男他編『匂坂資料　第5巻　検察秘録二・二六事件』角川書店，1989年，119頁）。

　青年将校が，このように「八紘一宇」を使用することは，先に見た陸軍パンフレットなどを通じて，陸軍将校の間では，この言葉が一般化していたことを意味するのであろう。須崎愼一氏によれば，二・二六事件の青年将校の目的の1つが，軍事費の飛躍的増加であったという（前掲『二・二六事件──青年将校の意識と心理──』137〜138頁参照）。そうだとすれば，ここでの「八紘一宇」の使

われ方は，軍事的世界征服を目的とするものであったといってよかろう。たとえば青年将校の中心人物の1人・栗原安秀はその手記「昭和維新論」で，「日本国家軍備ノ本質ハ四隣雄邦トノ均衡上決定セラル、モノニ非シテ，世界ニ於ケル絶対的力トナルヲ理想トスヘキナリ」と述べていたのである（この間の記述は前掲『二・二六事件——青年将校の意識と心理——』137頁参照）。

そしてこの二・二六事件は，「八紘一宇」が，陸軍だけが使う用語でなくなるきっかけとなっていく。二・二六事件は，軍部の力を飛躍的に増大させた。1936年3月9日，陸軍の干渉の中，広田内閣が成立すると，陸軍が，従来から望んでいながら実現して来なかったことが，次々と決定されていく。

年表を追っただけでも，4月17日には，支那駐屯軍[34]増強の決定がなされる。5月18日には，第一次護憲運動の結果，予備・後備役の陸海軍大・中将まで広げられていた陸海軍大臣の任用資格が，官僚機構の中枢に位置する現役の陸海軍大・中将に限定されることとなった（陸海軍大臣現役武官制復活）。さらに6月8日には，戦前日本の最高機密国策・帝国国防方針の第三次改訂が，天皇により裁可される。これにより，陸海軍の所要兵力量は，米ソを目標とし，陸軍50個師団・142飛行中隊，海軍戦艦・空母各12隻・航空65隊と定められ，これに向けての大軍備拡張が可能となっていく（この間の記述は，前掲『日本の近代』253～259頁，及び『日本ファシズムとその時代』301～312頁による）。

さらに「八紘一宇」を考えるために重要だと考えられるのは，8月7日の南進政策の国策化であろう。首相・蔵相・外相・陸相・海相の五相会議で決定されたこの「国策の基準」の内容は，以下の通りである。

> 帝国内外の情勢に鑑み当に帝国として確立すべき根本国策は外交国防相俟って東亜大陸に於ける帝国の地歩を確保すると共に南方海洋に進出発展するに在りて其の基準大綱は左記に拠る。
> （一）東亜に於ける列強の覇道政策を排除し真個共存共栄主義により互に慶福を頒たんとするは即ち皇道精神の具現にして我対外発展政策上常に一貫せしむべき指導精

---

[34] 1901年9月の義和団事件最終議定書で，駐留が承認されたもの。なおこの増強が，中国側の反発を高めた。

神なり。
　(二) 国家の安泰を期し其の発展を擁護し以て名実共に東亜の安定勢力たるべき帝国の地位を確保するに要する国防軍備を充実す (五相会議決定「国策の基準」原文カタカナ　外務省編『日本外交年表竝主要文書』下, 原書房, 昭和40年)。

　とくに「皇道精神の具現」[35]を謳う (一) 項は,「八紘一宇」の内容といってもよいものではなかろうか。さらに同日, 蔵相を除く四相会議で決定された「帝国外交方針」は,「南洋方面」を「帝国の産業及国防上必要欠くへからさる地域」と述べるに至る (同前書所収)。8月11日には, それまで陸軍が推し進め, 中国民族運動の猛反発を買っていた華北分離政策が承認される (「第二次北支処理要綱」同前書所収)。また馬場蔵相の下, 陸海軍の要求を丸呑みする財政政策も開始される。この結果, 陸軍の平時兵力は, 昭和17年度までに在満10師団, 内地及び朝鮮17師団, 飛行140中隊をめざすものとなり, 陸軍当局者自体「画期的ナル軍備ノ充実」と述べるに至ったという (前掲『日本ファシズムとその時代』307～309頁参照)。そして11月25日には, 日独防共協定も調印され, ヒットラーのドイツとの同盟関係に大きな一歩を踏み出すのであった。ここに「八紘一宇」が, 大日本帝国の公式の用語となる前提が築かれたといってよかろう。

　このように陸軍にとって有利な情勢が展開する中, 1936 (昭和11) 年9月18日に陸軍省から出された『満州事変満五年』というパンフレットにおいても,「満州国」と日本の関係を「日満不可分関係」であるとの文脈中に「八紘一宇」は使われている。「満州国」とはいうまでもなく満州事変後の1932年3月, 中国東北部に建国した日本の傀儡国家であった。「満州国が発達しその実力を向上すること」は, 日本の「発展向上を意味」し, それが「延いては東亜の諸民族に勃興黎明の気運を促進して東洋文明を興隆」することにつながるという。そして「我が八紘一宇の大精神を中外に宣布し, 世界の平和文明に貢献すべき我が民族的大抱負実現の第一過程」であると続いている。これは,「満州国」

---

35) ただし,「皇道精神の具現」は,「八紘一宇」と比較すれば, 具体的イメージを抱きにくい。「皇道」に代わるかのように「八紘一宇」が登場していくのには, こうした点があるのではなかろうか。

を建国したように、まず東アジアに勢力圏を広げることが、ついには世界の平和につながるのであるとの主張ととれる。ここでは「八紘一宇」についての注釈は入っていないが、文脈から判断すると、「世界の平和文明に貢献すべき我が民族的大抱負」という意味で使われていると考えてよいだろう。

こうした中で、ファッショ団体の綱領などにも、「八紘一宇」が現れだす。二・二六事件後、予備役に編入された橋本欣五郎（陸軍大佐）が1936（昭和11）年10月17日結成した大日本青年党の宣言中にも「八紘一宇」が使われている（前掲『戦前における右翼団体の状況』）。また右翼・ファッショ陣営の有力なイデオローグの１人であった鹿子木員信（九大教授、後、言論報国会専務理事兼事務局長）の著書『すめらあじあ』（同文書院、1937年）所収の論稿も、二・二六事件を機とする変化を考える上で示唆に富んでいる。満州事変後の昭和６年冬からの論稿を集めた同書において、初めて「八紘一宇」という用語が登場するのは、1936（昭和11）年秋の「日本国策と蒙古問題」まで待たねばならない。「日本根本国策は、実にその皇国たるの国体に基く」とした彼は、それを「八紘一宇の理想」だと断じるのである（同前325頁）。

そして1937（昭和12）年５月31日出された文部省『国体の本義』には、「八紘を掩ひて宇と為むこと、亦可からずや」と、『日本書紀』からの引用が見られる。なおこの時点では、文部省は、「八紘一宇」を使っていなかった。しかし「八紘一宇」へ一歩近づいたことは確かであろう[36]。1937年７月７日の盧溝橋事件を発端とする日中全面戦争の開始は、この「八紘一宇」を「時代の言葉」としていくのであった。

日中全面戦争開始下の「八紘一宇」

1937（昭和12）年７月７日勃発した盧溝橋事件は、７月11日、現地で停戦協定が成立したにもかかわらず、以後、日本敗戦の日まで続く全面戦争に拡大した（前掲『日本の近代』260頁参照）。当初、「暴支膺懲」が、スローガンとされた

---

[36] なお、この点については、荻野氏も、前掲書（194頁）で言及している。

この戦争は，10月の段階で，「聖戦」という言葉が新聞紙上に現れる。米国大統領の対日非難に対し，河相達夫外務省情報部長は，「持たざる国の生存権」を主張し，「日本は支那人に平和的提携を求めている」のに「支那が武力でこれを拒む」から戦争になったのだと強弁する。これを伝えた読売新聞は，「平和達成への聖戦」と大見出しで報じるのである（1937年10月7日付夕刊）。

　さらに一部からは，「八紘一宇」を言い出したとされる松岡洋右（当時，満鉄総裁）も，米国民へのメッセージで，日本を「亜細亜民族の首領」と位置づけ，「支那を救うは日本の使命」だとし，「赤化防止」の「聖戦」と，この日中間の戦争を「定義」する（『読売新聞』1937年10月11日付）。いわば当初の目論見とは違い戦争が長期化の様相を見せる中[37]で，国民を納得させるための新たな目標や戦争目的を，国民に提示し，強調する必要が出てきたのである。そして時を同じくして，国民精神総動員運動の中で，文部省が「八紘一宇」を使い始めるのであった。

　日中戦争開始後の1937（昭和12）年8月24日，国民精神総動員実施要綱が閣議決定されたのをうけ，10月12日には国民精神総動員中央連盟が結成されていた。その数日後の10月19日，「明治節奉祝及国民精神作興週間」の実施要項が，次官会議で決定されるのであった（長浜功編『国民精神総動員運動　民衆教化動員史料集成』第1巻，明石書店，1988年）。この次官会議決定に基づいて文部省は，実施事項を決定する（決定月日不明）。この実施事項の1つとして，文部省は「週間特集号及パンフレット『八紘一宇ノ精神』発行発布」を決めていく。10月22日，文部大臣に就任した木戸幸一（後，内大臣）の下であったと考えられる。折から，国民精神文化研究所の生みの親といわれる伊東延吉が文部次官を務めていた。文部省が「八紘一宇」を使い始めたのはこの頃だと考えてよいだろう。

---

[37] ちょうどこの時期は，昭和天皇によれば，昭和15年7月11日の木戸幸一内大臣への回想であるが，昭和12年6月，参謀総長・陸軍大臣は，「支那は万一戦争となっても二三ヶ月で片付と云ふ様な意味の答申」をしていたという（『木戸幸一日記』下，東京大学出版会，1966年）。丁度その「二三ヶ月」が過ぎようとした時点であった。

第2章 「八紘一宇」はなぜ「国是」となったのか

同年11月,文部省はさらに『八紘一宇の精神　日本精神の発揚』(内閣・内務省・文部省共同刊行『国民精神総動員資料　第4集』)の中で,「八紘一宇の精神」の部分を担当し,「八紘一宇」という用語の意味について次のような説明をするに至る[38]。以下,やや長いがその説明を引用しよう。

> 「八紘」は「八荒」ともいひ,前者は八方の隅,後者は八方の遠い涯といふ字義であつて,共に「世界の涯」とか「天の下」とかいふ意味である。「一宇」は「一家」といふ字義で,全体として統一と秩序とを有する親和的共同体といふ意味である。従つて「八紘一宇」とは,皇化にまつろはぬ一切の禍を払ひ,日本は勿論のこと,各国家・各民族をして夫々その処を得,その志を伸さしめ,かくして各国家・各民族は自立自存しつゝも,相倚り相扶けて,全体として靄然たる一家をなし,以て生成発展してやまないといふ意味に外ならない。それは外国の覇道主義の国家に見られる如く,他国を領有しようとする侵略的思想とは,霄壌の差をなすものであつて,禍を除き,道を布き,弥々高く益々広く向上発展する我が国の進路を示すと同時に,各国家・各民族をして道義的・平和的世界を実現せしめる創造の道を示したものである。この道は,実に肇国以来,一系連綿たる天皇の天津日嗣の大御業であり,又我々臣民が一身を捧げて皇運を扶翼し奉る窮極の目標である(前掲『国民精神総動員資料　第4集』)。

ここで,「八紘一宇」とは,「皇化にまつろはぬ一切の禍を払ひ,日本は勿論のこと,各国家・各民族をして夫々その処を得,その志を伸さしめ,かくして各国家・各民族は自立自存しつゝも,相倚り相扶けて,全体として靄然たる一家をなし,以て生成発展してやまないといふ意味」だとしている。ここでは,「皇化にまつろはぬ」こと,天皇の支配下に入ろうとしない者はすべて「禍」であるとした上で,「各国家・各民族は自立自存」し,助け合い,全体として発展していく,という矛盾を含む説明がなされている。しかしこれは,他の国家に見られるような,「他国を領有しようとする侵略的思想とは,霄壌の差をなすもの」であるとしている。しかも,これは建国以来の日本の使命だとし,「この道は,実に肇国以来,一系連綿たる天皇の天津日嗣の大御業であり,又我々臣民が一身を捧げて皇運を扶翼し奉る窮極の目標である」と述べるのであった。

つまり,現在の日本軍のふるまいは帝国主義とは一線を画した行為であり,

---

38) なおこの点については,前掲『戦前文部省の治安機能』(222頁)をも参照。

これは日本の使命なのであるということを「八紘一宇」という用語によって表現しようとしているのである。ここで「八紘一宇」についての説明がされているということは、「八紘一宇」の用語は、文部省や国民精神総動員運動において語義の説明の必要を感じさせる新しい語であったことを示していると言えるのではないか。

このように文部省によって用語の定義がされていることがあってなのか、文部大臣木戸幸一も国民精神総動員運動の機関紙『国民精神総動員』第1号紙上において「八紘一宇」の語を使いつつ次のように述べるのである。

　我国三千年来の政治の原動力は肇国の精神に発し、八紘一宇の　大御心は万世一系の皇統と共にゆるぎなき我国家活動の根本精神なのである。帝国は今やこの大精神を全世界に向つて実現すべき時期に際会したのである（木戸幸一「国民精神総動員に就て」『国民精神総動員』第1号、1937（昭和12）年12月1日）[39]。

日本国の政治の原動力は「肇国の精神」、つまり神武天皇即位時の建国の精神にあり、日中戦争はその建国の精神を発揮するべき好機会であるというのである。戦争の意義づけを「肇国の精神」というものに求めようとしているといってよい。ではなぜ「全世界に向つて実現」しなければならないのであろうか。木戸は、さらに言う。

　南京政府やその軍閥のみならず一切の唯物、功利、共産主義、あらゆる偽善、欺瞞を掃蕩し、道義を中心とする精神的世界の建設の為、仇なす敵には徹底的に膺懲を加ふると共にその根底に於ては大慈悲を以て臨み之を徳化し心服せしめなければならぬ。この徳化に依る戦ひこそ我が武の精神である。即ち武とは戈を止めると書き、平和の建設を意味し、又出征の征は正しく行く事で、是れこそ皇軍の使命であり今事変の意義である（同前）。

すなわちこの戦争は平和のための戦いであり、「皇軍」である日本軍には徳というものがあり、敵である南京政府は悪だと断じる。その悪と戦い、「道義

---

39) この木戸の発言から少し後の1937年12月10日の時点で、鹿子木員信も、前掲『すめらあじあ』のはしがきで、「皇軍南京入城の報を待ちつゝ」として、「八紘一宇の理想を実現するがためには、先づ八紘の実状を知らねばならぬ」と記すのである（5, 7頁）。

を中心とする精神的世界の建設の為」に日本は戦わねばならないというのが，今日本が直面している戦争なのだというのである。「宮中グループ」の一員である木戸が「八紘一宇」を使用しているのは，この用語を使うことに宮中関係者としても異存はないという認識が見てとれる。

さらに国民精神総動員中央連盟も，1938（昭和13）年1月21日，第一次近衛声明（「国民政府を対手とせず」）をうけて，国民の覚悟を促し，以下のように述べるのである。

> 我が尊厳なる国体に基き愈々日本精神の昂揚に力め挙国一致堅忍持久如何なる艱苦にも耐へ如何なる欠乏をも忍び各々其の持場を固め其の分に応じて献身奉公の赤誠を捧げ国力の充実銃後の強化に万全を期し八紘一宇の大精神に燃ゆる我が民族の歴史的大使命の遂行に邁往し明朗東亜建設の大業を成就し以て　上　聖明に応へ奉らんことを期す（「声明」国民精神総動員中央連盟　昭和13年1月21日『国民精神総動員』第4号，1938（昭和13）年2月1日）。

1938（昭和13）年1月24日には，中央連盟・東京府・東京市主催で大演説会が日比谷公会堂に開かれた。席上，内閣参議・松岡洋右は，次のように述べたという。

> 八紘一宇と云ふ考へは，決して世界を奪らうなどゝ云ふやうな，そんなけちな考へではない。世界を我に向はしむる——之をやらなければならぬ。世界が帰依して来る，我が皇化に浴して来る。斯う云ふことである（「須らく　堅忍持久せよ」『国民精神総動員』第5号，1938年2月15日）。

そして松岡は，さらに，「最後に私はもう一度繰返して置く。『八紘一宇』『大義を宇内に顕揚す』これが大和民族の大精神であり，大使命である。この使命遂行の為めには，この大精神発揚の為めには，如何なる犠牲も辞すべきではない」と述べるのである。国民を動員するための「八紘一宇」といってよかろう。

内閣情報部も，日本橋高島屋で，1938年2月9日から26日まで「思想戦展」を開催する。「天孫降臨の今昔から敬神崇祖，忠，孝，尽忠報国，清明心など日本精神の真髄をヂオラマ化したもの」などを中心とするこの催しを見た国民

精神総動員中央連盟関係者は,「思想戦の混沌たる中にあつて,結局世界を救ふものは我が日本の正義人道」だと感じたとして,以下のように一文を結ぶのである。

　八紘一宇の大精神こそ此の戦ひに進むる我が大旆だ。此の精神を万邦に宣布して,他よりする陰険邪悪なる思想謀略を一切撲滅し,国家終局の目的達成の為め挙国一致,如何なる艱苦をも克服して行かなくてはならぬ。(「姿なき戦　世界に渦巻く　思想のたゝかひ　内閣情報部主催の思想戦展を観る」『国民精神総動員』第5号,1938 (昭和13) 年2月15日)。

　国民精神総動員中央連盟作製の絵葉書にも,「八紘一宇」が登場している(『国民精神総動員』第8号,1938年4月15日)。同紙掲載の広告「愛国切手に国民精神総動員絵はがき」によると,「雄飛報国」「天壌無窮」「八紘一宇」の3種類の葉書が作成されていたという。

　戦争が長期化の様相をみせる中で,「八紘一宇」は,戦争に国民を動員し続けるため,なくてはならない用語として定着したといえよう。1937年末の南京陥落後も,当初短期間で済むであろうとの予測に反して日中戦争は終わらないという状況が,そこにあった。戦争の犠牲に対する代償を求める声も強まっていく（前掲須崎『日本ファシズムとその時代』336頁参照）。その中で,当初の「暴支膺懲」という悪を懲らしめるといった理由や,「聖戦」だけでは,国民を戦争に動員し,さらなる犠牲を払うことを納得させる理由として難しくなっていた。そうした状況の下,戦争継続の正当化のために,神武天皇によって権威づけられる用語,「八紘一宇」は使われるようになっていったのである。

聴覚を通じた「八紘一宇」の普及

　このように国民精神総動員運動の中でも使われ始めた「八紘一宇」がますます広まりを見せるのは,1937 (昭和12) 年11月,内閣情報部募集歌「愛国行進曲」の制定によってである[40]。作詞は森川幸雄,作曲は元海軍軍楽隊瀬戸口

---

40) なお大伴家持の和歌に,信時潔が曲をつけた「海行かば」も,この1937年11月,国民歌謡として作られている（『新版　日本流行歌史』上,337頁)。

藤吉によるこの曲は，軍国歌謡の中でも広く歌われた曲であるが，この森川という人物は，当選報道の記事によれば，作詞の経験のない印刷業従事者であると紹介されている[41]。「起て　一系の大君を　光と　永久にいただきて　臣民われら　皆共に　御稜威に副わん　大使命　征け　八紘を宇となし　四海の人を　導きて　正しき平和　うち建てん　理想は花と咲き薫る」（2番）（『新版日本流行歌史』中，社会思想社，1995年，114〜115頁）という歌詞を持つこの「愛国行進曲」を発端に，「八紘一宇」は，今まで以上に広く人々に浸透する用語となる第一歩を踏み出した。

この歌詞中にある「征け　八紘を宇となし」は，「八紘一宇」造語の元となった『日本書紀』を意識して歌詞にしたものと考えて良いだろう。この歌は各社が競ってレコードを売り出し，情報部の大宣伝によって100万枚を突破したという（同前）。

この「愛国行進曲」が制定された数ヶ月後の1938年2月26日，「八紘一宇ノ聖旨宣明ニ関スル件」が内閣情報部国民精神総動員部会で決定される。引用してみよう。

> 来ル四月三日ノ神武天皇祭ニ当リテハ事変下ニ於ケル之ガ意義ヲ愈々深カラシムル為天皇ノ勅ノ中（中略）上ハ即チ乾霊ノ国ヲ授ケタマフ徳ニ答ヘ，下ハ即チ皇孫ノ正ヲ養ヒタマヒシ心ヲ弘メム。然テ後ニ六合ヲ兼ネテ都ヲ開キ，八紘ヲ掩ヒテ宇ト為ムコト，亦可カラズヤノ聖旨ヲ今次事変ノ意義ト関連セシメテ平易ニ解説シ，我国是タル八紘一宇ノ御精神ニ対スル国民ノ理解ヲ愈々深カラシムルコト。

つまり，4月3日の神武天皇祭にあたり，『日本書紀』の神武天皇即位の部分を，日中戦争の意義と関連させて解説し，「国是タル八紘一宇ノ御精神」に対する国民の理解を深めよというのである。

そしてこの方針に基づき，神武天皇祭当日には，当時第一放送と第二放送しかなかったラジオ（JOAK）では，午後7時半から，「八紘一宇の夕」という特

---

41)『読売新聞』1937（昭和12）年11月3日朝刊は，「誉れの当選無名詩人　戦線の勇士や海外からも応募五万七千余篇　更に作曲募集　新春から斉唱」と伝えている。

集が組まれるのである。大阪のJOBK（同日付の『大阪毎日新聞』ラジオ欄による）も，同じ特集番組を放送しており，『宮崎新聞』にも，「八紘一宇の夕」がラジオ欄に見えるので，おそらく全国同時に放送されたと考えてよかろう。4月3日付『読売新聞』のラジオ欄は，以下のように伝えている。

　　けふ――皇紀二五九八年の神武天皇祭に内閣情報部は，神武天皇の「八紘一宇」の御精神即ち「国をもつて家となす」の大御心を国民精神総動員に当つて全国民に強調するため全国市町村，学校，諸官庁，諸団体等に於て行ふので是に呼応してAKでは今夜七時卅分から「八紘一宇の夕」を放送する。

この当時のラジオ放送の総力を挙げたような企画の中心は，愛国行進曲であった。このラジオ番組がきっかけとなって「八紘一宇」が国民の間に浸透していったのではないだろうか。当時，NHKラジオの聴取者数は，1937年末の時点で300万世帯を突破しており（家庭総合研究会編『昭和家庭史年表』河出書房新社，1990年参照），相当数の国民が，聴覚を通じて，「八紘一宇」を体感したといってよかろう。

　さらに天長節の，天皇による「兵馬御親閲」も，写真入りで，「八紘一宇！皇威輝くけふの天長節」と大きな活字が躍るのである（『読売新聞』1938（昭和13）年4月30日付夕刊）。先ほどの絵葉書と同様，視覚にも訴えるやり方といってよいであろう。「八紘一宇」は，ここに天皇制と密着した用語であると周知され，戦争に対する疑問を封殺する役割を果たすことになったと考えられる。1938（昭和13）年12月6日，陸軍中央部は侵攻作戦を打切り，戦略持久への移転方針を決定し（『現代史資料〈日中戦争2〉』みすず書房，1964年），日中全面戦争は泥沼化していくが，その状況下，建国以来の国家目標であると人々に思わせる「八紘一宇」という用語は，大きな役割を担っていったのである。

「八紘一宇」のビジュアル化――宮崎県における「八紘之基柱」建設への動き――

　1940（昭和15）年の紀元2600年記念事業として，1938年後半から宮崎県において「八紘之基柱」，通称「八紘一宇の塔」の建設が構想されていく。塔正面の「八紘一宇」の文字は昭和天皇の弟である秩父宮雍仁親王の染筆が刻まれ

ることとなる。この塔の建設は,「八紘一宇」という用語が,ついに宮内省においても異議の出ない用語となっていったことを示していよう。

　この「八紘之基柱」建設は,宮崎県知事であった相川勝六の発案によるものであった（後述)。相川は,1936（昭和11）年の二・二六事件当時内務省警保局保安課長兼高等課長であったが,事件の結果,朝鮮総督府に左遷されていた。それが翌年の7月7日,知事として宮崎県に赴任することとなった[42]。日中戦争勃発の日のことである。

　相川は赴任当初から「敬神家」として,「どこに居つても毎朝皇城を遥拝してパンパンと柏手を打」つ人物と紹介されている（『宮崎新聞』1937年7月18日付)。彼は,宮崎県祖国振興隊を組織し,その活動は,国民精神総動員運動の全国的モデルとされていく（前掲『日本ファシズムとその時代』343頁参照)。その相川が,知事として宮崎県の紀元2600年奉祝事業の立案に取り組むことになる。しかしその計画は,はかばかしくなかったようである。1937年9月29日の『大阪毎日新聞』宮崎版は,「皇紀二千六百年記念事業計画は　根本的に立直す」として,次のように伝えている。

> 　皇紀二千六百年記念事業および川南原国営開墾事業など県政当面の重要問題促進のため上京中だつた大山県会議長以下県会の陳情委員一行は廿七日帰県,大山議長は廿八日出県して相川知事に運動経過を報告した,それによると。
> 　二千六百年記念事業については国民精神総動員運動と関連して目下精神発源の地たる聖地日向の顕彰がもつとも緊要なることを極力主張したに対し祝典事務局では本県の熱望は大いに認めるが現在の記念事業計画はあまりにお座成りの計画で国家事業としては不適当であるからもう少し後世に残るような事業計画を樹立すべきであるとの意見だつたので県では事業計画を根本的に立直した上,相川知事が近く上京,再折衝を行ふことなつた。

　そして相川は,10月上京し,陳情に当たり,「皇紀二千六百年記念事業については建国の聖地日向の顕彰を国家的事業として是非考慮に入れて貰ふやう」極力主張し,「祝典事務局も県民の熱意を非常によく理解し,特別の好意をも

---

[42] なおこの点については,前掲『石の証言』をも参照。

つて宮崎県知事を新に祝典事務局評議員委員に加へた」という。しかし「本県の記念事業はまだ具体的に決定を見たといふわけではな」かったという（『大阪毎日新聞』宮崎版　1937年10月19日付）。

　こうした宮崎県の紀元2600年記念事業に影響を与えたのではないかと考えられるのが，先に見た「八紘一宇の夕」である。4月3日を前にして，それまでほとんど新聞紙面に現れなかった「八紘一宇」という言葉が目立ち始めるのである。

　たとえば1938年3月30日付『宮崎新聞』には，「八紘一宇精神　聖旨の宣明　神武天皇祭の県下」という見出しが出現する。同日付の『大阪毎日新聞』宮崎版も，「神武天皇祭当日　県下全市町村で　皇国隆昌を祈願　八紘一宇の精神宣揚」と伝える。さらに4月8日付『宮崎新聞』夕刊も，九州沖縄各県神職連合会総会が，「神都宮崎」に開催されたことを報じる。そしてその総会の宣言は，「今や皇威八紘に輝き神武四海を圧す然れども時局愈々重大」だとし，以下のように述べるのであった。

　　国民精神総動員の実を挙げ堅忍持久以て基護を固くし　六合開都八紘一宇の聖旨を仰ぎ奉り肇国の大精神を普く宇内に宣揚して皇国無窮の聖謨を翼賛し奉らざるべからず。

　同じ催しを伝えた4月8日付『大阪毎日新聞』宮崎版の見出しも，「八紘一宇の大精神確立　普及邁進の誓ひ」であった。さらにこの記事は，星野輝興宮内省掌典の講演，続いて各県神職会員の意見発表があったとして，その模様を「東亜永遠の平和招来のため八紘一宇の大精神の確立普及に邁進することを誓つて夕刻閉会」と報じるのである。まさに「八紘一宇」づくめの記事というしかない。さらに1938年5月15日付の『宮崎新聞』も宮崎県教育会の「決意宣明」を「皇威四海を圧し，八紘一宇の聖業将に成らんとす」と伝えるのである。

　そうした中で6月に入ると，宮崎県の紀元二千六百年奉祝記念事業奉祝会結成の動きが具体化し始める。6月11日，紀元二千六百年奉祝記念事業特別委員会に出席し，東京から帰県した相川知事は，「県の記念事業は国の事業が決定

してから奉祝会などを組織して早急に決定する予定」だと述べる。こう報じた6月12日付の『大阪毎日新聞』宮崎版は，記念事業の中身として，「紀元二千六百年を機として県民精神を高揚し八紘一宇の大精神を確立するため単なるかけ声的な内容の伴はぬ精神運動でなく何らか具体化した精神運動を行ふよう研究し二千六百年を期して日向の大きな飛躍をはかる」という方向を伝えた。しかし7月になっても，なお「八紘之基柱」につながる計画は，『宮崎新聞』(7月3日付社説「祝典記念事業確定」）にも，7月9日付の『大阪毎日新聞』宮崎版（「二千六百年記念事業　今秋鍬入れ祭　祭典の模様を全国に放送　相川知事の帰来談」）にも，見られない。

しかし宮崎県の公文書を公開している宮崎県文書センター所蔵の「雑書　秘書」（官第16の1）に，「八紘之基柱」建設のきっかけを伝える史料が含まれている。「趣意書」と題されたこの史料には，赤字の手書きで，「本案は知事鵜戸神宮へ参籠作成せるものなり」と書き込まれている[43]。「日向の国は畏くも皇祖発祥の聖地であり且つ皇国御肇造の御準備地であります」と始まるこの史料は，相川知事がなぜ「八紘之基柱」（この時点では，「天の御柱」）を考えたのかを伝えている。

> 今次聖戦は神武大帝肇国の精神たる八紘一宇の実を東亜の大地に顕現せんとする聖業でありまして現時聖戦の段階は大帝が日向御進発以来の御聖戦の一過程にも比すべきかと考へられるのであります。

注目すべきは，相川が，日中全面戦争を「八紘一宇の実を東亜の大地に顕現せんとする聖業」ととらえ，「現時聖戦の段階は大帝が日向御進発以来の御聖戦の一過程」としている点である。彼は，「八紘一宇」を，明らかに武力的なものとしてとらえていたのである。彼は，さらに次のように述べている。

> 神武大帝の肇国は日本国土はもとより全世界の罪穢れを祓ひ之を掩ふて家となすの御精神と拝察いたします　今や今上陛下は此の大帝の八紘一宇の御精神を東亜に顕現

---

43) この史料が，書かれた時期は不明であるが，簿冊の綴じられている順番から，この史料は，1938年7月から8月にかけてのものであろう。

せんとして聖戦を進め給ふのであります又之が皇国無窮の理想であります。

　こう前提して彼は,「故に神武天皇最後の宮址たる皇宮屋台[44]の適地を選び石造堅牢の純日本式にして壮大なる天の御柱を建立いたします其の材料の一部として東亜はもとより世界の各地の御稜威の及ぶ所より石又は土を蒐めて其の上に之を築造し其の御柱の正面に「八紘一宇」又は「八紘をおふて宇となす」の御言葉を刻記して亦適当なる箇所に紀元二千六百年の慶典の行はれる時に於ける帝国の国勢の要点を刻記して永く国民奮起国家隆盛の資といたします」と述べるのであった。そしてこの「天の御柱の建立」の他，県の事業として，上代日向研究所の設立，神武天皇の聖蹟顕彰，遠祖慰霊祭の執行をあげるのである。そしてこの相川の趣意書に基づき，宮崎県の奉祝事業が決定されていくことになる。

　1938年8月13日，紀元二千六百年宮崎県奉賛委員会協議会が開かれた。この結果，この奉賛委員会は奉祝会を設立してこれに合流することになるとともに，「紀元二千六百年祭の記念事業」として，「全国から礎石を集め　大祖国塔を建設　日向古代研究所も設置」と報じられる（『大阪毎日新聞』宮崎版　1938年8月16日付）。「天の御柱」が，「大祖国塔」と名を変えたが，先の相川構想が受け継がれていた。8月17日付『宮崎新聞』夕刊の報道も同様である。さらに相川は，菊池武夫ら，在京の宮崎県関係有力者を招待した会合で，「上代日向の研究機関の新設と皇宮屋に肇国の大方針たる八紘一宇の精神顕現のため大天柱建立の二大計画は時節柄もつとも有意義な企画として出席者の讃辞を集めた」という（『大阪毎日新聞』宮崎版　1938年10月2日付[45]）。なおこの時点では，名称は，「大天柱」であった。10月4日付『宮崎新聞』の報道も同様である。

---

44)「八紘之基柱」の実際の建設地は，この皇宮屋台より，さらに標高の高い現地となるが，1941年11月20日，この地で，「皇軍発祥之地」の塔の起工式が行なわれる（『日向日日新聞』11月21日付夕刊）。杉山参謀総長が揮毫したこの塔も，現存している。
45) なおこの時期，相川は，来県したヒットラーユーゲントに対して，「共通した精神流る　ヒットラー青年隊と祖国振興隊」とエールを送っている（『大阪毎日新聞』宮崎版　1938年10月25日付）。

1939（昭和14）年2月7日，相川宮崎県知事は，内閣書記官長に宛てて「紀元二千六百年記念事業調整ニ関スル件」と題する書類を提出し，県の計画として中央との調整を図ろうとした（宮崎県文書センター所蔵前掲簿冊所収）。そして「事業要綱」として，「県内各神社の祭典執行」，「上代日向研究所の設立」，「八紘一宇の御柱（仮称）の建立」，「神武天皇の御　聖蹟」の顕彰，「遠祖慰霊祭の執行」の5点を列記するのである。ただ「八紘一宇の御柱」の正面には，「『八紘一宇』又は『掩八紘而為宇』等の御言葉を刻記」するとしており，「八紘一宇」は確定ではなかった。この史料で注目しなければならないのは，新聞記事での相川発言だけでなく，公文書においても，相川が，以下のように述べている点である。

　　神武天皇の御肇国は，日本国土はもとより全世界の諸穢れを祓ひ，之を化育し，之を掩ふて家となすの御精神と拝察いたします。今や　今上陛下は　神武天皇の八紘一宇の御精神を東亜に顕現せんとして聖戦を進め給ふのであります。又之が皇国無窮の理想であります。

つまり，「八紘之基柱」は，「神武天皇の八紘一宇の御精神を東亜に顕現せんと」する「聖戦」を象徴的に示すものとして建造されたのである。そして相川は，2月14日付『宮崎新聞』夕刊によれば，帰県した際「"八紘之基柱"は堂々たる構想だ　日名子氏[46]の設計を二日間観た」と語ったという。もう塔の名称（読み方は未確定）や，イメージも決められていたのである。

しかしここで重大なクレームがついた。2月15日付の，内閣紀元二千六百年

───────────────────────────

46) 日名子実三。彫刻家。朝倉文夫に師事。1940年8月24日付『読売新聞』夕刊によると，「事変以来軍委嘱の仕事を一手に引き受けた観のある」日名子の仕事として，「八紘之基柱」とともに，上海に建造する陸戦隊の表忠塔，荒鷲の表忠塔を紹介している。なお同紙によれば，「八紘之基柱」は「来る十一月廿日までに完成されるが，制作の委嘱を受けてから満二年ぶりである」と伝えている。だとすると，すでに1938年11月か，12月には，依頼を受けていたことになろう。また軍関係の仕事を一手に引き受ける日名子実三への依頼から見ても，「八紘之基柱」の計画には，軍の示唆なども考えられなくはない。1945年4月23日急死。53歳。なお日名子実三については，前掲『石の証言』をも参照。

祝典事務局長である歌田千勝から相川に宛てた「紀元二千六百年奉祝記念事業ニ関スル件」という一文である。引用してみよう。

　　去ル二月十一日附ノ大阪毎日新聞及東京日日新聞ハ紀元二千六百年宮崎県奉祝会施行ノ八紘之基柱建設ニ関スル記事ヲ掲ゲ居候処右内容中二月十日附紀元二千六百年祝典事務局第三六号標記内閣書記官長承認ノ条件（寄付金ノ募集は宮崎県内に限ること，新聞社をして寄付金募集事務を取扱はしむることを得ざること）ニ違反スルモノアリ甚ダ遺憾ニ存ゼラルルニ付テハ至急之ヲ右条件ニ添フ様善処セシメラレ其ノ顛末御報告相煩度此段及照会候（宮崎県文書センター前掲簿冊所収）。

すなわち1939年2月11日付の『大阪毎日新聞』が，「祖国日向と本社の二大記念事業　神鉾奉献双輪行軍と"八紘之基柱"の大建立」（ここでは宮崎版によった）という記事が，中央の忌諱にふれたのである。しかしこの後の経緯は，先の簿冊になく，逆に相川は，何事もなかったように県下新聞人を集めて懇談し，「世界大はらひの　日向の八紘之基柱」，「八紘之基柱は世界の再建は正を確立すべき聖戦を意味し天神地祇の総力をあげて大宇宙を祓い清める大祓ひの根源たらしめるもの」だといった話をしたという（『宮崎新聞』1939年3月2日付）。そして3月11日の同紙は，「八紘之大基柱建設地に百尺の標柱建つ　神武天皇祭に起工式」と報じるのである。相川の企図に，陸軍といった有力な後押しがあったのではないかと考えられないことはないが，史料的に不明である。

『大阪毎日新聞』宮崎版（4月15日付）は，「相川知事の土産話」として「八紘之基柱建立　関東，西でも絶賛」と伝える。さらに5月20日の「八紘之基柱起工式の実況　全国へ放送」と報じられ，『宮崎新聞』4月23日付は，起工式の記事で，「歴史的の大式典　"八紘之基柱^{あめつちのもとはしら}"」と読み方も確定した記事が掲載されるのであった。

さらに相川は，1939年7月，平沼騏一郎内閣の総辞職で8月28日辞任することとなる板垣征四郎陸軍大臣に，「皇威の及べる地から」「第一線各部隊献石」を「懇願」し，板垣も快諾したという（『宮崎新聞』1939年8月1日付[47]）。事実，

---

47) なおこの点については，前掲『石の証言』をも参照。

「八紘之基柱」には，前線からの石が多数みられるという（前掲『礎石一覧表』，2002年参照）。おそらくこの7月の上京時のことではないかと考えられるが，秩父宮に「八紘一宇」の染筆を依頼し，1939年12月10日，相川の後任[48]，長谷川透知事が「御染筆」を「拝受」するのである（『読売新聞』1939年12月11日付）。こうしたことが，「八紘之基柱」の建設を権威づけたことは間違いない。それは，協賛した『大阪毎日新聞』・『東京日日新聞』の宣伝力とも相俟って，「八紘之基柱」は，「八紘一宇」を人々にビジュアルに意識させる装置となっていくことになる[49]。

4.「八紘一宇」への疑義と詔勅への昇華

平泉澄の講演に見る「八紘一宇」

このように「八紘一宇」は国民精神総動員運動の中で使われることによって，国民に向って発信される用語となった。しかも愛国行進曲，ラジオ放送「八紘一宇の夕」や，「八紘之基柱」の建設などを通して，国民にある程度浸透していったといえよう。しかし，この用語が必ずしも無批判に受け入れられていたわけではない。「八紘一宇」という新たな用語の出現とその氾濫に対して戸惑いを覚え，この用語の語義に疑問を抱く者もいた。盧溝橋事件（日中戦争）勃発の前日，1937年7月6日に安井英二文部大臣（第一次近衛文麿内閣）の提唱

---

[48] 相川は，1939年9月，広島県知事となり，小磯内閣では厚生大臣，公職追放解除後，宮崎県選出の衆議院議員を20年余つとめる。

[49] 山中恒氏は，「八紘之基柱」について，「絵や写真，レリーフ，文鎮などの模型がごろごろしていた。ぼく自身そのミニチュアを見ながら模写したことも一度や二度ではなかった。児童雑誌の附録にその模型の組立てがついていたこともあった」と，「少国民」に与えた影響の大きさについて述べている。さらに氏は，郵便切手や紙幣になったことにもふれ，この塔が，「全国民的な規模で，極く一般の日常生活の中へ，ひとつの国家的イメージの，それもシンボルとして強力に送り込まれたものである」と，そのビジュアルな役割について重要な指摘を行なっている（前掲『ボクラ少国民』118頁）。

によって創設が閣議決定された教育審議会（「けふの閣議」『読売新聞』1937年7月7日付夕刊）における国史学者三上参次らの発言は、この点を示している。すでに山中恒氏が、三上参次や山田孝雄（国文学者）の、「八紘一宇」への疑義について、前掲書で詳細に指摘している（前掲『ボクラ少国民』136〜147頁）ので、簡単にふれておこう。

1938（昭和13）年12月8日の教育審議会第10回総会において、三上は、まず、「八紘一宇」が「流行語」のようになり、この用語が様々な意味に解釈されて使われているところがあること、そしてこの用語を侵略の意味に解釈する者もいる、わざわざ「八紘一宇」の用語を使わずとも良いのではないかと述べる。

この発言に対して、陸軍大臣時に「八紘一宇」を使用した荒木貞夫（前述）は、時の第一次近衛文麿内閣の3人目の文部大臣[50]として、次のように文部当局としての見解を述べるのである。

> 今日此ノ事変ニ於テ東洋ノ平和ヲ齎ラシ、所謂新秩序ヲ立テルト云フノモ、此ノ徳、即チ仁恕ヲ以テ各々ニ其ノ所ヲ得セシメル為ニ肇国ノ精神ヲ八紘ニ伸ベルノデアッテ、是ガ世界ノ平和ニ寄与スルコトニナルノデハナイカ、斯様ナコトハ申上ゲル迄モナイノデアリマスガ、此ノ「八紘一宇」ト云フ言葉ハ斯ウ云フ精神デアルト云フコトヲ、此ノ際文部当局ト致シマシテハ、内外ニ徹底セシメマシテ、仰セノヤウニ是ガ今日可ナリ濫用セラレ、其ノ意味ヲ自ラ解釈シテ甚ダ心外ナ所ニ用ヒテ居リ向キモナイデハナイト存ジマスシ、又侵略デアルトカ或ハ今迄アルヤウナ帝国主義的ノコトデアルトカ云フヤウナコトニ誤解セラレル節モアルヤウデアリマスガ、ソレ等ヲ十分ニ是正シ、国民ノ徳、一国ノ徳ヲ外ニ及ボスト云フコトニ教育ヲ致シテ行クコトガ、（中略）其ノ世界的ノ大国民、世界的ノ日本トシテ必要デハナイカ、又斯ノ如ク世界デ眺メテ居リマスル時ニ於テ、此ノ文字ヲ茲ニ堂々ト掲ゲテ、飽迄モ教育勅語ノ御精神、肇国ノ御精神ガ発露セラレタ八紘一宇ノ此ノ精神ヲ貫シ徹底シテ行クヤウニ致スト云フコトガ、殊ニ吾々教育ニ従事スル者ト致シマシテハ教育上必要デハナイカト考ヘルノデアリマス（同前63〜64頁）。

戦争が長引いていることもあり、日本人のもつ「徳」というものを強調する

---

[50] 安井英二、木戸幸一を引き継いで、1938（昭和13）年5月26日に荒木は文部大臣に就任した。

ことによって 戦争継続の正当性を主張しているのである。そして荒木は，文部省では「侵略」や「帝国主義」などの意味ではないと考えていると強弁するのである[51]。

このような教育審議会での「八紘一宇」の語義についてのやりとりを受けるかのように，280万人もの会員を擁し，陸相が監督権を持つ帝国在郷軍人会の本部で平泉澄は講演を行なっている。いうまでもなく平泉は，大正・昭和戦前期の国史学者である。いわゆる皇国史観の中心人物として，日本精神を鼓吹して大きな影響力を持っていた。1939年3月刊行された帝国在郷軍人会本部『八紘一宇』というパンフレットによると，平泉は，以下のように述べたという[52]。

> 八紘一宇と云ふことに付ては最近諸所に於て疑義が表はれ問題が生じたやうに承つて居ります。或る人は之を極めて狭義に解釈して，――八紘とは，決して世界を意味するものでなく，日本国内を意味するに過ぎず，しかも昔に於ては日本国内と云つても極く狭い範囲に限られたことであつて，之を今日の如く広くアジア全体に拡大し或は全世界を指す如く解釈することは間違ひである――と云ふ風な解釈を下す人があるとのことであり，また――八紘一宇とは侵略的な意味を持つものであつて，帝国主義と同様の意味を持つものである。従つて之は差控へるべき言葉である――と解釈される御方もあるといふことであります。一方，之に反して，八紘一宇とはインターナショナルといふ意味を持つ言葉であつて，即ち国際親善主義に外ならない――と云ふ風に解釈を下す人もあるのであります（帝国在郷軍人会本部『八紘一宇』1～2頁）。

このように，「八紘一宇」の「八紘」の範囲の解釈にも様々なものがあり，意味においても「侵略的」な意味であり「帝国主義」と同様の意味だととる者，また「国際親善主義」との意味にとる者もいると，語義の混乱を示した上で平

---

[51] この荒木文相の時代について翌1939年12月12日付の『東京朝日新聞』は，「皇紀二千六百年 之で行かう」というシリーズで，「頼もしき日本人たれ 八紘一宇を説く荒木さん」という見出しで，「文相在住時代の二年間」を，「荒木さんの抱懐する八紘一宇の精神の発現であり，二千六百年に対する前奏曲でもあったのだ」と述べ，彼を「八紘一宇」の「大御所」的存在として描いている。

[52] この講演の日時は不明であるが，パンフレットの刊行時から見て，この講演は，1938年末か39年初頭に行なわれたものではないかと考えられる。

泉自身の見解は以下のようであった。

彼は、「八紘一宇」造語の元になった『日本書紀』神武天皇即位前紀の橿原奠都の令について、「日本の国是を考へる上に於て、非常に重大な詔」だとした上で、「不幸にして只今の御詔勅の意味がハッキリしないと云ふことは申訳のないことゝ言はなければならない」（3頁）と指摘する。そして「日本書紀の此の詔が従来どう云ふやうに解釈されて居つたかと云ふことを段々調べて見ますと、不幸にして従来日本書紀を解釈した書物の間に於ては此の「八紘一宇」といふ御言葉に付て充分の解釈を下したのが少ないのであります」（3頁）と述べるのである。そして次のように語る。

 その飯田武郷先生の子で、飯田季治といはれる方が、日本書紀新講といふ書物をお書きになつて、一昨年出て居りますが、その書物には「国内を盡く都となし、世界を偏く宇と為さむと詔へる大御心である、さて六合は、東西南北上下を云ひ、八紘は八方の遠き土地を云ふ」と云ふことが述べてあります。茲に於て初めて、之は全世界を指す言葉であると解釈をされて居るのであります（6頁）。

注釈書による解釈を追った上で、平泉は、「八紘」が、全世界を指すようになったのは一昨年のことであると述べ、以下のように結論づける。

 八紘一宇と云ふことを解釈して極く狭隘なる地域に止まるものであり日本国内に止まるものであり乃至大和一国に止まるのである言ふが如きことは明瞭に間違ひであつて、之は全世界を意味する言葉であると云ふことが明瞭になりましたと同時に、この言葉を以て侵略主義であるとし帝国主義であるとして非難をすることは全く当らない。決してさう云ふものではない。全世界を皇化に浴せしむることを目標とするものでありまして、所謂侵略主義・帝国主義とは凡そ似も付かないものであると云ふことが明らかになりますと同時に、単なる国際親善主義と云ふが如き自由主義の立場は茲に於て否定されなければならないと云ふことも亦極めて明瞭であると信ずるのであります（23頁）。

つまり、平泉は、「八紘」の範囲を日本国内に限定することは明らかな間違いであり、これは全世界を意味すること。また「侵略主義」や「帝国主義」であるということも全く当らず、「全世界を皇化に浴せしむること」が目標なのだとし、それは「国際親善主義」や「自由主義」とも違うものであるとの見方

を示している。

しかしここで重要なのは，その解釈が最近の傾向であることを平泉も認めていることである。従来の解釈と異なり，平泉は，「最近の日本書紀新講に至つて初めて，全世界を指すものと解釈して居る以外は，従来の解釈に於てはまだ充分明確なる説明を見なかつたのであります。而して其の日本書紀新講に於ても，只今申した如く単に「八紘」を「世界」に置き換へてあるだけであつて，その真実の意味に於てはまだ明瞭を欠くやうに思はれるのであります」と付け加える。つまり最近の注釈書である飯田季治の『日本書紀新講』上・中・下（明文社，1936～38年）という最近の注釈書において初めて「八紘」は「全世界」を指すものと解釈されるようになり，またその意味についてはよくわかっていないというのである。

皇国史観の平泉澄をしても，この「八紘一宇」という用語は新しく，「八紘一宇」という用語に絶対的な正統性を見ていなかったことがわかる。しかし彼は，「全世界を皇化に浴せしむる」ものだとし，結論的には，「全世界に於て真に道義を以て立つ国は日本以外に絶対ない」と断定し，次のようにまとめるのである。

> 日本が全世界の光となり，その皇化に潤はすことに依つて，それぞれの国それぞれの民族が，その所を得，その最後の落ち着きを得ると云ふことは極めて明瞭でありまして（中略）玩味すればするほど，八紘一宇と仰せられた詔を拝して，日本国の理想，日本国民の使命を我々が考へますと，誠に広大であり深遠であるのでございます。

平泉のスタンスとしては，当然の結論であるが，彼が，帝国在郷軍人会本部に呼ばれ，2万余字全35頁にもわたるパンフレットとなる講演をした理由こそ問われなければならないであろう。そこには，平泉が，講演の最初で述べるように，「八紘一宇と云ふこと付ては最近諸所に於て疑義が表はれ問題が生じたやうに承つて居ります」と述べるような「八紘一宇」の正統性を主張しなければならない当時の状況があったのである。

すなわち日中全面戦争下，陸軍・ファッショ団体に止まらず，文部省・国民精神総動員運動等々で頻繁に使用されることとなる「八紘一宇」は，三上参次

のような専門家にとっては実に胡散臭い用語であったのである。しかしそうした声も,「八紘一宇」という用語に価値を感じる文部省などの意図の前に沈黙を余儀なくされていく。

「八紘一宇」の権威化

　以上見てきたように,「八紘一宇」という用語は, ラジオなどを通じて, 国民には広められていたが, 三上や山田のような専門家から見れば首をかしげざるを得ない一面を持ったものであった。一方, 1939 (昭和14) 年, 大日本帝国は, 深刻な状況に陥りつつあった。日中全面戦争の行き詰まりに加えて, 7月26日には, 日本の排英運動 (本書第5章参照) に反発したアメリカから日米通商航海条約及び付属議定書の廃棄通告を受ける。8月20日には, ノモンハンで, 日本軍は, ソ連軍によって甚大な損害を被る。さらに陸軍などが強引に推進しようとした日独伊三国同盟締結交渉も, 8月23日, 独ソ不可侵条約が締結されたことにより頓挫する。これをうけて, 平沼騏一郎内閣は, 総辞職し, 8月30日, 阿部信行陸軍大将 (木戸幸一の縁戚) の内閣[53]が誕生する。そして9月1日には, 第二次世界大戦も勃発し, 大日本帝国の孤立は, 一層深まるのであった (この間の記述は, 差し当たり前掲須崎『日本ファシズムとその時代』359〜361頁参照)。

　この阿部内閣[54]の末期,「八紘一宇」という用語にとって, 重要な方針が決定される。「東亜新秩序基本方針」の四答申案が, 興亜委員会総会で可決されるのである。『読売新聞』1939 (昭和14) 年12月12日付夕刊は, 興亜委員会総会が12月11日午前開催されたと伝える。「委員長阿部首相はじめ野村外相, 畑陸相, 吉田海相, 柳川興亜院総務長官以下各部長並びに委員出席, 去る十一月

---

53) 阿部内閣成立に際して, 畑俊六は, その日誌に,「阿部ならば毒にも薬にもならざるを以て陸軍側にても異存なきか如く」といわれるような弱体内閣であったという (前掲『日本ファシズムとその時代』360頁参照)。
54) 阿部内閣は, 1939年12月26日, 衆議院議員240余人の不信任決議をうけ, さらに1940年1月14日, 陸海軍の支持をも失い, 総辞職する。

十八日政府より東亜新秩序確立の根本精神その他経済，文化諸問題に関し（一）東亜新秩序確立の基本思想を中外に徹底せしむるための方策如何」という諮問に関して以下のような答申案を決定したという。

　（一）（中略）欧米の帝国主義的搾取支配を排除するとゝもに日本自らの利己的独占活動を抑制し列強の植民地的貪欲の壇場としての支那を転じて東亜諸民族の共栄の楽土たらしむることを以て東亜新秩序の眼目とせねばならぬ（中略）。
　（二）支那事変遂行に因る厖大なる犠牲において日本の求めるところは領土や賠償でなく実に東亜新秩序の建設に在るが，之が所以は他民族の征服と協力支配の方途は我が日本民族の胸奥に内在する皇道的至上命令に適合しないからである。

そして，この方針を裏付けるものとして，以下で，「八紘一宇の皇謨」——「八紘一宇」という天皇の計画——が主張され，「東亜新秩序の建設こそ実に我が肇国の理想精神を恢弘してこれを先づ東亜大陸に奉行する所以に外ならない」と結論づけられるのである。いわば日中全面戦争が全く行き詰ってしまう中，「東亜新秩序の建設」に国民を動員していくためには，「八紘一宇の皇謨」を主張することがどうしても必要となっていたのではないか。

　この答申案を槍玉にあげたのが，民政党の斎藤隆夫代議士であった[55]。1940年2月2日，衆議院本会議で質問に立った斎藤は，戦争が始まってから，その大義名分を考えるのはおかしいとして，次のように述べる。

　昨年十二月十一日附ヲ以テ発表セラレタル東亜新秩序答申案要旨ト云フモノガアル，是ハ興亜院ニ於テ委員会ヲ設ケテ審議セラレタル所ノ其ノ答申案デアリマス，之ヲ見マスルト云フト，吾々ニハ中々難カツシク分ラナイ文句ガ大分並ベテアル，即チ皇道ノ至上命令，「ウシハク」ニ非ズシテ「シラス」[56]コトヲ以テ本義トスルコトハ我ガ皇道ノ根本原理，支那王道ノ理想，八紘一宇ノ皇謨，中々是ハ難カシクテ精神講話ノヤウニ聞エルノデアリマシテ，私共実際政治ニ頭ヲ突込ンデ居ル者ニハ中々理解

---

55) なお斎藤質問については，前掲 Walter Edwards, "Forging Tradition for a Holy War: The Hakkō Ichiu Tower in Miyazaki and Japanese Wartime Ideology", でもふれられているが，その意義については明らかにされていない。

シ難イノデアリマス（拍手）」（『帝国議会議事録』衆議院第75回）。

さらに斎藤は，官報速記録から削除された部分で，「何事モ道義的基礎ノ上ニ立ツテ国際正義ヲ楯トシ，所謂八紘一宇ノ精神ヲ以テ東洋永遠ノ平和，延イテ世界ノ平和ヲ確立スルガ為戦ツテ居ル」という理由で，政府・軍部は，「聖戦」と言っているとする。その上で，彼は，「唯徒ニ聖戦ノ美名ニ隠レテ，国民的犠牲ヲ閑却シ，曰ク国際正義，曰ク道義外交，曰ク共存共栄，曰ク世界ノ平和，斯ノ如キ雲ヲ掴ムヤウナ文字ヲ列ベ立テテ」と，「聖戦」の虚妄性をつくのである（引用部は，『斎藤隆夫政治論集』1961年，28, 32頁）。いわば斎藤は，「八紘一宇ノ精神」を隠れ蓑に，「国際正義」，「道義外交」，「共存共栄」，「世界ノ平和」のための「聖戦」だと，政府や軍部が主張しているのだと述べたとみていいだろう。この斎藤の質問に，議場から発言する者も現れ，議長から「静粛ニ願ヒマス」の注意がしばしば発せられた。特に「唯徒ニ聖戦ノ美名ニ隠レテ云々」の後の部分では，議長の注意は2回にわたっている（同前）。

陸軍は，この斎藤発言に対して，激怒した。直ちに反駁には立たなかった畑俊六陸相は，当日の日誌に，「斎藤隆夫反軍的演説をなし，特に聖戦を否定排撃するが如き言辞あり，不穏当にして事変処理，聖戦遂行に大なる障碍ありと認め」と記す（『続・現代史資料』4 陸軍，みすず書房，1983年）。そして翌2月3日，斎藤に反駁して，次のように発言する。

　　今次事変ノ目的ハ，容共抗日政権ヲ潰滅シテ，東洋平和ヲ快復シ，日満支三国ガ善隣友好，共同防共，経済提携ヲ具現シ，以テ東亜ノ新秩序ヲ確立シテ，肇国以来ノ国是タル八紘一宇ノ大理想ヲ顕現スルニアリマス。

こう述べた畑は，「是レ蓋シ聖戦と称セラルル所以」だと付け加える（『帝国議会議事録』衆議院第75回）。2月3日付『読売新聞』は，陸軍の態度を，「聖戦目的を侮辱し八紘一宇の民族精神を否認する」ものと報じた。「八紘一宇」は，

---

56) なお「シラス」などについては，鈴木正幸編『近代日本の軌跡』7 近代の天皇（吉川弘文館，1993年）参照。

「民族精神」として批判を許さないものとなっていくのである。この陸軍の立場を，さらにはっきりと主張したのが，戦後，衆議院議長をも務める清瀬一郎であった。2月6日，斎藤隆夫の演説を批判した彼は，以下のように述べる。

> 斎藤君ハ，東亜ノ新秩序ヲ云フコトハ，戦争ガ始マツテカラ後ニ，人ガ言出シタコトダト言ツテ居ルガ，戦争ノ目的ナドト云フモノハ，是ハ神ガ定メテ居ルノデス，戦争ガ始マツタ瞬間ニ於テ，此ノ戦争ハドウ云フモノダト云フコトヲ見極メテ居ル人ハ神様デアル，我ガ日本ノ使命ガ，自ラ此ノ戦争ヲ勃発セシメテ来タ，（中略）此ノ大戦争ノ使命ハ神武肇国ノ初メカラ決ツテ居ル（「ヒヤヒヤ」）八紘一宇ハ此ノ事デアル（同前）。

清瀬によれば，日中全面戦争の「使命」は，「神武肇国ノ初メカラ決ツテ居ル」，「八紘一宇」の実現だというのであった。

まさに1940年2月4日付『宮崎新聞』夕刊の見出しが，「齋藤隆夫氏の失言 十万の英霊を冒涜 八紘一宇の精神を没却する 陸軍極度に怒る」と述べるごとく[57]，3月7日，衆議院から除名されることとなる斎藤隆夫のこの質問[58]を機に，「八紘一宇」は，批判を許さない用語となっていったといえよう。

その中，「八紘之基柱」は，完成に近づく。1940年2月20日付の『大阪毎日新聞』宮崎版は，「八紘之基柱こそ 一億同胞・心の故郷 荒木大将の感銘深し」と伝え，彼の「大和民族の誇り 全世界に示せ」という言葉を載せるのである。彼が，「八紘一宇」を使い出してから6年余，「八紘一宇」は，文字通り時代の言葉へと躍進を遂げたのである。さらに4月3日の『宮崎新聞』は，「聖なる八紘之基柱」と題して，秩父宮の「御染筆序幕と定礎式」が行なわれることを報じた。

この八紘之基柱の建設が完成に近づく，1940年7月22日，「新体制」のかけ

---

[57] また2月3日付『新愛知』も，「"八紘一宇の皇謨否認" 齋藤氏の質問演説に陸軍憤慨」との見出しを掲げている。
[58] なおこの斎藤質問をとらえて，陸軍などは反撃に転じ，政党は解党への歩を進めることとなる（前掲『日本の近代』273頁，前掲『日本ファシズムとその時代』361頁参照）。

第1部 用語に見る近代天皇制 105

声の中で，人々の期待をうけて第二次近衛内閣が誕生する。同内閣は，7月26日，基本国策要綱を決定する。ここには，「皇国の国是は八紘を一宇とする肇国の大精神に基き世界平和の確立を招来することを以て根本」と謳われるのであった（前掲『日本外交年表竝主要文書』下，436頁）。そして翌日，大本営政府連絡会議は，「世界情勢の推移に伴ふ時局処理要綱」を決定する。ドイツが，フランスを占領し，イギリスに爆撃を続ける中，ここに武力行使を含む南進政策が決定されたのである。「八紘一宇」という「皇国の国是」が，それを正当化するものとされたのである。

そして1940（昭和15）年9月27日出された「日独伊三国条約締結の詔書」は，「大義ヲ八紘ニ宣揚シ坤輿ヲ一宇タラシムルハ実ニ皇祖皇宗ノ大訓ニシテ朕ガ夙夜眷々措カザル所ナリ」（村上重良編『正文訓読　近代詔勅集』新人物往来社，1983年）と述べるのである。「八紘一宇」は，「八紘」と「一宇」が分けられているものの，「八紘一宇」は，詔書に用いられる用語へと昇華したのである。人倫の最も正しい道を世界に現し，大地を1つの家とするのが，「皇祖皇宗ノ大訓」であるばかりでなく，昭和天皇が，朝早くから夜半まで心に常に思っていることなのだと語り，「禍乱ノ戡定」（世の乱れを討ち定める）ことをめざすこの詔書の意味は，極めて重いといえよう。

そして1940（昭和15）年11月10日，紀元2600年式典が宮崎でも催される。この時期の『宮崎新聞』は欠けているので，宮崎県文書センター所蔵の「知事告示式辞集」知事官房から，翌1941年の「高松宮殿下ノ台臨ヲ偲ヒ奉リテ」（長船克己知事）から引いておこう。

　　紀元二千六百年宮崎県奉祝会ハ八紘一宇ノ肇国精神ガ此地ニ祥生シ建国以来悠久二千六百年列聖相承ケテ生成発展以テ現代ニ及ヒ愈々世界ヲ光被スヘキヲ想ヒ宮崎神宮ヲ邊浄地ヲトシテ八紘基柱ヲ建設シ畏クモ秩父宮殿下ノ深キ御思召ニ基ツク八紘一宇ノ御染筆ヲ拝戴シ其柱永遠ノ生命トシテ之ヲ謹彫刻シ之カ竣工式ヲ挙ケタル此佳キ日此ノ聖柱ノ下ニ畏クモ高松宮殿下親シク台臨マシマシ県民ノ慶祝奉仰ノ誠ヲ受ケサセ給ヒタリ殿下ノ御高恩御盛徳誠ニ県民一同ノ深ク恐懼感激措ク能ハサル所ナリ。

日独伊三国同盟締結の詔書といい，秩父宮の染筆といい，高松宮の「台臨」

といい,「八紘一宇」は,天皇・皇族によって一層権威づけられる言葉となったのである。

小　括

　1964（昭和39）年9月9日,朝,那覇空港を出発した国産機「YS-11」は,鹿児島鴨池空港に着陸の後,宮崎空港に到着した。その後,東京オリンピックの聖火を乗せた同機は,札幌千歳空港へ向かった。
　宮崎空港には9時55分に到着。歓迎セレモニーの後,聖火は宮崎神宮で安全祈願を受け,聖火リレーの第2コースの起点である平和台に移された。この「平和台」と呼ばれる場所が,1940（昭和15）年,皇紀2600年記念に立てられた「八紘之基柱」,通称「八紘一宇の塔」が建てられたその場所であった（本書「おわりにかえて」参照）。
　国柱会の田中智学によって,1913年造語された「八紘一宇」の語は,近代日本における対外戦争を経る中で造られた用語であった。そしてその造語から20年余りを経た1933年3月の国際連盟からの脱退という事態の中で,「三五・六年の危機」を叫んで危機意識を煽り,軍事費を獲得しようと画策する陸軍により「八紘一宇」は使われ始めるのである。陸軍大臣荒木貞夫が「八紘一宇」を使ったことはその意味で象徴的といえよう。すなわちベルサイユ=ワシントン体制下における欧米列強との協調路線を崩し,「生命線」であるとして,「自衛」と称して戦争を仕掛け,国際連盟を脱退していく中で「八紘一宇」の語は利用価値を増したといえよう。そしてその中で,田中智学が造語した「八紘一宇」は,日蓮主義的側面をそぎ落とし,荒木貞夫陸相の使用を機に,陸軍パンフレットなどで使われるようになっていく。
　日中全面戦争開始後,文部省・内閣情報部や,国民精神総動員中央連盟などは,愛国行進曲などを利用しつつ,日本の戦争目的を国民に伝え,国民を動員する用語として,この言葉は多用され,力を増すのであった。そして1940年の斎藤隆夫の質問と,それへの反撃を機に,この用語は,批判を許さない権威を

獲得し，ついに詔書にまで使われることとなるのである。

　本章を通じて，神話的装いを持ち，一見，長い歴史性を有するかのような雰囲気をたたえたこの「八紘一宇」という用語が，極めて政治的な用語であったことを実証的に究明できたのではないか。とりわけ，陸軍が使いだしたことを発端に批判を許さない用語となっていったことは，「八紘一宇」という用語を考える上で，きわめて示唆的であるといえよう。

第2部　ジェラシーは，人々をどこに導いたのか

第3章　日中全面戦争とパーマネント排撃
――お洒落雑誌『スタイル』を中心に――

内藤英恵

　日中全面戦争下，なぜパーマネントは排撃されたのだろうか。

　戦時下に出された有名な標語として「パーマネントはやめませう」を，耳にすることは多い。しかし，パーマネントは単純に消えていったのではない。パーマネントを目玉とする美容院広告が1941（昭和16）年9月号を最後に，本章が中心的に取り上げる雑誌『スタイル』（後述）から消えていった後にも，手許にある数冊の『女性生活』（『スタイル』の改題）の整髪料の広告には「淑髪に」（パーマネントの別称，後述）との文字が1943（昭和18）年6月号でも見えるのである。パーマネントには相当のニーズがあったことは間違いない[1]。

　では，なぜパーマネントは，排撃されたのか。それは，パーマネント排撃が平準化をあおり，民衆を戦争に動員し続けようとする側面を持っていたからにほかならない。そうした排撃にもかかわらず，パーマネントは，なぜ残っていくのか。それが，根強いニーズを持っていたからではないだろうか。本章は，パーマネント排撃の動きと，それへの対応を明らかにすることを通じて，日中

---

[1]　現在，復刻されていない『女性生活』（『スタイル』改題）を手許にある数冊であるが見てみると，『女性生活』1943年6月号まで，「日本髪・淑髪・男子の頭髪に最も適した髪あぶらです」といったパーマネントの別名「淑髪」を銘打った「井筒香油」の広告コピーを見ることが出来る。事実，「いくたびか排撃の的となつていた電髪（パーマネント）は，国民の時局認識徹底とともに，その影をひそめつゝあるが」と『朝日新聞』（1944年2月19日付）記事にあり，パーマネントは，「電力の消費規制実施で，パーマネントなど調髪用電熱器の使用が禁止された」（家庭総合研究会編『昭和家庭史年表』河出書房新社，1990年）1942年10月1日以後も，敗戦前年の1944年初頭までもかけられ続けていた。

全面戦争下のファッショ化[2]の特質を考えていこうとする試みである。

　従来の研究は，パーマネントへの風当たりが強くなっていったことに触れてはいる。しかし，どのようにしてパーマネントが排撃されたか，また，戦争の泥沼化の中でどのような動きを辿ったのか，といった全般的経緯を明らかにした研究は管見の限り見当たらない[3]。またパーマネント排撃に大きな役割を果した国民精神総動員運動（以下，精動運動と略）などは，従来の研究においては重要視されることはなかった。風俗史の中で，精動運動に言及している場合でも，戦争開始後の規制によってパーマネントは排除された，と時代背景の1つとして触れるのにとどまっているといってよかろう。

　本章は，1936（昭和11）年，誕生した女性のみならず男性をも標的としたお洒落雑誌『スタイル』（宇野千代編集）[4]を主要な材料に，上記の課題に迫っていく。その際，『愛国婦人』・『週刊婦女新聞』・『国民精神総動員』などをも併せ用いた。

1. パーマネント排撃の開始

　まず，あまりパーマネントが問題とされていない1936（昭和11）年の二・二六事件から，1937（昭和12）年7月7日の盧溝橋事件（日中全面戦争の勃発）に至る準戦時体制期から見ていこう。

---

2) ファッショ化の概念については，ここではさしあたり須崎愼一『日本ファシズムとその時代　天皇制・軍部・戦争・民衆』（大月書店，1998年）348頁などを参照。
3) 例えば，斉藤道子「戦時下の女性の生活と意識――『主婦之友』にみる――」（赤澤史郎・北河賢三編『文化とファシズム』日本経済評論社，1993年），村澤博人『顔の文化誌』（東京書籍，1992年）なども，こうした点にはふれていない。
4) 『色ざんげ』や『おはん』などの作品で知られる，作家宇野千代が始めた雑誌。「眺めるだけで――生きてゐるのが嬉しくなる雑誌」，「流行のことなら何でもござれ，凡そ現代人の最関心事をすべてグラビアで解決する」，「モダングラフ」……。これらは，同誌が創刊されてすぐの読売新聞掲載の広告コピー（1936年6月28日朝刊）であるが，『スタイル』は，お洒落や流行に敏感な読者をターゲットにした雑誌であったことがわかる。

第2部　ジェラシーは，人々をどこに導いたのか　113

　『スタイル』誌は，「高い外国雑誌は　もう無用です！」（『読売新聞』1936年6月2日付朝刊での広告コピーより）というファッション・ニーズに応える雑誌として発刊された。また，グラビア雑誌として「見る雑誌」を目指していた。創刊号は読物よりも，写真のページが多く，被写体となる人物はすべて欧米系の女優たちで占められていた。次号の1936年7月号には，日本女性も掲載されてはいるが，グラビアの中心は欧米系の女優たちであった。図1は，その点を示している。そしてそれらの髪型はみな，カールやウエーブを利用して結われており，いわば人々のパーマネントへの憧憬を煽る側面を持っていた。

　日本女性が髪型のモデルをつとめるのは，全般的に見て珍しい。1937（昭和12）年3月号になって初めて「着物とカールの調和」として，日本女性が髪型

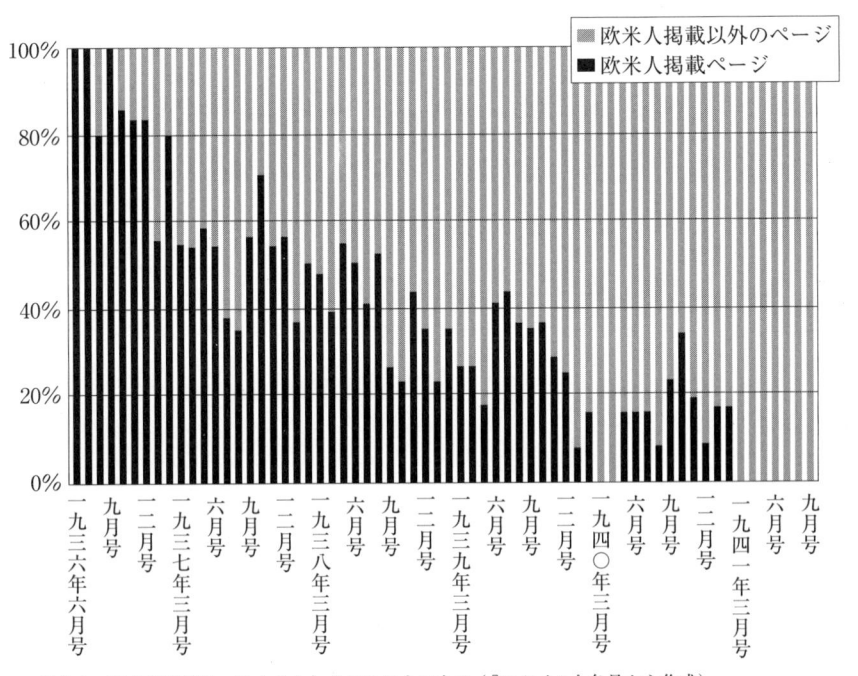

※なお，1940年以降は，ドイツ人とイタリア人である（『スタイル』各号から作成）。

図1　グラビアに占める欧米人の割合

のモデルとなっているのである。モデルが欧米系の女性であることは，美容院広告に使われる写真でも同様であった。『スタイル』1936年11月号から掲載され始める美容院広告のセールスポイントはパーマネントであり，広告の挿絵や写真は欧米系の女性たちで占められていた。

お正月を意識した記事を掲載する1937年1月号の『スタイル』を見てみよう。確かに和服の記事が目をひくが，「マドモアゼルの着付」のモデル女性の髪型は「パーマネントセットでバングは二段のリングレット」とあり，和服の女性がパーマネントを利用した髪型をしているのである。

以下，髪型ページだけでなく，帽子やヘア・アクセサリーの紹介にも注目しながら，1937年7月以降，日中戦争下における『スタイル』誌に見られる髪型に関わる記事・グラビアの変化を追っていく。

1937年7月7日に，日中戦争が始まり，8月には閣議で国民精神総動員実施要綱が決定，10月には国民精神総動員中央連盟が結成された。戦争長期化の様相が漂いだす一方で，12月の南京陥落によって，銃後では戦争もこのあたりで片がつくだろうという雰囲気も生じだす。当初から「堅忍持久」を主要なスローガンの1つとしていた精動運動にとって，引締めの強化は，焦眉の急であった。

この状況の中で，「舶来品」，「外来の風」という理由から髪型に対する規制が開始されることになる。その圧力によってか，『スタイル』掲載のナショナル美容室広告の写真は，欧米系女性から日本女性にかわり，「謹みて皇軍将士の武運長久を祈り奉る」とした上で，「戦時体制下——女性は先づ髪・着物を軽快に」といったコピーが現れるのであった。

精動運動の活動を広報する『国民精神総動員』紙には，次のような記事を見ることが出来る。「一切正しい無駄のない生活に改善して銃後の国力を充実しなければならない」という主張がそれである。そしてその目標を，日常生活に現わしていくためのいくつかの指標の1つに，「舶来より国産品」ということが挙げられてくるのである。「我国民には，外国から来たものを舶来品として尊重する風が残つてゐるが，今日では国産品に却て優良なものが多い。よしん

ば多少悪くとも益々国産品を愛用して其の生産を盛んならしめ、惹いては海外輸出を進展せしめ、以て国運の隆昌を図りませう」(『国民精神総動員』第1号，1937年12月1日)。

また，『国民精神総動員』(第5号，1938年2月15日)には，連盟で決定した家庭報国三綱領と13項にわたる実践項目が挙げられており，その実践項目の1つが「五，服装は質素簡単を旨とし髪容は徒らに外来の風を模倣することを避けませう」というものであった。ここで髪型を「外来の風」としないことが強調されるのである。

「舶来品」，「外来の風」というだけでは，直接パーマネントを批判したものではないように見える。しかし，排除する対象を明確に示されていないのにもかかわらず，すでに1937年12月の『週刊婦女新聞』には，「先づ問題になるのは婦人の断髪を禁止，パーマネントの排斥，厚化粧の遠慮など」(『週刊婦女新聞』1937年12月第3日曜号，第1958号)として，パーマネントは排除されるものとして報道がなされることとなっていく。

また，精動運動によるパーマネント排撃の動きと同時に，警視庁もパーマネント規制をしようという動きを開始する[5]。『週刊婦女新聞』(1938年2月第1日曜号，第1965号)には，次のような記事が掲載される。

　パーマネントに御注意
　警視庁衛生部では，保安，衛生上の見地からパーマネントウエーヴ業者の厳重な取締を行ふべく研究中であつたが取敢ず警視庁令の理容術営業取締規則を適用して，客に禿や火傷を与へた業者に対しては，パーマネントウエーヴ器の使用を禁止することになり引続き被害を調査してゐるが直ちに禁止処分をうける業者は相当多数に上つてゐると。

新聞にも髪やパーマネントに関する記事がこの時期に集中する。1938 (昭和13) 年1月の『大阪毎日新聞』家庭欄には，髪に関する記事が数回にわたって連載される。また，日本女性の髪にはパーマネントは悪いという「科学的」見

---

5) 『昭和家庭史年表』によると，警視庁，パーマネントはわが国の醇風美俗に反するとして，業者の新設・移転などを禁止する旨，通告したという (1938年1月9日)。

地からのパーマネント排撃論も掲載されるのである。

　このように髪とパーマネントに関する新聞報道が盛んになされていた頃，『スタイル』の髪型記事はどうだろうか。まず，日中戦争開始後すぐの1937年10月号，11月号には，髪型に関する記事は掲載されていない。1937年12月号掲載の記事は，「新しい髪型」と題され，「シンプリシテイ――これが唯一の魅力になるにちがひない」との文字が見える。実用性に着目した文句も見られ，お洒落と実用性，二面的にとれる。実用性を強調することで，パーマネント――お洒落――を擁護しようとする姿勢がうかがえるのである[6]。

　この中で，1938年1月号は，「お嬢さまの日本髪」のグラビアページにお正月にちなんでなのか，日本髪を紹介している。昨年（1937年1月号）ではパーマネントを利用した和服に似合う髪型が紹介されていたことから見て（前述），1938年1月号はパーマネントを掲載するのを控えたのだろう。しかし，2月号は有名美容院をいくつか紹介する「美容院のひととき」の読物，3月号は帽子のお洒落を紹介するグラビアと，欧米系の女性たちをモデルとする髪型グラビアページ，5月号には帽子のお洒落の読物とリボンと花で頭を飾った欧米系の女性たちのグラビア，6月号は帽子を被った欧米系女性のグラビアが掲載された。「おでこの美」（1938年6月号）というグラビアも見られる。

　日中戦争開始後の『スタイル』は，パーマネントを中心とする華やかな凝ったセットの髪型を掲載するのに躊躇しているとみられる。グラビアページに注目すると，帽子を被っている女性の写真が掲載されていることが多い。帽子のお洒落は，単に帽子を被るのではない。それなりの髪のセットをした上で帽子を被るのである。グラビアの写真ははっきりしたものではないが，パーマネントやカールやウエーヴによるセットをした上で帽子を被っているように見え

---

[6] 『大阪毎日新聞』1938年2月20日付には，卒業前の帝塚山女学院生を対象としたアンケート結果が掲載されている。パーマネントについては，「学校を出たら一度はパーマネントをやつてみたいと考へてゐる人，これに手を上げた人が廿六人中六人この六人は『誰でもかけるんだからツマんないがそれでも一度ぐらゐはやつてみたい』とおつしやる」とある。パーマネントは都市のとりわけ富裕層の中にも「誰でもかける」との認識が広まっていたようである。

る。帽子をカモフラージュにして，パーマネントによるお洒落をアピールしているといってもよかろう。

髪型に直接スポットを当てるのではなく，帽子の紹介のふりをしながら，間接的に髪型をアピールしようとしていたのではないか。

こうして日本独自のものではない，パーマネントは，「舶来品」，「外来の風」，保安・衛生上の見地，日本人の髪に合わないといった様々な理由から攻撃を受けることになった。日中戦争開始後の1937年々末から1938年初頭にかけて，パーマネント排撃の烽火があがったのである。

こうした自粛を促す社会風潮の中で，パーマネント協会（理事長・小口みち子）といった業者の団体も生まれ，「真に日本精神に副うやうにパーマネントの正しき普及をはかる」ことを決議するに至るのである（『週刊婦女新聞』1938年2月第4日曜号，第1968号）。

以上の経緯から見て，いわば第一次のパーマネント排撃は，南京陥落以後の戦局の展開に対する楽観論を引き締めるために行われた色彩が強いといえよう。

2. 流行するパーマネント

パーマネント排撃の声も，1938（昭和13）年半ばごろから弱まりはじめる。パーマネント排撃論を掲載していた『大阪毎日新聞』にも約4ケ月後には，お茶を塗るとパーマネントが長持ちする，との記事が載る（1938年5月25日付朝刊）。

その一方で，『スタイル』では，1938年6月号あたりから，徐々に欧米系の女性たちよりも，日本女性が髪型のページに掲載される機会が増えるようになる。もちろんグラビアページに欧米系の女性が全く掲載されなくなったわけではないが。

日本女性が髪型モデルをつとめるようになることから，資生堂美容部や早見君子などの美容師にも活躍の場が出来てくる。日本女性をモデルにすることでより親しみやすい髪型紹介グラビアとなったとも言えるだろう。

パーマネント排撃の弱まりを感じさせるグラビアが，1939（昭和14）年１月号に登場する[7]。同号掲載の，お正月を意識した髪型のそれは，「和装にふさはしい」ものと「洋装にふさはしい」ものとを，それぞれ見開きで紹介している。前年のお正月の髪型ページは，日本髪のグラビアだけであった。1939年１月号には，お正月にふさわしいお化粧についても，日本髪と洋髪の人向けに対応できるような記事になっている。パーマネント排撃の声が厳しかった前年と比べると髪型関連の記事，グラビアに力が注がれているのがわかる。

しかし，「洋装にふさはしい」と紹介されながら，「額際に縦に列べた二つのロールとその後に置かれた髷のやうな横のロールの調和が，美しい日本髪のヴァリエーションといつた味ひを見せてゐます」，「世界の流行が日本的であり東洋的な匂ひにみちみちてゐる」などと，弁解がましく「日本」を強調しながらパーマネントをアピールするのである。

「和装にふさはしい」髪型の方でも，「最近の洋髪に現れた上へ上つたパーマネントのセットから暗示を得た」という日本髪や，「お勅題『海上雲遠し』の心持でセットした」という「ゆるやかなウエーヴで海洋を，衿あしのピンカールで海の岸に砕け散る感じを。前部ピンカールを雲とみて」などと，日本的なものを強調することで，正当性を主張しているようである。理屈をつけてパーマネントを合理化しようとしているとみていい。

今まで見てきた通り，パーマネントに対する風あたりは日中戦争以前より強くなっていたことは否定できない。しかし，その中でパーマネントは廃れる方向へ動いてはいない。かえって流行している様子さえうかがえるのである。『スタイル』の中でも，1939年の３月号や４月号でパーマネントに関する記事やグラビアが目立つように掲載されるのである。

女学校卒業程度の女性を対象にして，「最近恐ろしい勢で流行しているパーマネントウエーヴ——これは色々な意味で随分問題になりましたが，結局非常時向としてもこんな便利で重宝なものはないと深く認識されつゝあります」

---

[7] パーマネントへの攻撃が弱まると，『スタイル』掲載のナショナル美容室の広告は，アルファベットの横文字コピーが現れ，再度，欧米系の女性が登場している。

(『スタイル』1939年4月号),「一時問題になつたパーマネントも,結髪の時間に余裕のない方には,誠に簡便な美髪の一方法」(同前)といった記事が掲げられるのである。

　問題視されたことに気を留めつつも,パーマネントを便利で「非常時向」である点を強調し,今年卒業の女学生たちにパーマネントを勧めているといってよい。いわば,「自粛」を装いつつ「健全」なパーマネントを推進しようとする姿勢をそこに見ることができる。

　先ほどの「日本精神に副う」パーマネントを強調したパーマネント協会も同様であった。その理事長の小口みち子(小口美容研究所)は,日本人は欧米の文化を同化・融合することの出来る国民であるから,物議を醸しているパーマネントも,5年10年の後には,東洋のパーマネントとして結実し,今日のような問題は,一場の夢物語りとなるだろう(『週刊婦女新聞』1938年8月第4日曜号,第1994号)という趣旨を述べることとなる。また,1939年4月の同紙には,彼女は,時間と手間が省けるので,パーマネントをかける人が増えていると述べた後,「パーマネントにあらざれば女にあらずといふやうな時代が良し悪しに拘らず屹度来ますよ」(同前1939年4月第2日曜号,第2026号)と,パーマネントの流行にその正当性を得たと自信をにじませることとなるのである。

　さらに,パーマネントを排撃する意見——相当の代金を払って日本人の美を殺し,西洋の風俗を皮相的に模倣する必要はないなど——に対しては,次のように答える。小口の発言を端的に要約すると,好むと好まないにかかわらず,婦人大衆から要求されているのだから,これを抑えることは出来ない。普及するのにはそれなりの理由があるのだから,むしろ,パーマネントを健全に発達させることを考えるべきだというのである(同前1939年5月第3日曜号,第2032号)。

　事実,『スタイル』1939年1月号掲載の美容院広告の中にも,次のようなコピーが見られる。「パーマネントは欧州戦争のときに生れた　非常時の実用向のお髪なのです　セットにもお手数をかけず　能率的」と,パーマネントの非常時向きである点を強調するのであった。すなわち日中戦争下,男性の労働力

不足の中で,女性の社会進出が顕著になりつつある趨勢にパーマネントは乗ろうとしていたとみてよかろう。

このようにパーマネントは批判を受けつつも,それを「経済的」,「非常時向」だとして受け流し,合理化することで,パーマネントによるお洒落を楽しむことはなお可能だったのである。

3. パーマネントへの圧力の強まり ——長期戦下の引き締め——

このようにパーマネントは普及の一途を辿るかのように見えていた。しかし,ここで再度の引締めがはかられるのである。日本軍が,広東・武漢三鎮を占領(1938年10月)しても,もはや侵攻作戦がとれず,戦略的持久に転ぜざるを得なくなる中でのことであった。1939年5・6月,ソ連との間にノモンハン事件を起こる。汪兆銘を,中国国民政府から離脱させ,新中央政府の樹立方針が出てくるといった状況の中,銃後への強烈な引締めがなされていくことになる。

1939(昭和14)年6月11日,文部省は,女学生に対して口紅や白粉などと共に,パーマネントを禁じた(文部大臣は荒木貞夫元陸軍大臣　前掲『昭和家庭史年表』参照)。さらに6月16日,国民精神総動員委員会の「公私生活の戦時態勢化」に関する委員会の中で,男子学生の長髪の禁止,パーマネントなどの廃止が決定される(『東京日日新聞』1939年6月17日付)。『国民精神総動員』にも,「公私生活を刷新し戦時態勢化するの基本方策」の刷新事項として,これが掲載されるのであった(『国民精神総動員』第31号,1939年8月15日)。

この動きを受けてか,大蔵省で,全職員に断髪令が出された(『東京朝日新聞』1939年6月23日付)。また女子学習院の生徒が質素な髪型に転向した(『週刊婦女新聞』1939年7月第5日曜号,第2042号)といった髪型に関する記事が新聞に掲載されることとなる。

再度,パーマネントバッシングが始まったのであった。

前述の『週刊婦女新聞』の中で,パーマネントに非ず……と言っていた日

本パーマネント協会理事長の小口みち子も自粛運動に乗り出さざるをえなかった。小口は，1939年6月23日，パーマネント業者の「自粛大会」において，「パーマネントが少しでも日本女性の生活に好結果を与へてゐるものであつたらこの際最も健全な成長のために協力すべきであることを強調」する。そして，「新聞雑誌の広告について考慮すること」，「店頭に『女学生のパーマネント謝絶』を表示すると共に自粛自戒につき適当なるポスター其他文書宣伝を為すこと」，「パーマネントの文字を廃止して他に相応しき日本文字を採用すること」，「凡ゆる場所よりパーマネントの文字及び言葉の排斥に努力すること」などの「自粛の事項」を，同大会において「満場の拍手裡に申合せた」という（『週刊婦女新聞』1939年7月第1日曜号，第2038号）。

「パーマネント」という文字を隠して営業しようというのである。事実，「パーマネントが東京府，兵庫県などの電髪に対し大阪府では"淑髪"と改名される」との記事が『大阪毎日新聞』（1939年7月18日付夕刊）に掲載されるのであった。

これらパーマネント廃止の動きの中で，『スタイル』は但し書きつきではあるが，なおパーマネントを勧めようとする。「スタイル風俗時評　パアマネント禁止論」（阿部九）（『スタイル』1939年8月号）の中で，国民精神総動員中央連盟委員竹内茂代（医学）博士の言をひきながら，「モヂヤモヂヤと雀の巣みたいな髪」でなければ，「普通のパアマネントはやつても構はない」と主張する。また，資生堂美容部の小幡恵津子も，「綺麗に小さつぱりとセットした頭ならOKと云ふわけです」と，「"新日本"の感覚　パーマネントを生かしたお嬢さま向きの髪型」（『スタイル』1939年9月号）との記事がなお掲載されている。

ここで非難されるのはパーマネント自体ではなく，パーマネントをかけた後，充分なセットをせず頭を雀の巣にしている人物だとして，パーマネントを弁護しているのだ。しかし，同じ号には，精動運動にも深く関わっていた山田わか[8]が，「名士漫画　これらのお歴々の前世は　何んでしたでせう？」とい

---

[8]　山田わか（1879～1957）は，母性保護法制定などに尽力。『日本女性人名辞典』参照。

122　第3章　日中全面戦争とパーマネント排撃

う項に登場する。山田は前世は「啄木鳥」だったとして，「古い木を突ッヽい てはパーマネント虫等をビクビクさせて居りました」と発言していたのである。 パーマネント排撃は，女性の側からも強まっていたといえよう。

『スタイル』に掲載される美容院広告は打撃を受けることとなる。創刊以来 ほぼ増え続けていた美容院広告は，1939年8月号で創刊以来最高の広告数を記 録した後，1939年9月号から11月号にかけて大激減している。下図2は，この 点を示している。文部省や精動運動などのパーマネント排撃の動きが強まる中， 自粛せざるを得なかったといえよう。

きちんとセットさえしていれば，パーマネントをかけても良いのだ，と主張 してみたものの，その次号からは『スタイル』の髪型に関する記事も，パーマ

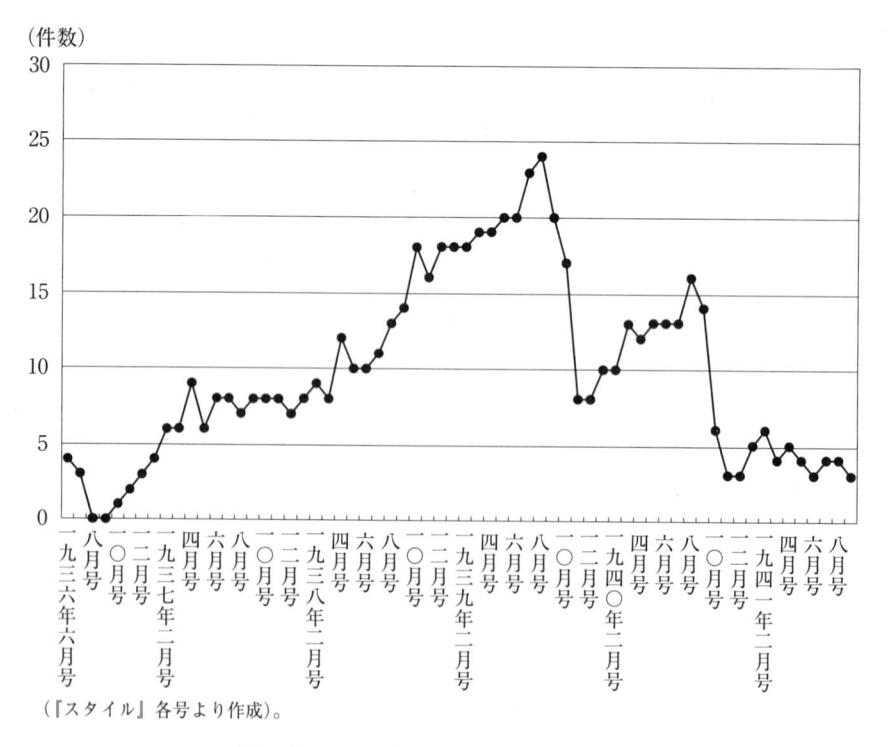

（『スタイル』各号より作成）。

図2　『スタイル』掲載の美容院広告数変化

ネントを前面に出さないようにし、リボンや花などのヘア・アクセサリーを使ってのお洒落、を紹介するようになる。「お嬢さまはリボンがお好き」(1939年10月号)、「スタイル相談所　花のつけ方」(1939年12月号)、「リボンをつけたお正月の髪」(1940年1月号)など、パーマネントを目立たせないよう気を配っている様子である。

「お嬢さまはリボンがお好き」(1939年10月号)の中では、宇野千代が「パーマネントの短いお髪の額に可愛いいリボン」と書きながら、髪型の説明をするに当っては「まだ毛さきにパーマネントのあとの残つてゐる短い断髪」、「お髪はパーマネントをおかけになつたことのない長いお髪を」と、パーマネントの目立たない、パーマネントをかけていない髪型の写真を掲載し、パーマネントが目立たないように努めていた。

また、「リボンをつけたお正月の髪」(1940年1月号)では、「ピンカール」や「ロール」を利用した髪型らしく、パーマネントという文字は一切見当らない。「春は花飾」(1940年3月号)になると、コメントに「カール」や「ロール」という文字さえも見られない。見えにくいが、モデルの髪は「カール」しているようなのだが。やはり『スタイル』誌も、「パーマネント」という言葉を隠したほうが良いと判断しているのだろう。ナショナル美容室の広告も、「パーマネントはナショナルへ」だったのが、1939年9月号から「淑髪はナショナルへ」とコピーを変化させていく。

こうした1939年半ばのパーマネント排撃の背景には、銃後の緩みを引き締めようという意図が働いていたと見られる。

この時期の『愛国婦人』には、以下のような記事が掲載されている。「愛国婦人会皇軍慰問使　現地報告座談会」において、「近頃銃後からの手紙が少しも来ない、もう銃後でも種々な統制(ママ)で困り果てて慰問の手紙を出す余裕もないようになつたのではないかと、兵隊さんが異口同音に申され」、「恥しくて穴にでも入りたい気持」がした。「近頃兵隊が皆、銃後から手紙が来ない」ことを心配しており、「もう銃後では戦争にあきたのではないだらうか」と言う兵隊もいたという(『愛国婦人』1939年7月、100号)。

こうした銃後の雰囲気の中で，パーマネント排撃は，この時期の排英運動[9]と同様にその引締めを図る意味を持つものであったといえよう。

4. なお残るパーマネント

しかしパーマネント排撃は，徹底性を欠くものであった。1940（昭和15）年1月の愛国婦人会機関誌『愛国婦人』106号と，同誌3月（108号）の「井筒香油」の広告のコピーは，象徴的である。「パーマネントをやめる方に　ちゞれ毛やウス毛赤毛を美しい黒髪にする　日本女性の美は　すなをな黒髪にあり」（106号）という広告コピーが，2ケ月後には「パーマネントをなさる方にちゞれ毛やウス毛赤毛を美しい黒髪にする　毛髪の損傷を最小限度に防ぐ為」（108号）と変わっている。そのまた2ケ月後には，「パーマネントをやめる方に（筆者注，後略）」（『愛国婦人』同年5月，110号）と広告のコピーにも「パーマネントをやめる方」と「パーマネントをなさる方」とに対して，二面性が見られていたのである。この時期，銃後後援で国防婦人会と競いあっていた愛国婦人会の機関誌に，「パーマネントをなさる方」へというコピーが載るのは，パーマネントへのニーズの高さを証明すると同時に，パーマネント排撃が，建前的な面を持っていたことを示してはいないか。パーマネント排撃・電髪攻撃というポーズだけが，精動運動などにとって必要だったと考えた方が，実際に即していると考えられる。

『スタイル』の誌面でも，同様に二面性をうかがうことが出来る。宇野千代自らがモデルとして髪型のグラビアに登場したケースを見ていこう。この「パーマネントで日本髪」（『スタイル』1940年4月号）のグラビアページは，タイトルにパーマネントの文字があるのだが，グラビアに紹介されているのは日本髪であった。パーマネントをかけていても，「かもじ」を利用すれば日本髪を結うことができる，という趣旨なのである。タイトルとちぐはぐなグラビアなの

---

9)　排英運動については，須崎愼一「日本人の戦争観　──『六甲開祖之碑』顛末──」（神戸大学「近代」発行会『近代』68，1990年），本書第3部所収参照。

だが，宇野千代は，「短いパーマネントの断髪でもこんな日本髪が出来ます」と書いている。事実上，パーマネントを推奨しているのに等しいのではないか。

1940年6月号に「お嬢さまのアップスタイルとジュリエット型」，そして，同年7月号に「時局向の若く健康なお嬢さまの夏の髪　えりあしの美しさを生かして……」のグラビアが掲載される。「前は，大まかなウエーヴをみせて，ピンカールとロールをあしらひ，涼し気で若く健康な感じをだしました」（『スタイル』1940年7月号）。

しかしこの1940年7月号を最後に，『スタイル』のグラビアページに髪型だけの特集は掲載されなくなった。なぜ1940年8月号から，髪型のグラビア特集が掲載されなくなるのか。『スタイル』掲載のスターのブロマイドなどが当たる懸賞の発表がヒントを与えてくれる。たとえば1937年2月号掲載の懸賞は2月15日が応募締め切りで，当選者は4月号で発表されている（『スタイル』1937年2月号）。『スタイル』は，8月号であれば6月半ばごろには編集が済んでいたと考えられる。

1940年5月半ばからの1ケ月間に何があったのか。第二次大戦の急進展である。5月14日，ドイツ軍は，フランス軍の防衛線・マジノ線を突破し，6月14日，パリに入城するのである。このドイツ軍の電撃戦の成功は，日本人の意識に大きな影響を与えた。近衛文麿の新党運動の進展にふれた『大阪毎日新聞』の記事は，「ドイツの破竹の戦果ならびに英仏の敗退によつてわが国民の中に醸された感激」（1940年6月14日付）と，この間の事情を伝えている。

こうした日本国内の雰囲気の変化が，『スタイル』誌の編集方針に影響を与えた可能性が大きい。そして6月22日，独仏休戦協定が調印され，6月24日，近衛文麿は，枢密院議長を辞任し，新体制運動推進の決意を表明するのである。こうした状況の変化の中で編集された40年8月号からは，読物ページには髪型についての記事がなお見られるとはいえ[10]，グラビアに髪型だけの記事は掲

---

[10] しかし，この髪型についての記事は，身嗜み指導のようであって，『スタイル』本来のお洒落を楽しむといったスタンスのものではなくなってきていた。

載されなくなったのである。

　「新体制」が，時代を動かしていく中，「風俗批判の頁"これだけはお止めなさい！"」の記事には，「髪が汚い」（駒井玲子）（『スタイル』1940年9月号），「まだ多いチリチリの乱れ髪」（青山澄子）（同年10月号）と，パーマネントをかけた後もヘアセットを怠っている人々への批判がなされる。また，流行するリバースロールという髪型が，おすべらかしに似ていて「伝統的」でよいという理由で，誰も彼もがしているのを非難する記事も見られる（「風俗批判の頁　困る附和雷同性」同前　1941年4月号）。

　しかし，ここで注目したいのは，パーマネントそれ自体を批判した記事はないことである。『スタイル』として批判しているのは，パーマネントをかけた後，ヘアスタイルのセットを怠った，もじゃもじゃの雀の巣と化している頭髪を批判しているに過ぎない。

　また，『スタイル』誌に掲載されている美容院広告の掲載方法にも大きな変化が現れる。一見，逆のようだが，美容院広告が『スタイル』に目立つように掲載されるようになるのである。1940年7月号から9月号までの間，5つ6つ程の美容院広告を1つのページに集め，「第一線美容室」，「推奨美容院」などと題して，美容院の広告が掲載されるのであった。広告コピーの中には，「電髪」と書いているところもあり，「パーマネント」と書いているところもある。技術不足でなく，きちんとしたセットをしていれば，パーマネントをかけても大丈夫，『スタイル』が推奨する美容院だったら技術面は安心，と太鼓判を押しているのであろう。

　しかし，その集合広告も『スタイル』の表紙に「健全娯楽」の文字が見えるようになる，1940年10月号には消えることになる。だが，ここでも美容院の広告が全く消えたわけではない。

　1940年12月号からは，新体制下の編集改革のため，雑誌のサイズを創刊以来の「菊版」から，「国定規格型B列五号」に改め，従来より一回り小さい『スタイル』となる。『スタイル』に掲載される美容院広告数も，1939（昭和14）年9月号から11月号にかけて大幅に減少し，その後1940（昭和15）年8月号に

かけて微増するという傾向を示していた。それが，1940年9月号から12月号にかけて再度減少に向うのである。その原因は，『スタイル』1940年10月号の「編集後記」によれば，「広告スペースなどもこの機会に大削減を加へて記事面に割愛し名実ともに新編集を断行致しました」ことにあった。前号より広告数が大幅に減少するのも無理からぬことであった。しかし，それでもなお，1941年9月号までパーマネントの広告は，掲載され続けることになる（前述）。

　以上，見てきたようにパーマネントは必ずしも，排撃の高まりの中でも，全否定されていたわけではない。しかし「新体制」の掛け声は，パーマネントのみならず，贅沢とみなされるもの，他の人と違うものへの監視を決定的に強化していくこととなる。

　1940年8月1日の興亜奉公日に，どういう人に注意のカードを渡したかについて，その基準を金子しげり[11]が語っている記事は，上述の点を象徴的に示している。「カードを渡すときには，大体標準を決めてをいたのですが，原色をそのまま使用した，ケバケバしい感じの強い着物とか，大きな，派手すぎる柄や模様，洋装では，服の型，突飛な恰好の帽子，ハイヒールの高すぎるもの，派手なパーマネント，それから指輪や金時計，宝石などの実用を越えた装飾品，一見して贅沢品と解る服装など，とに角，新体制下の世相に合はぬ様子をしてゐる婦人たちを対象としました」（「"カードを貰つた人々" 教養の低い人が多かつた」『スタイル』1940年10月号）。

　監視の強まりの中，1940年8月27日には「大日本淑髪聯盟」主催で美容業者5000余名の人々により，「パーマネント粛正」の街頭監視が行なわれ，「我がもの顔のパーマネント・ガールが通るたびにそつと自粛のカードを渡し，結髪新体制への心意気をみせた」（『週刊婦女新聞』1940年9月第1日曜号，第2099号）という記事も見られることになるのである。美容業者自らが監視に乗り出し，自粛のカードを渡し，結髪新体制への心意気」を見せざるを得なかったというのである。生き残りをかけた自己規制というしかない。

---

11) 後の山高しげり（1899～1977）。1962（昭和37）～1971（昭和46）年まで参議院議員として第二院クラブに所属。『日本女性人名辞典』（日本図書センター，1993年）参照。

要するに、非難されるものは、実用的でないとされる装飾の部分なのである。装飾と見なされれば、贅沢だと攻撃を受ける。パーマネントはその1つだったのである。パーマネントでなくても、目立つ装飾は何でもだめとされるようになったといってよい。

パーマネントは、技術的な問題や、パーマネントをかけた後のその個人の手入の悪さから、問題とされることもあったが、日中戦争中も普及し、人々に受け入れられていった。しかし、日中戦争の泥沼化とともに、精動運動の中での、自粛すべきものの1つとしてやり玉にあがり、また時代の空気の中からもパーマネントに代表されるお洒落を自粛せよとの雰囲気も顕著になっていく。しかし、パーマネントをかけても大丈夫な雰囲気が出てくると『スタイル』誌などもパーマネントを前面に出す傾向がある。

ここに、パーマネントに代表される凝ったヘアスタイルをしたい、お洒落をしたいという人々の心の揺れ動きを見ることが出来る。強くパーマネント禁止・自粛、と言われればお洒落をしたいという心はダメージを受ける。だがお洒落をあきらめてしまうのではなく、時期を待つ。禁止・自粛の雰囲気が和らぐのを見るや、またお洒落を再開させる。再びお洒落に対する圧力がかかると、再度その嵐が過ぎるのを待つ。その繰り返しの中で少しずつお洒落自体の自粛が強化されていく。それはお洒落についてだけではない。段階を踏んでいくにつれて、最初の段階より自発性は失われてゆき、周りを見回し、無難な方向へ向かっていくこととなるのである。

小　括

では、なぜパーマネントは排撃されたのか、まとめにかえて考察していこう。パーマネントの料金がまず問題となろう。というのは、パーマネントのお洒落を楽しむことができるということは、何を意味するのかを知っておく必要があるからである。

パーマネント料金は1938年の時点で5円から7円50銭だったという（シャン

プー代金含まず)。この同じ年,官吏(高等文官試験に合格した高等官)の初任給が75円である[12]。パーマネントはこの月給の約1割に相当する。1938年9月25日付『大阪毎日新聞』によれば,当時,大阪市内で100名を超えていたパーマネントウエーブを専門とする美容師などの料金は,7円から20円と,さらに高かった。『スタイル』掲載の美容院広告の中には,シャンプー・セットなどを含めて7円・10円と料金を表示しているところもあり[13],かなり高額だったことは間違いない。

　貧富の差が激しかったこの頃,パーマネントのお洒落を楽しむことが出来た人,その望みも持てなかった人の差は歴然としてあった。パーマネントウエーブをかけている人への羨み——美しいということに対しても——も,そこに作用してくるのではないか。

　日中戦争泥沼化の中で,パーマネント廃止を唱え,それに「賛成」したところで,その賛成者はパーマネントなどかける余裕の無い者であった可能性も強い。パーマネントを攻撃し,あるいは白眼視した人々にとっては,戦時中の統制が,締め付けをもたらす一方で,「美しいパーマネント」を目の当たりにするコンプレックス=「みじめさ」から解放されるという「福音」をもたらした側面を持っていたとも言えるのではないか[14]。

　いわば,パーマネント排撃は,戦時下において「見える階層差」に対する攻撃であるとみなすことも可能であろう。日中戦争泥沼化の中で,余裕のある人々が標的とされ,人々に「平等」が意図的にイメージさせられる。その攻撃対象となったものの1つが,パーマネントなのではないか。

12) 週刊朝日編『完結・値段の明治大正昭和風俗史』(朝日新聞社,1984年)参照。
13) 「パーマネントはナショナルへ」1939年1月号『スタイル』掲載の広告。
14) 『東京大空襲・戦災誌 第五巻』の「戦中生活―― そこで 思い・考えていたこと」の中で,作家の早乙女勝元は次のように語っている。「私なんか貧乏人のせがれでしたから,戦争でやっと救われましたね。つまり,着ているものからなにから,全部同じになってきた。で,ようやく劣等感から解放された,へんなことですけれどね。(笑)」(『東京大空襲・戦災誌』編纂委員会『東京大空襲・戦災誌』第5巻,東京空襲を記録する会,1974年)。

『横浜の空襲と戦災』2 ——市民生活編——（横浜の空襲を記録する会，1975年）に掲載されている横浜市民の声は，その点で象徴的である。

　婦人団体が興亜奉公日に服装チェックをしていたが，その監視する側がパーマネントをかけ立派な服装をして贅沢している，と注意を受けたことに反感を持つ人（『神奈川新聞』1940年9月12日付）。「華美な服装や指輪をはめたもの，雀の巣の頭髪にそれぞれ自粛カードが渡されていることは誠に当然なことだが，いまだに不体裁で不経済で，しかもべら棒に料金の高い日本髪にこれ等のカードが渡されたと聞いたことがない。古来の日本趣味だと言う理由によって見のがされているのだろうか」（同前9月8日付）といった声が，それである。

　「指輪やパーマネントよりも芸妓などと言うものは無駄のもっとも甚だしいものであり，奢侈品中のもっともなものではなかろうか。唯金のある人間の玩弄物に過ぎないもので存在させる何の理由も意味もないものである」（同前1940年9月14日付）といった指摘[15]は，パーマネント排撃が，いわば「隣の芝生は青い」的な民衆意識を利用しようとしたものであったことを示しているのではないか。

　1940年7月6日に公布され翌日に施行された「奢侈品等製造販売制限規則（七・七禁令）」や，精動本部の「贅沢は敵だ」（8月1日）という有名なスローガン，8月1日に，銀座・新宿・浅草などの盛り場で「派手な服装や金指輪，金縁眼鏡でのし歩く非戦時型に止めを刺す」婦人団体の"街頭突撃隊"といった監視がきいているのか，人々の声は，贅沢への批判が目立つ。それは，平準化を求める民意をある程度象徴している。時代は，単なるパーマネント排撃をこえて，自分と違うもの，全体と違うものを排撃し，スケープゴートとしようとする方向をたどったといえよう。

　同時に注目しなければならないのは，1940年8月6日付『大阪朝日新聞』に掲載された，神戸憲兵分隊の神戸・三宮駅などでの街頭調査である。それによ

---

15)「華美排撃　婦人側に声あり『男子の方は如何です』」という『大阪毎日新聞』の記事も，「料理屋，花街，ネオン街などの夜ごとの繁昌ぶりは目にあまるものがありませんか」といった声を伝えている（1940年8月17日付）。

れば,「電髪(パーマネント)の特に目立つ婦人」は2573人であり,それは交通総人口の約1割であったという[16]。パーマネント排撃がパーマネントを経済的理由からかけられないような人々をより一層戦争へと動員しようとする,平準化をあおる方便であった側面を有していたことを物語っているのではないか。パーマネントは,それを排撃することで,人々の平準化幻想をくすぐり,ファッショ化を推し進めていこうとする側にとっては格好の標的だったのである。

---

16) 前掲須崎論文参照。なおこの記事を紹介した須崎は,この点について言及していない(第5章 表2参照)。

※第3章は,神戸大学国際文化学部日本文化論講座『日本文化論年報』第7号,2004年3月所収のものを,本書のため一部加筆した。

第4章　男性お洒落の広がりと国民服の制定
——雑誌『スタイル』を手がかりに——

内 藤 英 恵

　1940（昭和15）年11月1日，大日本帝国国民服令（以下，国民服令と略す）が勅令として公布されたのはなぜだろうか。対米英開戦を1年後に控えたこの時期に，「国民服ハ従来背広服其ノ他ノ平常服ヲ著用シタル場合ニ著用スルヲ例トス」（国民服令第2条）と，国民服令は事実上，背広を着用させないことを勅令で定めている。しかしなぜ国民服令を制定しなければならなかったのだろうか。

　確かに，国民服は，軍服としても着られることや経済性などが制定の条件としてあったことが指摘されている（『日本史大事典』平凡社，1993年）[1]。村上雅子氏は「国民の非常時意識を共通のものとし，もりあげるため」であると国民服が引締めの道具として働いたという点を指摘している[2]。また井上雅人氏は，国民服制定をめざす厚生省官僚には，ネクタイ・ワイシャツの排除という構想があったと述べている（『洋服と日本人　国民服というモード』廣済堂出版，2001年）。しかし，なぜネクタイ・ワイシャツが排除されねばならなかったか，という点には言及していない。そして両者とも国民服が制定されるに至るその社会的背景にまでは切り込んでいないのである。

　国民服制定を牽引した被服協会（陸軍被服本廠内）作成の『国民服（男子用）の手引き』（1940年）によると，「カラー，ネクタイ，ワイシャツ，チョッキを一蹴」（「昭和十五年　公文雑纂」内閣二，巻二）するとある。つまり国民服制定の

---

1)　なお『国史大辞典』には「国民服」の項目はない。
2)　村上雅子「たかがモンペ，されどモンペ——戦時下服装の一考察——」（近代女性文化研究会編『戦争と女性雑誌——1931〜1945年——』ドメス出版，2001年）。

真のねらいは，井上氏が，すでに指摘している通り，まさしくネクタイ・ワイシャツなどの排除にあった。では，ネクタイ・ワイシャツ排除の裏には，どのような意図が隠されていたのであろうか。実は，ネクタイやワイシャツを排除しようとする背景には，男性のお洒落の広がりがあったのである。

　1930年代半ばの時期は，景気が上向く中，英国流を手本とした背広・ネクタイのお洒落が少なからぬ男性に支持されていた。背広を着ることのできる男性たちによる，背広・ネクタイでの着こなしのお洒落が盛行していたのである。1937（昭和12）年，藤山一郎によって歌われた流行歌「青い背広で」（古賀政男作曲）は大ヒットし，同タイトルで日活映画にもなっている。また，同年「背広の王者」という映画も公開される[3]。背広は時代の寵児となりつつあったのである[4]。そして，日中戦争開始後も背広・ネクタイのお洒落はなお支持されることになる。

　この背景には，背広の普及があった。『愛国婦人』（1939年5月，98号）に高価な背広を非難する姉と，弟の対話が載っている。その中で弟は，「学校を卒業して勤める様になれば洋服造らなくちやいけないだらう」と述べ，背広が会社勤めの男性には当然なものとなっていたことを示唆している。事実，軍需産業の拡大の中で，背広を着るような職員層が増加していたのであった。

　こうした男性のお洒落や，背広を着られる人と着られない人といった一見してわかる格差は，日中戦争下，支配層にとって看過できないものであった。それは，1940年7月，奢侈品等製造販売制限規則（以下，七・七禁令と略す）が出された際，「奢侈品」として，ハンドバッグなどの女性ものばかりではなく，男物のネクタイ・写真機・ステッキ，さらにお洒落な男性も使っていた香水・手袋も写真で例示されていた（『読売新聞』1940年7月9日付夕刊）ことからも明

---

[3]　それぞれ『読売新聞』1937年4月7日付夕刊，8月31日付夕刊の広告欄による。
[4]　新聞掲載広告によると，三越の春物背広三揃えが，国産地で50円以上，舶来地で65円以上（『読売新聞』1937年2月6日付夕刊）とある。この同じ年，官吏（高等文官試験に合格した高等官）の初任給が75円だったということから考えても，背広を一着作ることは，かなり「贅沢」であったことが想定される。

らかであろう。

　本章は、従来全くといっていいほど取り上げられてこなかった、1930年代半ば以降の男性のお洒落の盛行を明らかにすることを通じて、それが国民服制定を導き出すプロセスをたどっていく。なお、その際、背広・ネクタイのお洒落を紹介していた雑誌『スタイル』（復刻版、臨川書店、2003年）[5]を手がかりとして利用することとする。

1. 男性お洒落熱と雑誌『スタイル』

　「コンパクトとネクタイの次に必要なお洒落画報が日本にも生れました！」[6]、これは雑誌『スタイル』が誕生した時のコピーである。お洒落に関心を持つ男性が拡大する中、「ネクタイの次に」と、男性をもターゲットとする雑誌『スタイル』は創刊（1936年6月号）されたのである。それは、お洒落に興味を持ち、身を飾ろうとするのは女性ばかりではない時代の到来を告げるものであった。

　その前年、1935（昭和10）年は、猪歳ということもあり、「猪突景気」（『大阪朝日新聞』神戸版1935年1月5日付）などといわれ、好景気の到来が報じられた年である。景気が上向く中で、都市部を中心にお洒落に憧れる男性たちが出現したとしても不思議ではなかった。

　事実、この1936（昭和11）年には「男のお洒落は女と少々ワケが違ふ」（『読売新聞』1936年5月18日付）、「『おでん屋』で虎の男がネクタイは買ひ渋る　凡そ

---

[5] 『スタイル』は、「流行映画美容小説服装に関する記事など」（『雑誌年鑑　昭和十四年版』日本読書新聞社、1939年）を掲載する雑誌である。国立国会図書館所蔵の『スタイル』を筆者が調査したところ、よく読みこまれ、グラビアを中心に切抜かれていた。この点からも、熱心な閲覧者の存在が想定できる。なお、臨川書店による『総目次・執筆者別索引』掲載の「復刊にあたって」によると、「第九巻第一号（昭和一九年一月）まで刊行されている」ということだが、同年3月号まで刊行されていることが確認できる。
[6] 『読売新聞』1936年6月2日付掲載の雑誌『スタイル』の広告コピー。

こんなのは女の子に縁なしと知るべし！」(同前5月20日付)[7]などといった記事が出現していた。『読売新聞』の連載記事、「モダーンお洒落読本」を見ても、16回の掲載のうち4回が男性のお洒落のために割かれている。前年の35年には女性のみを対象としていた同シリーズが、翌36年では男性をも対象とするものに変容していたのである。また、「いくら男でも現代人なら秋の流行の常識位は識つておきたい」(同前8月31日付)と、男性のお洒落が許容されるような空気が流れていたのである。また、読者の側からも「現今の若い人達が最も好む」ネクタイの結び方について、といった質問も見られる（『東京朝日新聞』同前9月12日付)。

　経済的余裕のある人々が登場し、男性のお洒落に対する需要が高まってきていたのである。お洒落に気を使う男性たちの存在は、『スタイル』に掲載された次のような質問からも確認できよう。

　　「フランス製クラバット(ネクタイ)の一流会社を数種挙げて下さい。(鎌倉H・T)」、「流行雑誌でメンズウエアの一番よい参考になるものをお教へ下さい。(横浜・KT)」、「お正月に香水をつけたいのですが特に男子用に適当なものがありますか。(神戸・正木直彦)」、「青年のための簡単な化粧法を知りたし（色を白くしたいといふのではありません)。(東京・TAZAN)（1936年11月号、1937年1・2月号掲載の質問から)。

　これらの質問は、自分の身なりに気を使い整えようとする男性読者たちの存在を示し、同時に、彼らが、お洒落に対して素人である様子がうかがえる。

　このような男性からのお洒落熱に後押しされるように、創刊から日中戦争開始以前の『スタイル』は、男性お洒落記事が花盛りであった。原奎一郎（原敬の養子）による記事や、英国製の背広などを絶賛する芹葉輝夫[8]、谷長二[9]といった執筆陣が、男性のお洒落論を展開する。

---

7) それぞれ長谷川修二によるもの。長谷川は後に『スタイル』に連載記事を持つことは本文で述べた。
8) 芹葉の詳しい経歴は不明であるが、長谷川修二によると、宇野千代・北原武夫の結婚披露において、北原の衣裳をデザインしたのが芹葉だったということである（『スタイル』1939年6月号)。

「スマート・エコノミイ」欄を担当した谷長二は、「われわれは何のために生きてゐるのですか。月末支払をするのをたのしみに毎日働くのでせうか。去りてかへらぬ若き日の一刻一日が充実してたのしく暮されなかつたら何とこの人生は味気ないことであらうか」(『スタイル』1937年2月号) と、日々の生活においてお洒落を楽しもうとの人生観を高唱するのである。

また、人気漫談家の大辻司郎は、「洋服の方は余り目立ない柄物で、夏冬オーバセビロ併せて四十着程持つて居ります。これが殆んどアチヤラ物で (中略) 私は洒落物なのデス」(『スタイル』37年4月号) と述べる。彼のご自慢は「アチヤラ物」、おそらく舶来生地の洋服であろう。1937年の流行歌「若しも月給が上がったら」の歌詞には、当時のサラリーマンの夢が現れているが、月給が上がれば「帽子と洋服」を作りたいとある (古茂田信男他編『新版 日本流行歌史 上』社会思想社、1994年)。大辻はそれを地でいく羨望の的となるような人物だったのである。

一方で画家の野口彌太郎[10]は、「お洒落」という言葉にやや反発している。しかし、お洒落という言葉に「すこし女々しい様な気持を感じるのは、或ひは今迄の吾々の道徳がしからしめたのかもしれない」(『スタイル』1937年6月号) と男性のお洒落を肯定的にとらえようとする姿勢を見せている。身なりに気を使う男性たちの出現や、男性のお洒落を肯定する雰囲気の広がりが、彼をこう言わしめたのであろう。注目すべきは、先ほどの大辻のように、「舶来物」の背広を着ていることが一種のステイタスになっている点である。英国生地の背広を着て銀座を歩く、銀ブラしたい、そんな願望が『スタイル』誌が受けいれられている理由の1つであったといえよう。この男性向けのお洒落記事は、「男ものの洋服欄は、至るところで評判が好い」(1936年12月号) と編集後記に

---

9) 詳しい経歴は不明。『スタイル』執筆者の一人・矢野目源一によると「僕のワイシヤツはみんな銀座伊東屋です。柄はみんな谷長二氏のデザインです、自慢するのはアッタリマへでせう」(『スタイル』1937年7月号) とある。『新女性文化 (家庭篇)』(国民社、1943年) には「婦人服飾『ツルヤ』経営」と紹介されている。

10) 日本近代文学館編『日本近代文学大事典』(講談社、1977年) によれば、独立美術協会会員とある。長崎市に、野口彌太郎記念美術館がある。

記されているように、読者からも大歓迎されていた。

さらに同誌には異性の目を意識した「お洒落問答」というページも見られた。これは著名な女性たちに「男が香水をつけたのお好きですか?」、「男のノー・ネクタイどうお思ひですか?」(『スタイル』1936年8月号)といった質問をするコーナーである。女性たちの回答は、男性の香水には、目立たない程度ならという好意的な回答もあるが、ほとんどが拒絶反応を示している。ノー・ネクタイについては、女性側のほとんどの回答は、夏などを除き、ネクタイをしめるのが本当だというものであった。

『スタイル』誌の、男性を対象としたであろうページは全体の1割ほどで、一見少ない。しかし、その男性向けページを待ち焦がれる男性たちが存在していたのである。事実、読者欄[11]には、日中全面戦争が泥沼化した1940年になっても『スタイル』を読むことで、「ナンダカ銀ブラでもしてる様な気分になります」(『スタイル』1940年3月号)という弘前の男性読者の声が掲載されている。また、ある「北満の兵隊」は、「内地の新鮮な空気の中に入れてくれるのが『スタイル』なんです。ペーチカの傍で『スタイル』を膝に、軍服を脱した時の空想——ちよつと良いものです」(同前1940年2月号)との声を寄せているのであった[12]。

---

11) この読者欄は39年10月号から翌40年3月号までの半年間の掲載であるが、『スタイル』読者の声を聞くことができる。「読者欄」では『スタイル』らしくないという投書を受けてか、39年11月号からは「セニヨリタ・クラブ」とタイトルを改めている。

12) 『スタイル』の発行部数などは、現在のところ不明である。しかし、入江たか子、ダニエル・ダリューなどスターのスチールやブロマイドなどが当たる懸賞当選者の割合から見ると次のような読者の広がりを見ることができる。37年では関東圏の読者(東京が中心)が30%、次いで近畿圏(大阪・兵庫・京都が中心)が24%と当選者の約半分を関東・近畿の読者が占めていた。しかし、40年の当選者になると、関東圏読者は20%と減少し、近畿圏もやや減って22%になり、他の地域での当選者の割合が増加している。中でも、「満州」や朝鮮、台湾、そして戦地など「外地」の読者割合は8%から12%と増大している。懸賞当選者という制約はあるものの、東京・大阪などの都市居住者だけでなく、全国、そして「国外」にまで読者の存在をうかがい知ることができる。地方の居住者にとって『スタイル』は、都市の雰囲気や情報を運んでくれる雑誌だったといえよう。

「軍部と政党がどうなつてもスペインの内乱がいつまで続いても，せめてそんなイザコザの一行も書いてない雑誌が一冊位あつても好いんぢやあないでせうか」(1937年3月号)と宇野千代が書くように，お洒落な生活を享受したいという『スタイル』誌やそれを支持する読者の姿勢をそこからうかがうことができるのである。

準戦時体制期から日中全面戦争下の時期は，少なからぬ男性が，お洒落への憧憬を強めていたのであった。二・二六事件後，戦争への道へひた走りに向っていったとみなされる(事実そうではあるが)この時期に，こんなに生き生きとした男性のお洒落熱を見ることができるのである。しかし37(昭和12)年7月7日の日中全面戦争開始は，そのお洒落熱に陰りをもたらすこととなるのであった。

2. 日中全面戦争と男性お洒落への攻撃

1937(昭和12)年7月，勃発した日中戦争は，男性のお洒落記事にも影を落としていくことになる。読者から多くの質問が寄せられていた質問欄「Q et R」は，掲載される質問数が激減し，38年5月号には「Q et Rにすばらしい，質問をして下さい」と編集後記に書かれるまでになる。しかし，質問数が激減したからといってもお洒落に憧れる読者の質問は掲載され続けた。「廿六歳，五尺五寸，十五貫，顔の色梢白い方，顔が大形の割に肩巾せまいのです。最もマッチした而もノーブルな表現を持つた事務服(モチ散歩服兼用)の場合，ソフト，眼鏡，ネクタイ，ワイシャツ，靴の色と柄を御教示下さい。(茨城・井口)」(1937年12月号)といった質問[13]がなおも見られる。

---

13) この男性の質問は，この1930年代半ば以降の男性のお洒落が，モダニズム現象の1つである「モボ」の「お洒落」とは，全く異質だったことを示唆している。「モボ」は，「モガ」の付随的な存在として扱われるに止まり，「財布も時計もとられ　だいじな女は居ない　こわい所は東京の銀座　泣くに泣かれぬモボ」という流行歌「洒落男」(1929年)(前掲『新版　日本流行歌史　上』)の歌詞に見られるように，「モボ」は，揶揄される存在であったことがうかがわれる。この「モボ」とは異なり，『スタイル』誌で芹葉輝夫らが主張したのは，英国流をお手本としたしぶい背広を着こなすことにあったようだ。

その中で，南京陥落後の37年12月15日の第一次人民戦線事件[14]といった弾圧は，男性のお洒落ページにも大きな衝撃を与えた。芹葉輝夫は「嗚呼もの言えば唇が寒い」と語る。彼は，風邪予防のためのマスク使用にかけて，マスクを「現代箝口令の象徴」，「個性滅却時代の象徴」（『スタイル』1938年2月号）だと嘆かざるを得なかった。英国礼讃の芹葉は，執筆のお洒落記事に何かと英国を引きあいに出してはいるものの，英国への憧れを直接には表現出来なくなる。そして，見える部分のお洒落よりも，心がけ，精神的なお洒落への傾斜を強める。排英的雰囲気の高まりの中[15]，英国に対する発言に慎重を期していくのである。

一方，谷長二は，「老大国イギリスの喘息病精神を若いものがそのまま洋服にして着なくても，われ等は自分で似合ふモードを発見しよう」（『スタイル』1937年9月号）と，あからさまに英国に倣ったお洒落を批判し始める。そして，「今まで一般より『舶来は優れた物』の気持があつたが，欧米依存は南京さん（筆者注，中国国民政府）にお任せしておきませう」（同前1937年12月号）と，1937年9月に開始された国民精神総動員運動（以下，精動運動と略す）の流れに乗り，国産品愛護の論調を強めるのである。この中で，谷は国産品を使ったお洒落を勧め，「時はまさに超非常時であり」，「持たざる国」の日本は，「戦争の為に，いや国家経済の立直しの為に全国民が一致協力して一時的な不便に耐えなければならないのであります」（同前38年1月号）と述べるまでになっていく。

このように時局の変化に敏感な，谷の連載「スマート・エコノミイ」は，そのタイトルを，38年2月号から「スタイル・ニツポン」と改める。そして彼は，

---

14) 合法的反ファッショの活動を続けていた日本無産党・日本労働組合全国評議会関係者ら400人余が検挙された事件。12月22日，両団体結社禁止（この点については，さしあたり須崎愼一『日本ファシズムとその時代』大月書店，1998年，341〜342頁参照）。
15) 反英的意識の高まりについては，駐日アメリカ大使グルーは，廣田外相の言葉として，「従来日本人は，強固な反日戦線育成の音頭をとっているのは英国だと感じていた」（1937年11月16日）（ジョセフ・C・グルー『滞日十年』（上）毎日新聞社，1948年）と記している。

「世界一のニッポン精神を持つ精神文化の内容を（中略）服装によつて誇示しようではありませんか」と，日本的であることにおいてお洒落を擁護しようとするのであった。

　このようにお洒落の楽しみを全面に押し出せなくなりつつあったこの時期に，現れたのが国民服制定の動き[16]である。38年4月，内務省において「庶民経済保護座談会」が開催された折に国民服の制定が話し合われた。そして，「ワイシヤツ，ネクタイのいらぬ簡易な服装」でしかも生地に耐久力があり廉価かつ衛生的なものを標準に価格は大体廿円前後とする」（『大阪毎日新聞』1938年4月13日付）と国民服制定の具体的方向が示されたのであった。1938年1月誕生した厚生省でも，国民服制定の動きを開始する。厚生省の動きを報じた『大阪毎日新聞』は，以下のように報じている。

　　厚生省では各方面の要望により国民服の制定を急速に実現するためいよいよ近く国民服制定委員会を設置して広く一般から意匠を募集することになった（1938年4月16日付）[17]。

　そしてこの厚生省の「大体の方針」も，「襟式はワイシヤツ，カラーなどを用ひないもの」であり，ともにワイシヤツ，ネクタイ，カラーの廃絶が意図されていた。ワイシヤツやネクタイを排除するという国民服制定の目的は，『スタイル』誌が掲載するような背広・ネクタイのお洒落を否定するものであった。

　国民服制定の動きの中で，谷は，「背広服は，すでに日本の働くための日常服」であり，「日本的に齟齬適合させたものであるならば，これを日本的現代の服装として，さしつかへない」（『スタイル』1938年2月号）といった背広・ネクタイのお洒落を擁護する方向を見せる。そして，中でも谷が強く主張したのはネクタイのお洒落であった[18]。「ネクタイの認識とその活用こそ，われわれ

16）井上雅人氏の前掲書によれば，1937年，「満州国」の協和服を参考に，内閣情報部によって国民服が提案されたという（47頁）が，何月か記述がない。

17）なおこの記事によれば，1月の帝国議会に，官公吏・中小学校教員の制服制定を求める請願があり，検討の結果，「むしろ官民共通の国民服を制定しようということになった」と経緯が説明されている。

のホコリであり、この活用を知つてこそ、時局下のダンデイー」(『スタイル』1938年4月号)だというのが彼の持論だったのである。しかし一方、お洒落も国策に沿わねばならないと述べるようになった谷は、ネクタイを攻撃する国民服制定の動きの中、1938年5月号を最後に『スタイル』誌上から消えていくのである[19]。

　だが、『スタイル』読者のお洒落への関心はなお衰えていなかった。「男子物を主とした手軽なフアツシヨン、ブツクはないものでせうか、あれば、どうすれば入手出来ますか、(月刊、週刊、或は単行本の新しいもの、和洋いづれにてもよろしいのです。定価は？)(タイロン(ママ)？　プアー生)」といった質問が掲載されているのである (『スタイル』1938年5月号)。事実、1938年5月28日付『大阪毎日新聞』は、「絹こそ純国産」という見出しの記事を掲げる。「絹でつくった夏の紳士服は三つ揃ひ五十円ぐらゐで売り出されてゐる」、ワイシャツ・ネクタイも同様だと、国産の絹なら、背広・ワイシャツ・ネクタイも構わないと受け取れるような記事を掲載していたのである。

　その中で、1938年5月頃になると、『スタイル』誌の執筆者たちに変化が現れてくる。戦時下の引締めによる緊張感が薄らいできたのである。すると、芹葉輝夫は、再度、英国服を紹介する記事を執筆する。しかし、それはストレートにその良さを紹介するのではなくなっている。「いつ迄経つても、英国でつくつて来た洋服の方がよく見えて仕方が無い」理由を、日本製の背広は「少し出来すぎてゐる」として持ち上げた上で、英国製の背広は「間の抜けたところがある」と一見貶しているとも取れる表現で、遠回しに英国服のよさを主張す

---

18)「ネクタイと婦人沓下以外の原料は、ほとんど外国産(ハクライ)」(『スタイル』1938年1月号)と、他のお洒落アイテムは輸入に頼っていたという。その意味で、ネクタイは、輸入に頼らない品であり、排撃の理由は、経済的理由以外に求めねばならないであろう。『日本ネクタイ史』(日本衣料新聞社、1956年)によっても、人絹ネクタイが海外に輸出されただけでなく、人絹ネクタイ生地の輸出も、1935年より始まり、「大東亜戦争が開始するまで続いた」という(131頁)。

19) 谷は、『スタイル』誌上からは消えたが、その後も『読売新聞』の男性洋服記事に名前が見られる。

る（『スタイル』1938年7月号）。また，お洒落には無頓着の修業が必要だと長々と主張した後，「これが普段着用として，ちかごろ英国でポピュラーな新考案スタイルだといふことです」と，最後の最後に英国流お洒落を紹介するのであった（同前8月号）。もちろん「お守り言葉」[20]的発言とはいえ，英国の背広に象徴されるお洒落へのニーズの強さを垣間見ることが出来よう。

しかし，このような銃後の緩みは，精動運動にとっても一大事であった。日本が「支那事変」と呼んでいたこの戦争の「事変一周年」（1938年7月7日）に向けて再度引締めの動きが出てくることになる。

1938年6月23日，「昭和十三年度物資動員計画」が閣議決定され，羊毛や麻類などの使用制限が強化される。池田成彬蔵相（商工相兼務）も，「今後輸入物資は勿論のこと国内生産物資についてもその消費の節約を強化し時には消費の制限禁止にまで及ぶであらう」と述べるのであった（『読売新聞』1938年6月24日付夕刊）。そして，精動運動の「非常時国民生活様式委員会」においても，お洒落に憧れる男性たちの必須アイテムである背広や帽子，ワイシャツ，ネクタイなどが「左記物資は有合せのものを以て間に合せ新調を差控ふる」べきものと名指しされるのである（『国民精神総動員』第14号，1938年7月15日）。これらは，物資不足対策を理由としているようであるが，当時ネクタイは輸出もされており，決して不足はしていなかったのである[21]。

商工省は，7月22日，内務・厚生・文部3省に交渉し，協力を求め，「国民服装の無駄を省け」と，「欧州大戦時における際のように戦時モード」に邁進する姿勢を明らかにした[22]。7月23日付『大阪毎日新聞』夕刊は，以下のよう

---

20) 鶴見俊輔「言葉のお守り的使用法について」（『鶴見俊輔集3 記号論集』筑摩書房，1992年）。雑誌『思想の科学』1946年5月号（創刊号）初出。
21) 前掲『日本ネクタイ史』には，「（昭和 引用者注）十年頃よりその輸出量も急増し，十三，四年頃には輸出ネクタイの黄金時代でもあつた」という記述が見られる。
22)『大阪毎日新聞』によれば，この時期，デパートへの指導が強められ，流行衣装発表会が禁止されたという。その結果，同紙は，「流行」がデパートという「リーダー」を失い，「迷ひ子」となったとする。そして，汚れが目立たないとか，活動的とかといった理由で，「時局向き」な色ワイシャツ・カッターシャツが「例年より需要が多」くなっている現象を伝えている（1938年8月9日付）。

に伝えている。

　男の服装についてはズボンの折返しは装飾以外意味がないからこれもシングルにする，オーヴァーも短くつくらせ，ワイシャツも至つて無駄が多いからこれも国民精神総動員中央聯盟生活改善委員会のほか各種婦人団体と連絡をとり実行に入る段取りで，この秋ごろから戦時色を服装の上にもキチンとあらはすことになつた。

さらにお洒落に打撃を与えるような動きが，実体化する。精動中央連盟は，「服装調査委員会」を設置し，服装への監視を一層強める意志を鮮明にするのであった（『国民精神総動員』第17号，1938年9月15日）。

　服装を簡素にすることは生活簡単化のために極めて必要である。殊に衣類や装身具の華美贅沢なことは，国民の緊張すべきこの秋に於て特に慎むべきである。今や戦場に於て皇軍将兵が身命を君国に捧げて戦ひ，或は斃れ或は傷病に悩む際，銃後の国民が立派な身なりをして平然としてゐるなゝ云ふことは誠に恥づべきである。

戦時の名の下に，「銃後の国民が立派な身なりをして平然としてゐるなゝ云ふことは誠に恥づべきである」といった言説は，強烈な規制力を与えたといえよう。

こうした発言は，一見女性のお洒落を問題にしているように見える。しかし前述した通り，男性のお洒落への憧れが高まっている中でのこのようなお洒落叩きは，男性のお洒落をも語りにくくするものであった。芹葉が言うところの，「伊達男」[23]たちのお洒落アイテムが槍玉に上る中で，芹葉輝夫は，38年10月号から，それまでのタイトル「伊達男雑記」を「モード国策線」と改める。そして，「いよいよ流行までが統制を受けなければならないといふ時代になつた。イギリスの最近の流行はかうだから，伊達男たるもの須らく（ママ）……なんぞと贅沢なことを言つてはゐられないことになつたのだ」と，芹葉は語らざるを得なくなる。

---

[23] 芹葉は，この語について，「洒落男といふ意味で，ダンデイといふ語音に似通つてゐることなんかから，何の気なしに使つた」，「『派手好ミ』を意味したのではなかつた」（『スタイル』1937年2月号）と説明している。

さらに翌月号ではタイトルを「伊達男国策版」と改題する。その中で，「日本的でない」というお洒落に対する批判に対して，「洋服文化」を「魂だけを抜いてこつちの大和魂の中に融け込ませ」てしまえ，と反論する。また，「これがイギリスの流行だからといふほんのそれだけの浅はかな理由から何か推奨した覚えは全然無い」として，「この際なんでもかでも国策の線に沿はなければイカンといふので，折角我々が古来から持つてゐるお洒落のこゝろまでもふみにじつてしまふ」のではないか，と芹葉はお洒落へのバッシングに対して強い懸念を表明するのである（『スタイル』1938年11月号）。

　お洒落叩きの影響は，『スタイル』掲載の記事タイトルの変化にも見られる。事変一周年を境に，それまでタイトルに目立つように冠されていた「お洒落」の文字が消え，38年9月号にはタイトルとしては見られなくなっている[24]。

　実は，この男性お洒落への非難は，殷賑産業従事者の問題を契機に激しさを増していたのである。殷賑産業従事者は，「時局の影響によつて俄に所得の増加を来し」（『大阪毎日新聞』1939年1月15日付），「事変前に比べ五割の収入増加」（同前　1939年1月17日付）と，この時期に所得が増加している人たちであった。軍需産業が潤う中，この殷賑産業従事者たちの出現は，「虚栄に富む人や持てる人達が贅を尽して階級的意識を起さしめ，婦女を酷使して諄風美俗を破壊する」（広島県町村長会長〔府中町長〕福島松太郎の発言。『国民精神総動員』第22号1938年12月15日）などとの批判も生んでいた。「帝都」の各婦人団体の懇談会においても「軍需工業関係者の収入の多過ぎるのに何とか対策を立てられたし」（同前）との提案も出されている。

　事実，「事変前まで医者のなり手が多くて各医学校は受験生の殺到に悲鳴をあげたものだつたが，一度軍需工業の春ともなれば秀才連，さすがに利に敏くしてあんまり寄りつかなくなつた」（『読売新聞』1938年4月21日付）という記事

---

24) 後に，39年4月号において「お洒落研究」という連載が新設され，不定期で「お洒落問答」が掲載されてはいる。統制が少しでも緩んだと感じられると，この「お洒落」という字句も再登場するといってよかろう。

も現れるほど軍需産業は高学歴の若者の憧れの職場となっていたのである[25]。軍需産業が,医者よりも実入りのよい職業となっていたことがうかがわれる。

こうした殷賑産業従事者の「贅沢」が問題とされる中で,国民服制定に拍車がかかる。1938年11月には厚生省に国民服制定委員会が設置された。そして,精動運動側においても服装委員会がおかれることになる（『国民精神総動員』第21号,1938年12月1日）。続いてこの服装特別委員会は,「男子通常服基本綱領」をまとめ,国民服制定の動きが具体化する。38年12月20・22日の精動服装特別委員会において,「シングル背広式形態とすること」,「色合は所謂国防色（巾広き範囲にて）を基準とすること（再生産を予想して）」,「ネクタイ,ワイシャツ及び在来のカラーは之を廃止すること」（『国民精神総動員』1939年1月1日）が話し合われるのである[26]。

こうした国民服制定への動きが,槍玉に挙げたのは,背広であり,それを通じてネクタイ・ワイシャツを廃止しようとするものであった。背広・ネクタイを国民服へ代えようという動きが,お洒落を楽しみたい男性を攻撃目標としていくのである。そして39年3月には,「洋服は六十五円以上,オーバーは四十五円以上は一割の課税」（『愛国婦人』1939年5月,98号）がなされるのである。背広は,70円以上するものとなり,「もつと安いの拵へれば好いんだらうけど,この頃そんな安いの滅多にない」（同前）という事態が生れていく。

---

25) 名古屋帝大医学部は志願者32名（定員80名）,東北帝大医学部志願者48名（定員100名）,と志願者が過半数にも満たない状態であった。長崎医大になると,志願者4名（定員80名）だったという（『読売新聞』1940年1月30日付夕刊）。

26) しかしこの国民服制定への動きは,挫折する。井上氏の前掲書によれば,「国民服制定への動きは,一九三九年二月の国民精神総動員中央聯盟の改組により一旦中断」したという（101頁）。この間の事情を,1939年11月21日付『大阪毎日新聞』は,「戦時下生活様式の改善の実践運動として精動が中心となり厚生省と協力し国民服制定に関する委員会を設け研究の結果,男子総動員服を制定したが精動中央聯盟改組の余波をうけこの総動員服も自然解消の運命となつた」と伝えている。各省の縄張り争いも,この挫折の一因であったのではなかろうか。

3. 大日本国民服令制定への道

　しかし，こうした締めつけも，前途が見えない泥沼化した戦争の中で効果は長くは続かなかった。1939（昭和14）年5月1日の『国民精神総動員』は，「軍需景気の波に乗つてゐる殷賑産業方面の関係者が最近甚だしく濫費贅沢の傾向あり精神の弛緩を来し」と述べ，国民精神の弛緩への警戒を強めた。しかし殷賑産業の中堅工員の収入は「噂ほども無い」（『読売新聞』1939年7月7日付）と言われており，「贅沢」を非難されるのは，高学歴の職員層だったのではないか。彼らが本章で述べたようなお洒落を支持していたと考えられる。

　『スタイル』誌にも，この「弛緩」した雰囲気が反映する。39年7月号の『スタイル』の「伊達男欄」で，芹葉輝夫は，「お洒落は自分ですべし！」，「楽しいかな！ 男のお洒落」と，お洒落を賛美する。また「男子専門部」[27] でも，長谷川修二は，「ノオ・ネクタイ廃止論」を掲げ，「あれは避暑地の風俗です」とネクタイをしないことに対して，真正面から批判する。そして，「ネクタイを結ばないのは肌ぬぎに近い。人前に出る格好ではない。（中略）僕はいくら暑い日でもネクタイを外して東京市内をウロつき度くない」と，お洒落への心意気を示すのである。

　しかしこれが，高らかにお洒落を語れる最後となる。1939年夏，全国的に展開された排英運動は，『スタイル』誌や男性のお洒落に，すさまじいプレッシャーを与えることになるのである。

　39年7月，「事変二周年」を前にして，中国との戦争は，泥沼化していた。7月4日，憲兵司令部は，「国民ノ間」に「倦怠感」が「醸成」することを恐れ，同司令部は，「国民ニ適当ナル刺戟ヲ与ヘ」るためイギリスを攻撃する排英運動を国内で盛り上げることを事実上指令する[28]。「人心弛緩」を引締めようと

---

27) 1938年1月号の連載開始時には「お洒落男子部」というタイトルだったが，9月号からこのタイトルになった。長谷川は6月号から執筆している（1938年8月号を除く）。

する動きの中で, 排英運動が開始されることになったのである。

この排英運動は, 英国仕立ての背広に象徴されるお洒落記事を掲載したい執筆者にプレッシャーを与えた。事実, 長谷川修二の「男子専門部」に対する, 男性読者の厳しい投書も現れる。この投書者は,「似合わぬ」英国流ファッションに身をつつみ銀ブラする男性たちを非難し, ファッションページのモデルが英国人であることに難癖をつけるのであった (『スタイル』1939年10月号)。こうした意見は, 明らかに排英運動の流れに強く後押しされたものと考えられよう。

すでに排英運動開始の時点で, 『スタイル』の男性お洒落ページは, 前述の長谷川修二の「男子専門部」と芹葉輝夫による「伊達男欄」の2本のみとなっていた。このうち「男子専門部」は先の読者の批判を受けてか, この39年10月号を最後に誌上から消えていく。そして, 芹葉の「伊達男欄」は同年11月号から「今日の男性」とタイトルを変更する。この芹葉による「今日の男性」が『スタイル』誌唯一の男性お洒落ページとなったのである。男女共に楽しめるお洒落雑誌から, 男性のお洒落が排除されていくのである。『スタイル』誌が, 男性お洒落について掲載すること自体に危険を感じだしていたのであろう。

1939 (昭和14) 年9月の第二次世界大戦の勃発は, 男性のお洒落にさらなる打撃を与えた。芹葉輝夫は, 「舶来羅紗の思ひ出」と題して, 以下のように述べるのである。

> 倫敦の最新流行はこんな生地でこんな型だといふお洒落界ニュースが伊達男の耳に達したと思ふ間もなく, 東京のテーラーの飾窓にさういふ生地が現はれたり, その最新流行型を身に纏つて街を闊歩してゐる紳士に出会つたりする。さういふ時代はつい此の間のやうな気がするが, もう当分めぐつて来る望みは無いのかと思ふと, さすがに感慨無量である (『スタイル』1939年11月号)。

---

28) 憲兵司令部「排英運動に対する取締方針」『資料・日本現代史』6〈国家主義運動〉(大月書店, 1981年)。なお排英運動については, 須崎愼一「日本人の戦争観 ——『六甲開祖之碑』顛末——」(神戸大学「近代」発行会『近代』68, 1990年, 本書第三部掲載) 参照。

第二次世界大戦勃発・貿易杜絶の中で、男性お洒落への挽歌が奏でられているのである。

その中で、国民服制定の動きが再度強まる。そこには、強い排英感情が見え隠れしていた。「"背広"に代る"奉公服"カーキの総動員型を第一に国民服運動の再出発」という記事に談話を寄せた厚生省生活課長は、「日本で背広服を採用するにいたつたのはアングロサクソンが濠洲の羊毛を売らんがための被服運動にうまうまのせられた結果」だと述べるのである（『読売新聞』1939年11月21日付）。

同日付の『大阪毎日新聞』も、「愈よ出来る国民服　軍服として直に奉公出来るよう　陸軍も力瘤入れて広く公募」という見出しで、高木六郎陸軍省衣糧課長（主計大佐）の談を「現在国民の着てゐる洋服は無批判に欧米化してゐる」と伝える。この反欧米的姿勢とも関連して、「ネクタイもワイシャツも要らない極めて質素なもの」が目指されることとなる[29]。

11月22日付の『読売新聞』も、「皇紀二千六百年記念事業として被服協会が乗出す事になつた『国民服』制定再出発計画は軍服と民間被服の接近を図るといふところに重点がおかれ」たとして、「『背広』に左様なら」と報じるのである。「国民服装は（中略）現在は欧米模倣の末期」、「服装も日本的に変化しなければ」とした同協会の主張は、大戦勃発による羊毛・綿花輸入の支障にふれ、「ネクタイとチヨツキは全然廃」することを求めるのである。

陸軍が積極的に乗り出したことは、国民服への流れに拍車をかけた。国民服の制定に向けて、『東京日日新聞』・『大阪毎日新聞』と「被服協会とが陸軍省、厚生省の後援で被服資源の軍民共同化を標榜してその形式をひろく募集」する

---

29) なお同記事は、ここに至る経過を次のように伝えている。「陸軍の被服協会では軍民の被服の接近を企図し一定の新日本服を制定することになり陸軍、厚生、精動協議の上廿日厚生省から制定の旨を発表　平常着てゐる洋服が直ちに準軍服としていつでも動員出来るようにしたいといふのが被服協会の大理想で新日本服制定委員会を設け直ちに実践に入ることになった」。ここに背広・ワイシャツ・ネクタイの排撃に始まった国民服への動きは、軍事的理由が加わり、強力に推進されることとなったと考えられる。

こととなる（1939年12月5日付）。そして同日付同紙は、「新しき国民服の考案を語る」という対談会を連載しはじめる。席上、被服協会理事・齋藤佳三は、第一次大戦時、ドイツで軍服が欠乏して背広を戦線に送ったとして、次のように発言する。

　　現在日本で背広を着る人が五百万人とみて年に二着は新調するとするとどうしても一千万着分は必要となつてくる。

　どう見ても過大な数字のように思われるが、それだけ被服協会が、背広を目の敵にしていたのではないか。そして12月23日、国民服の最終審査が、陸軍省医務局長・陸軍省兵務課長らも出席し、行なわれる。入選作はなく、準入選2点が決定した（『大阪毎日新聞』1939年12月24日付）。被服協会は、これら受賞作品を参考に検討され、1940年1月28日付同紙は、「愈よ決つた国民服」として、「従来のカラー、ワイシャツ、ネクタイ、チョッキを一蹴」と報じるのであった。
　このような国民服制定への急速な流れの中、英国流のお洒落に執着していた芹葉輝夫も、英国への憧憬を述べることはもはやできなかった。彼は、粗悪なスフ地に対して、「スフを生かすには」、「肩の線とかウエイストラインのくびれとか、さういふ点への関心を棄てればいゝのだ」（『スタイル』1939年12月号）と以前のこだわりを捨て、やけっぱちとも受取れる内容を書くこととなる。もはや『スタイル』という雑誌が生き残っていくためには、男性のお洒落記事を掲載することは困難となりつつあった。
　しかし、『スタイル』誌の男性読者は、こうしたお洒落への逆風が吹きつのる中でも、男性お洒落記事を求める声を上げ続けている。「今後内容のスマートを期す以上定価一円でもよし。（大阪船場・前田一郎）」（『スタイル』1939年11月号）という投書もあった。男性お洒落ページを、雑誌の値段（当時の定価は、35銭）を上げてでもレベルアップして欲しいという声である。そして、以前の『スタイル』を惜しむ声も見られる。

　　僕はスタイルを三年程前から愛読してゐる者ですが、近頃のスタイルを見ると、何

だか淋しいみたいです。先づ，男子部が少くなつたこと。此の非常時に男の子がお洒落するなんて事がいけないのかも知れませんが，スマート・エコノミイ，伊達男雑記など毎号出てゐた頃が懐しくてなりません。外国のスタイルブックが手に入らない今日，是非そのシーズンのスタイルなど，どしどし載せて戴きたいと思ひます（楠誓二）（『スタイル』1940年1月号）。

この投書者は，「此の非常時に男の子がお洒落するなんて事がいけないのかも知れませんが」と，男性がお洒落をすることに対する圧迫を感じている。しかし彼は，『スタイル』が提供し続けていた男性向けのお洒落ページを心待ちにしていた。お洒落ページが縮小されていくのを惜しむ男性読者が確かに存在していたのである。

しかし，1940（昭和15）年6月，「新体制」が時代の「合言葉」になり，七・七禁令が出されることによって，男性のお洒落に強烈な圧力がかけられた。「まだまだ手緩い生活引下令」と七・七禁令を解説した記事で，精動運動の幹部は，七・七禁令の目的を「単なる贅沢排除」ではないとし，「国民の全生活を大きく転換し，真に戦時国民としての真剣味に満ちた生活に代へること」だと述べるのである（『読売新聞』1940年7月9日付夕刊）。

さらにこの記事は，七・七禁令に大賛成の男性の声を以下のように伝えるのである。

　　私共はNOネクタイ，冬は外套を着まい。手袋はやめにして洋服は一年中合着一本建てと，生活改善を目指しています。今度の禁止品目はわれわれに縁のないものばかりなので，もつとやつて貰ひ度いと思ふですね。(ママ)

本章冒頭で述べた通り，七・七禁令は女性の「奢侈品」だけを対象としたのではなかった。そして，いわば「今度の禁止品目はわれわれに縁のないものばかり」だと述べる人たちによる，お洒落叩きが顕著になっていくのである[30]。そして，同じ記事には，「早く国民服を着せればよい」という声も見られた。

---

30) そしてこうした人々のジェラシー的感情を煽るように，7月27日付『大阪毎日新聞』は，七・七禁令の対象となっている高級呉服，洋服，写真機などが「どんどん低落です　買漁り男女へまさに天罰」と，「いい気味」といわんばかりの記事を掲載する。

『スタイル』誌の男性お洒落欄が，ベーシックなものとして発信し続けた背広とネクタイは，語ることさえ難しくなったといってよい。

以上のような男性お洒落叩きの中で，『スタイル』誌から男性向きお洒落の記事は消えていった。同時に，人気ページであった芸妓特写[31]が姿を消したことも『スタイル』誌の変身を象徴するものだったのである。そして『スタイル』誌は新体制に即応するとして雑誌サイズを小さくし，9月号からは表紙に「新生活指導雑誌」と附記することになる。1940年9月6日付『大阪毎日新聞』は，「旧い殻を脱ぐ 1」は，百貨店を取り上げ，「ダンディを魅了した特別品売場なども廃止されてしまつた」と述べるのであった。その11月，遂に国民服令が公布されるのである。そして，男性のお洒落など全く非常識，許されないものと化し，その中で『スタイル』誌も女性のみを対象とする雑誌へと変貌するのである。

小 括

国民服には戦時中の日本男性の服装というイメージがある。しかし，なぜ国民服が作られる必要があったかについて，従来の研究では，曖昧であった。だが，今回，雑誌『スタイル』や新聞記事を通じて，お洒落を求める男性たちの存在が浮かび上がった。そして，背広・ネクタイに代表されるお洒落が日中全面戦争下においても盛行していたことも明らかになった。このような男性お洒落が広がっていたからこそ，国民服は制定されねばならなかったのではないか。

準戦時体制期は日本が戦争への道を進むことになる大きな画期となった時期であり，同時に暗い時代であったとされている。しかし同時に，この時期は，背広・ネクタイでの男性お洒落が，たとえ一部の男性からであったとしても支

---

31) 芸者の特写は1936年8月号から掲載された『スタイル』の人気グラビアであり，明らかに男性読者を意識したページである。「特写」とは，1ページを1枚の写真で占めたページのことをいう。

持され，花開いた時代でもあった。モダニズム現象の中でとらえられる「モボ」とは一線を画し，英国に範を求め，背広やネクタイを基本とする男性のお洒落は，準戦時体制期，そして日中戦争開始後もお洒落に関心のある男性たちの支持を集めたのである。たとえ，お洒落に関心がなくとも高学歴者が就職すれば背広を作るのが当り前となってきていた。『スタイル』の創刊は，このような背広・ネクタイでのお洒落に憧れる男性の存在が，後押ししていたといってよい。

しかし，この時期広がりを見せた男性のお洒落が，日中戦争開始から1940年の新体制期へと至る過程で，タブーとされていくのである。その中で，国民服が実現していったのであった。「一身の生活と享楽は同朋のために（中略）犠牲に供されねばならない」と近衛首相はラジオ放送において述べたが（『読売新聞』1940年9月29日付），それは，そのままお洒落への攻撃が強い権威性を帯び，後押しされていたと見ることができるだろう。

同時にその男性のお洒落熱は，日中戦争の行き詰まりの中で，そのような服装が出来ない人々に不平等を実感させるものであった。そのためにも，男性のお洒落は叩かれざるを得なかったのである。

「私なんか貧乏人のせがれでしたから，戦争でやっと救われましたね。つまり，着ているものからなにから，全部同じになってきた。で，ようやく劣等感から解放された」と，作家の早乙女勝元氏が述べる（『東京大空襲・戦災誌』第5巻，東京空襲を記録する会，1974年）。つまり，皆の服装が一見同じようになることが，「平等な時代」であるかのような幻想を多くの人々に与えていったと言えよう。

冒頭部で触れた姉と弟の対話の中で，姉は，「実際贅沢な人間ぐらゐ見てゐて気持の悪いものは無いわ」（『愛国婦人』1939年5月，98号）と，公言するのである。背広など贅沢だというような空気が作られていたのである。

男性向け記事の減少を嘆いた前述の一読者は，「此の非常時に男の子がお洒落するなんて事がいけないのかも知れませんが」と語る（『スタイル』1940年1月号）」。男性お洒落は，「いけない」ことになってきていたのである。40年2

月号には,「『スタイル』に少しばかり希望を1つ。男の方面をもう少し多くペーヂを割いて下さい」と,男性お洒落記事の復活を希望したこの男性は,以下のように嘆息する。

　獣でも,鳥でも男の方が美しくきれいにかざつてゐる。それなのに人間だけは女が色々とかざつてゐる。

　この投稿者が書けなかったのは,男も,「色々とかざつて」いいではないかということだったことは明らかであろう。しかしそれは,もはや言えないというタブー意識が,お洒落に熱心だった男性をも包み込んでいたのである。
　そして,男性お洒落のタブー化の中で,背広・ネクタイに対する男性のお洒落熱があったこと自体,歴史の中から忘れ去られていったのである。この結果,国民服制定の背景にあったものも明らかにされないという事態も生じていったといえよう。

第3部　情報操作とその落とし穴

第5章　排英運動と「六甲開祖の碑」破却

須崎愼一

　排英運動とは，陸軍とファシズム運動が結びつき，日独伊三国同盟締結をめざして1939・40（昭和14・15）年展開されたイギリスを排撃する大衆的運動である。とくに1939年のそれは，大衆運動として最大の盛り上がりを示した[1]。そして1940年の神戸における排英運動は，六甲山を開発したイギリス人グループを顕彰した「六甲開祖の碑」破却へとつながっていく。本章では，1939年・40年，神戸で展開されたこの運動の実態を明らかにすることを通じて，「六甲開祖の碑」の破却へと至る日本社会と情報操作のあり方を考えていこうとするものである。

1. 1939年の排英運動と神戸

　1939年の排英運動については，永井和氏により詳細な分析もなされている[2]ので，概要は，それに譲るが，日中全面戦争の行き詰りを背景に，以下の特徴をもった一大大衆運動（永井氏の集計によると，39年7・8月の反英集会は192件，参加人員152万余，反英デモ・164件，62万余という）であった。
　その特徴の第1は，日独伊三国軍事同盟締結をめざす陸軍及び右翼・ファッショ勢力の動向と深く関わった運動であったことである。

---

1)　須崎『日本ファシズムとその時代——天皇制・軍部・戦争・民衆——』（大月書店，1998年），初出は「日本ファシズム運動試論」（『日本ファシズム』2，大月書店，1982年）。
2)　「一九三九年の排英運動」（近代日本研究会『昭和期の社会運動』山川出版社，1983年所収）。

第2には，中国が屈服しない原因を列強，とりわけイギリスの「援蒋」[3]に求めようとする陸軍の「責任転嫁」の色彩を帯びた動きであったこと。39年4月9日，天津のイギリス租界で親日派の中国人税関長が殺害された事件を口実に，北支那方面軍の手によって行なわれた天津英租界の封鎖は，このための絶好の材料とされた。それは，第1の問題とからんで，三国同盟の締結を側面から促進し，三国同盟に慎重な国内「親英派」を攻撃するものであった。

　排英運動の特徴の第3は，日中全面戦争の長期戦化に倦怠感をみせていた国内民心の引き締めを図る狙いをもっていたことである。憲兵司令部が作成した「排英運動に対する取締方針」——実際は奨励方針——が，「国民に適当なる刺戟を与へ常に之を鞭撻緊張せしむる」必要を語っている（『資料・日本現代史』6 国家主義運動，大月書店，1981年）のも，この運動の一面を示している。

　第4には，内務大臣木戸幸一が，「実は陸軍が金を出し，憲兵が先に立ってやる」（原田熊雄述『西園寺公と政局』第8巻，岩波書店，1952年）と述べた排英運動に対する陸軍の積極性である。そういう木戸自体も，元老西園寺公望の秘書・原田熊雄に対して，「親英などといふのはやられた方がよい」といった発言をし，親友・原田の反発を買っているのであった（同前）。事実，取締りの責任者であるこの木戸の姿勢の通り，内務省自体，多衆運動について「統制ある団体的行動に対しては此際適正に指導許容すること」，「屋内集会は勿論屋外集会（中略）と雖も統制ある団体の主催に係るものは之を許容すること」，「援蒋英国排撃に関する言論に対しては寛容なるべきこと」という容認・奨励方針をとっていたのである（1939年7月1日「排英運動取締ニ関スル件」前掲『資料・日本現代史』6）。

　以上のような特徴をもつ排英運動は，神戸では，いかに展開されたのか？まず確認しておかなければならないのは，永井和氏が，大規模集会の例として掲げられた6例（東京2，大阪1，神戸2，横浜1）の参加人員49万5000人の

---

[3]　日本軍に抗戦を続ける中国国民政府（蒋介石）をイギリスが援助しているという日本側の主張。

うち，神戸は，その過半数に当る25万人の動員人員を示していることである。ここからも，排英運動における神戸の積極性を十分に見てとることができよう。ではなぜ「国際都市」神戸で，これほど排英運動が盛り上りをみせたのか？

第1の原因は，長期戦下での国民精神総動員運動（精勤運動）強化を中心とする引き締めと，その一方での国民のフラストレーションの高まりに求められる。神戸での排英運動の先鞭をつけたと考えられる1939年6月23日の神戸区民大会は，もともと精勤運動強化の，遺家族援護・百億貯蓄実現の国策遂行区民大会であった。この精勤運動の一環であるこの区民大会が，「イギリス膺懲」を決議し市中行進では「興亜の敵イギリスを撃て」のスローガンを掲げることになるのである（『大阪朝日新聞』神戸版1939年6月24日付）。ここに，国民精神の引き締めのために，排英が利用されるという一面を見てとることができよう。この時期，次々報じられる，たとえば神戸市教員の制服が，戦闘帽と国防色にきまった（『大阪朝日新聞』神戸版3月22日付）とか，川崎造船の職工たちが「時局の認識はまづ頭から」と挙って丸坊主になった（同7月9日付）等々という，国民を引き締める措置にとって，対外緊張感の導入は，有効であったと考えられる。

しかしそうした引き締め[4]が必要とされる背後には，たとえば「兵庫の中学生乱闘事件，尼中生の撲殺事件，生野の小学生傷害致死事件などこの時局下に学生の不祥事件が続発する」と伝えられる（同前8月7日付）ような言いしれぬ国民，とりわけ青年層のフラストレーションの高まりがあった。それゆえ，その「ガス抜き」をめざして，先の憲兵司令部の方針のように，「国民に適当なる刺戟を与へ」る排英運動的なものが求められていたといえよう。とくに農山漁村部に比して，精勤運動が徹底を欠きがちであった都市部・神戸で，その必要が高かったと考えられる。

第2の原因は，兵庫県，なかんずく外事行政当局の姿勢である。内務省自体，1939年3月1日，内務省令第六号，「外国人の入国，滞在及退去に関する件」

---

4) なお引き締め自体が，フラストレーションを高めることはいうまでもない。

で，外国人の入国・通過・滞在・居住・宿泊等について，きびしい規定を設けていた（大霞会編『内務省史』第2巻，地方財務協会，1970年）。「我，興亜の盟主なり」という立場から，この省令では，関係書類に，日本文字の使用が義務づけられたという（『大阪朝日新聞』神戸版1939年3月4日付）。こうした外事行政当局の姿勢は，1938年，居住外国人数が東京府を追いこし，第1位となった兵庫県（内務省警保局『外事警察概況』各年版，竜渓書舎，1980年）において顕著であったと考えられる。39年6月2日付の『大阪朝日新聞』神戸版は，兵庫県外事課岡村欧米係長の談話を「飛ぶぞ"精動の鉄槌"極端な欧米心酔者や不良外人等に外事課，粛清に乗出す」と報じた。神戸全市民の8パーセントを占めるといわれる外国人（同紙4月30日付）に対し，それに雇傭される約1万人の日本人を含めて，外事課は，ブラック・リストを作成し，「外国人模倣者や，欧米心酔者」に警戒の目を注いでいたのである。こうした神戸の特殊性とあいまった県当局の姿勢が，神戸の排英運動を激しいものにしたと推測される。

　第3は，すでに永井氏によっても注目されている動員のあり方である。たとえば1939年7月9日，10万人規模で開かれた援蒋爆砕排英市民大会は，神戸商工会議所・大亜細亜協会神戸支部・神戸市聯合町会主催で開かれ，町会・在郷軍人会・銃後奉公会・青年学校・海洋少年団・愛国婦人会・国防婦人会，さらに一般市民をも動員した。この組織を通じた網羅的動員に拍車をかけたのが，大阪朝日・大阪毎日・神戸三新聞社後援という方式である。このあり方は，新聞社間のセンセーショナルな記事競争をエスカレートさせやすい。事実，『神戸新聞』は，「追い出せ　東亜の毒蟲」といったイギリスに対する最大級の悪罵を投げつける。しかもこの大会は，排英運動を高めたい当局の政策意図を反映するかのように，ラジオを通じて，全国に中継放送されることになっていた[5]。

　この7月9日の排英市民大会の大動員の成功は，神戸の排英運動の様相に2つの面で一定の変化をもたらすことになる。

---

5)　なおラジオ欄に，この排英集会の実況は見当らないので，ニュースの中で放送されたのではないかと推測される。

①神戸市議会・兵庫県会の排英運動への積極化。両者は，相次いで排英を決議し（『神戸新聞』7月13日付夕刊，7月18日付），この市会・県会議員に加えて，神戸商工会議所によって，排英運動の推進体として排英市民同盟が結成されることとなる（『大阪朝日新聞』神戸版8月1日付）。
②社会大衆党・海員組合の排英運動への積極的取り組み。7月17日，社会大衆党支部は，排英国民大会を開き，河上丈太郎をはじめ，永江・米窪・野溝各代議士が排英の熱弁をふるったという（『神戸新聞』7月18日付）。

さらに日本海員組合・海員協会も，7月27日，三新聞社の後援によって，排英市民大会を開いていく。この社会大衆党系の動向は，第一次排英神戸市民大会の先頭に，大亜細亜協会の今井嘉幸[6]が立っていたこととあわせて，考えさせられる問題を含んでいる。

なお神戸での排英運動の高まりに刺激をうけたのは，社会大衆党系のみではない[7]。右翼・ファッショ系団体でも，明倫会神戸支部は，排英決議の主張を，「各租界の軍事占領」までエスカレートさせていくこととなった（『大阪朝日新聞』神戸版7月27日付）。そしてこうしたエネルギーは，8月6日の第二次排英神戸市民大会（15万人，20万人ともいわれる）に引きつがれていく。

第4に特徴的な点は，陸軍の積極的姿勢である。7月16日，大阪朝日新聞主催で神戸海員会館で開かれた対英時局大演説会で，中部防衛司令部の川口清健大佐は，次のように述べたという。「イギリスなんぞ怖るゝに足らんや，彼の軍備も大したことはない，殊に近代戦にもつとも肝要な飛行機は独伊よりはるかに劣勢である。（中略）わが国は支那とソヴェートを左手で戦つてゐる，右手が空いてゐるのだ，イギリスのごときまさに鎧袖一触である」（『大阪朝日新聞』神戸版7月17日付）。

第5に，新聞や陸軍に煽動されたとはいえ，神戸市民自身が，排英運動の主

---

6) 男子普通選挙の実現をめざす運動の中心人物の1人として「普選博士」と呼ばれた。このような人物が排英運動の先頭に立っていたのである。
7) 7月中だけでも，神戸に続いて，姫路・明石・飾磨・龍野・加古川・篠山・村岡などで排英市（町）民大会が開かれる（『大阪朝日新聞』神戸版による）。

人公であったことである。7月15日、六甲山居住の住民の間で、六甲避暑のオーブンス英総領事への「下山勧告」がなされたという。理由は、「神戸港を一目の所はいけない」という、翌1940年の排英運動に通じる防諜的なものであった（『神戸新聞』7月21日付）。さらに8月5日付の『神戸新聞』は、元町の料亭の入り口の「敵国英人お断り」のはり紙を写真入りで取り上げ、「『英人お断り』は国際都百万市民の総意だ」と報じた。また8月11日付の『大阪朝日新聞』神戸版も、元町三丁目に、「日の丸感激、排英促進」の懸垂幕がかけられ、「英人お断り」の立看板が出されている光景を写真入りで報ずるのであった。こうした排英行為、とくに六甲山での問題は、ここでの主題ともつながってくる。

しかし排英運動——日独伊三国同盟締結を求める動きは、1939年8月23日の独ソ不可侵条約の調印という事態によって一頓挫を来した。その一方でこの排英運動は、とんでもない副産物を残してしまった。日米関係の悪化である。

日本軍による天津英租界封鎖問題その他に関し、7月15日から日英東京会談が開催された。そして7月22日、イギリス側は、「中国に於ける我（日本）軍の要求を妨害する如き行為をせざる旨」を諒解する（24日発表、外務省編『日本外交年表竝主要文書』下、原書房、1966年）。このイギリスの弱腰への反発と、日独伊軍事同盟への懸念から、アメリカ側は、39年7月26日、日米通商航海条約及附属議定書の廃棄を日本側に通告するのであった。

この排英運動がもたらした日米通商航海条約の廃棄通告という事態に対し、日本の新聞は、「アメリカの日本に対する挑戦的威嚇としてしか受けとろうとしな」かったという。そして「日本の新聞は次第にアメリカの日本に対する『敵性』を列挙し非難することで反米感情を表出する傾向を強めていった」のであった[8]。新聞のみではない。内務省当局も、9月、第二次世界大戦勃発という事態の中で、次のように米国への敵視感情を露わにしていくのである。

　米国は英仏に代り東洋に於ける日本の活動を牽制抑圧すべしとなし、其の敵性活動は事毎に次第に深刻化せる模様あり（『外事警察概況』5）。

---

[8]　掛川トミ子「マスメディアの統制と対米論調」（細谷千博他編『日米関係史』4、東京大学出版会、1972年）。

まさしく排英運動は,「通商条約は単に貿易関係のみに関するものに非すして一般関係にも影響を持つもの」(野村外相[9])という深刻な日米関係を招きよせてしまったのであった。

2. 1940年の排英運動

独ソ不可侵条約の調印というドイツの「背信的行為」は, 神戸の排英熱をもさました。あれほど熱狂的に排英運動を煽った『大阪朝日新聞』神戸版も,「港都の友人と友情の復活を」と, クレーギー英大使の来神を好意的に報ずる(1939年10月28日付)。1940年1月21日の浅間丸事件(英艦が, 千葉県野島崎沖で浅間丸を臨検し, 独人船客21名を拉致)に対しても, 神戸の排英運動は, 海員組合の排英演説会が目をひく程度である(同前1940年1月26日付)。

しかしこの状況に変化が現れる。皮肉なことに, それは, 1940年6月12日, 天津英租界問題に関し, 日英間に仮協定が成立し, 6月20日, 天津英租界の封鎖が解除された直後のことであった。ちょうど時を同じくして, ドイツ軍の西部戦線における電撃戦の成功の結果, 6月17日, フランスがドイツに降伏するという事態が生じていたのである。その中で日本国内でも, 6月24日, 近衛文麿が枢密院議長を辞任し, 新体制運動推進の決意を表明するに至る。1940年半ば, 内外の情勢は大きな変化をみせ, 再び排英運動への条件が整えられていくのであった。

こうした状況の急転は,『大阪朝日新聞』神戸版の紙面にも微妙に反映する。1940年の7月に入って目立ちだすのは, 防諜――スパイ防止――関係の記事だといってよい。兵庫県外事課が, 産業報国会に防諜班を新設する方針である(7月5日付)とか,「不正外人が大恐慌　警察部断然摘発に乗出す」(7月19日付)とかといった報道が, それである。英・米系外国人を,「悪者」ないしはスパ

---

[9]「日米新通商條約締結に関する第四次東京会談」1939年12月22日　別紙丁号（前掲『日本外交年表竝主要文書』下）。

イ視する記事の底には，ドイツの勝利に対する熱狂と，その裏返しとしての排英とがあった。7月20日，神戸の大亜細亜協会・町会聯合会が，外交大転換神戸市民大会の開催を決定したという記事（7月21日付）及び神戸商大予科の新入学生160人が，みんな第一志望・ドイツ語であった（「気勢揚らぬ英語研究　港都に盛んなドイツ語熱」7月30日付）という2つの記事は，そうした雰囲気を象徴的に示すものであった。

このような親独排英ムードに火をつけたのが，7月30日付新聞紙上に大々的に報じられた「英国人スパイ事件」なるものである。すでにこの事件に先だち1940年1月17日には，兵庫県の手により，「英国諜者ピータースの軍機保護法違反事件」が摘発された。このピータース事件は，神戸在住の旧露国人1名，英国人3名，仏国人1名，中国人1名，日本人1名を検挙したが，『外事警察概況』自体，「証拠品なく」と語らざるをえないものであった。しかもピータースは，軍機保護法違反で懲役5年になったとはいえ，他は「確固たる証憑を得るに至らず」とか，「具体的事実を発見するに至らず釈放せり」といった竜頭蛇尾の結果に終るのである。これに対し，「六甲開祖之碑」破却に至る排英運動に火をつけた1940年7月27日の一斉検挙は，陸軍の憲兵隊の手によるものであった。

この「スパイ事件」の概要は，表1の通りである。

ロイター通信員を自殺に追いこみ，イギリス側の強い反発を買ったとはいえ，処分内容をみると，「スパイ事件」としては，イーデン英外相が次のように重光大使宛に申し入れたごとく，「羊頭狗肉」的事件であった。

> 日本及朝鮮に於ける多数英人逮捕の問題起り之に対し陸相及法相の共同声明発せられ一般に英国のスパイ網日本に存するの印象を与へたるか裁判の結果は其の罰せられ居ることは些細なることにて眞はなかりき（1941年2月7日　仮訳[10]）。

しかしこの事件は，日本国民に対しては，あたかもすさまじいスパイ事件があったかのごとく描きだされる。7月30日，この「スパイ事件」を一面で大き

---

10) 前掲『日本外交年表竝主要文書』下。

第3部　情報操作とその落とし穴　165

表1　「スパイ事件」概要

役職・氏名	住　所	処分・その他
英国産業聯盟極東代表 C. H. N. ゼームス	東京市 麻布区	軍機保護法・陸軍刑法違反　禁固8ヶ月 執行猶予4年　退邦
ルーター通信員 M. G. コックス	神奈川県 茅ヶ崎	7月29日　自決
ライ社統計課長 L. T. ウーリー	横浜市 中区	軍用資源秘密保護法違反 懲役7ヶ月　執行猶予2年
フレーザー大阪及神戸支店長 J. F. ドラモンド	神戸市 神戸区	無線電信法違反（無許可設置使用） 略式命令罰金2万円
ウィルキンソン炭酸会社代表 H. C. W. プライス	兵庫県 武庫郡	同前
ニッケルライオンス商会支配人 J. W. ゼームス	神戸市 神戸区	同　罰金5百円
マックノートン商会主 H. C. マックノートン	神戸市 神戸区	同　罰金2百円
カメロン商会社長 E. W. ゼームス	兵庫県 明石郡	同前
ブラナモンド商会 R. T. ホルダー	兵庫県 明石郡	軍用資源秘密保護法違反嫌疑なし 無線電信法違反　時効完成
ヂャバチャイナ汽船会社支店支配人 L. スペールマン（蘭）	神戸市 神戸区	要塞地帯法違反　重要証人帰国 取調不能　中止処分
ドッドウエル商会支配人 E. H. ヒル	兵庫県 明石郡	軍機保護法違反 前社員ホーマーフィッシャーの所為

(史料落丁のため以下不明、前掲『外事警察概況』6より作成)。

く取り上げた『大阪朝日新聞』は、「外国諜報網の一部検挙　敵性列国の諜略行為撃滅へ　挙国『思想国防』が肝要」とし、陸軍省当局談を、次のように伝える。

　イギリスの極東政策の第一階梯は常にまづ相手国内に親英派を獲得扶植しつ、親英思想を普及するのである。この親英思想はすなはちイギリスの対日謀略や対日謀略の温床体となり、その活動を容易ならしめるものである。

　日独伊の結合の強化に批判的であることすら、「親英」の烙印を押され、イ

ギリスのスパイ視しかねない方向が，ここに顕在化する。ドイツの華々しい戦勝にも幻惑されたこうした雰囲気は，日独伊三国同盟の締結に批判的であることを著しく困難にしたといってよい。事実，この「スパイ事件」の記事が解禁された10月1日付の紙面は，次のように報じている。「このスパイ事件でむしろ寒心せねばならないのは政界，財界など知名の人々——いわゆる上層階級の人々がこれらのスパイと聯関があったことで，憲兵隊ではこれらの人々に対して一層厳重な警告を発したが，今後の言動は十分に監視することゝなつてゐる」[11]（『朝日新聞』大阪，9月1日から東京・大阪両朝日新聞は，朝日新聞に紙名統一）。明らかに1940年7月のスパイ摘発の背後に，イギリス敵視政策に一定の懸念をもつ支配層の一部に対する陸軍の索制の意図が働いていた。

　この「スパイ事件」の「効果」は，以上の点のみに止まらなかった。陸軍は，「マッチまで買占む　敵性外国の謀略」（渡部富士雄陸軍省防衛課長の言）などを語り（『大阪朝日新聞』7月31日付夕刊），物不足への国民の不満をも利用し，イギリスへの怒りをかきたてようとする。その中で，1つは，外国人への監視が飛躍的に強化されたことである。文部省は，「外人教師，牧師の取締り」への関心を一層高め，警視庁も，「帝都の外人を厳重に監視」することになった（同前）。

　第2は，国民の引き締めに，この「スパイ事件」が利用されたことである。「不平を言ふな　スパイ網に引つかゝる原因」といった記事（『大阪朝日新聞』7月31日付）は，その一面を示す。もう1つは，同じ記事が語る「真の防諜は国民全部の眞剣な防衛戦でなければならぬ」という「論理」である。たとえば神戸憲兵分隊では，新開地・元町・阪急三宮駅などに私服視察員を配置し，次頁のような通行人の調査を行ない（表2参照），神戸市民に「まだ足らぬ自粛」と，憲兵隊の威圧感を利用して迫るのであった。

　第3の「効果」は，いうまでもなく排英運動の活発化である。「スパイ事件」

---

11)「上流階級」攻撃は，それらに反発を抱く中下層の人々のジェラシーに火をつけ，そのエネルギーを，陸軍などに都合のよいように発散させる可能性を持っている。同時にそれは，戦争の行き詰まりの中でフラストレーションを高めている国民の「ガス抜き」にも利用されるといえよう。

表2　憲兵による国民生活監視

調　査　項　目	該当人員	交通総人員に対する百分率
日傘を使用する男子	793	3.16
電髪（パーマネント）の特に目立つ婦人	2,573	10.29
著しく華美な服装をしたもの	359	1.00
女給・芸妓・ダンサー風の者を同伴散歩せる者	234	0.89
金張腕時計・指輪・銀鎖などを使用せる者	286	1.14
夏手袋を着用せる婦人	48	0.19

（神戸憲兵分隊の街頭調査『大阪朝日新聞』神戸版1940年8月6日付より作成）。

の発表とともに，陸軍―憲兵隊と，新聞は，足並みをそろえるかのように，神戸市民の排英意識を煽りたてる。7月31日付の『神戸新聞』の記事を少し長いが引用してみよう。

　　外人街を山から抹殺　市背に連る赤い屋根の暗躍　神戸（憲兵）分隊　対策を考慮
　　今度のスパイ検挙事件で神戸市は大きな欠陥を暴露した　それは市街につらなる美しい裏山と海岸通の高層建築物でわけて裏山の外人邸宅はこのまま放任出来ない，即ち国をあげてスパイ駆逐の実践に乗り出しつつあるとき，神戸の高地にはずらりと外人の邸宅が並び全神戸を見下している。これで果たして防諜の実が挙げられるだろうか，この切実な叫びが今や膨湃として輿論の波をまき起さうとしている。
　　今度の外国諜報組織一斉検挙で敵性国家のスパイや第五列の暗躍を知らされた市民たちは今さらながら愕然と戦慄するとともに「外人を山から引づり下せ，ビルの窓を閉ぢよ」との輿論が猛然とまき起った　即ち六甲山々上にある外人の別荘・神戸区北野町の外人住宅街，塩屋の外人村或ひは海岸通の某国領事館や外国商社等が槍玉にあげられ市民の憎悪を浴びているが，神戸憲兵分隊でも適切有効な対策を考慮中である。

こうした煽動的記事のなかで，市民・県会の排英の動きも活発化する（『大阪朝日新聞』神戸版　8月7，8日付，『神戸新聞』8月7日付）。とくに8月6日の兵庫県会の決議は，イギリス人は「我国より退去せよ」というものであった。

3.「六甲開祖の碑」の破却

　先ほどの神戸憲兵分隊の意向を伝える神戸新聞の記事は，外国人の避暑地となっていた六甲山への関心を高めた点も否めない。そしてこうした排英運動の中で，「六甲開祖之碑」の撤去運動も表面化していく。8月7日付の『大阪朝日新聞』神戸版・『神戸新聞』は，ともに神戸史談会の木村昇三による，碑の所在地・有野村（現在，神戸市北区）村長に対して提出された「六甲開祖之碑破却之請願」をかなりのスペースを取って取り上げる。「叩き潰せ　国辱碑　六甲山頂の英人彰徳碑を除き建てよう肇国記念塔」という見出しで書かれた『神戸新聞』の記事によれば，その主張は，次の通り。

　　（英国人の）荒地開墾，山荘建築を仔細に調べてみると当時の国勢に威を借った英人が帝国法律を無視して敢て行つた不法行為であり，これを称揚した記念碑は国辱である。

　こうなると，「スパイ事件」という状況下，「六甲開祖之碑」の運命は決ってくる。とくに「スパイ事件」なるものの記事が，9月30日解禁され，その中に神戸市民になじみの深いジェームス兄弟（ちなみに弟のアーネスト・ウィリアム・ジェームスは，ジェームス山に名を残す）がいたことは，市民に衝撃を与えていた（『朝日新聞』大阪10月1日付）。そして10月13日付の『神戸新聞』は，「反英運動が展開されるごとに指弾された英人グルームの六甲開祖の碑は愈よ山上から取除ける事にな」ったと報じるのである。

　「六甲開祖之碑」破却の決定は，日本の対英米関係全体からみても，時期的に極めて象徴的であった。もちろん9月27日の日独伊三国同盟の調印をうける形ではあるが，「六甲開祖之碑」破却決定とほぼ時を同じくして，10月5日，アメリカ国務省は，東京の大使館にあてて極東在留米国人の引揚を訓令した。この結果，1940年6月末現在で日本に在留していた米国人2827名に対し，40年10～12月の間に352名が帰国することになる（前掲『外事警察概況』6）。また10月上旬，イギリス政府も，在京大使館あて，英国人の引揚を指令した。この結

果，1940年6月末現在で英本国・カナダ・インド・オーストラリアで計2984人いた英連邦関係諸国民は，10月からの3ケ月足らずの間に380名の帰国者を見るのであった。(同前)。こうした「スパイ事件」を端緒とする排英運動——三国同盟締結の中で，イギリス神戸総領事館領事代理グレーヴスは，40年10月25日，在留主要英国人を招致して，次のように述べたという。

　英国政府は日本に対し未だ宣戦布告を決意せざるも国交断絶は敢て辞するものにあらず（同前）。

1939・40年の排英運動——ともにその目標は，日独伊三国同盟の締結であったが——を通じて，日本の対英米関係は，もはや修復不可能なほど悪化してしまうのであった。

「六甲開祖之碑」の破却は，まさしくこのような情勢下で決行されるのである。1940（昭和15）年11月19日，有馬郡有野村民の手によって，高さ20尺の「偽善碑ぶっ倒し　六甲山上英人開祖碑消ゆ」(『神戸新聞』見出し　11月20日付)，「六甲の英国つひに倒る」(『朝日新聞』見出し　同日)ことになった。11月20日付の『朝日新聞』の記事は，碑が倒される写真入りで，次のように述べている。

　リュック姿の登山者も加勢して「えいこら，えいこら」の勇しい声が石工三名のうち込む槌に十一時過ぎ五千貫の大石碑がたまりかねてどうと地軸にねじ込み三十年間の"僭越"を清算した。あとには皇居遥拝所と紀元二千六百年記念碑が設けられる予定。

「六甲開祖之碑」は，ここに，対英米開戦に先だつこと1年前に，「スパイ事件」を発端とする排英運動の中で，姿を消したのであった。

第6章　情報操作とその果てに──戦争と民衆──

須崎愼一

1. 食糧増産・農産物供出

　1937年の日中戦争の本格化から1945年の敗戦に至る間，当局が農村に求めた役割が，次の諸点にあったことは従来から指摘されているところである。(1)戦線に兵士を供給すること (2) 軍需工業に労働力を供給すること (3) 食糧を増産し供給すること（歴史学研究会編『太平洋戦争史』3，青木書店，1972年）。中でももっとも目的意識的に追求され，農村に強制されたものが，第3の増産・供出という役割であった。

　しかし食糧増産は，かけ声だけでできるほど容易な課題ではない。増産への隘路の1つは，それが農民の意欲によって左右されがちな点にある。1940～41年の時点にあっては，政府の増産奨励に対して，農民側は冷淡であった。長野県下伊那地域の地主・森本州平は，以下のように観察している。「農蚕物の価格低くして生産徐々に低下しつつあるを見る。政府は増産を口にすれども価安き米を作る農民なし（中略）政府怨嗟の声盛なり」（「森本日記」1941年7月3日）。政府の低米価政策と軍需インフレによる他物価の騰貴が，農民の増産意欲をそいでいたのであった。この解決策として，1941年，政府は二重米価制を決定する。これ以降，対米開戦と緒戦の華々しい戦果による士気の高揚とも相まって，農民の増産意欲は概して高まっていく。再び農民の意欲が衰えるのは，戦局の悪化の中での過重な強制的供出によってであった。

　増産を妨げた第2の要因は，肥料の不足である。化学肥料の生産高自体，1942年には，37年水準の60％に，44年には17％にも惨落した。その中で，「頼

りにする肥料は，配給で思うにまかせず，配給量の少ない時は，おかし包みのように紙のおひねりで組合の人々と分け」るという状況も生まれるのである（暮しの手帖編『戦争中の暮しの記録』，1969年）。そして44年11月21日の「森本日記」は，ついに「肥料欠乏の結果地力衰退」と記すに至った。

　第3の要因は，農村労力の不足である。1945年の全国壮年男子銃後人口は，40年の国勢調査時に比して，24～26歳で半減していた（総理庁統計局『昭和一五年・国勢調査，昭和一九～二一年　人口調査報告摘要』1949年）。新潟県五十沢村（現　南魚沼市）の「農業経営登録簿」によって1940年と比較した43年の農村労働力年齢別構成は，次のような特徴を示す。(1) 年少労働力への依存。農業労働力のうち，15歳以下の占める比率は，40年の0.97％から43年には6.6％に達するのである。(2) 女性が農業労働力の中心になったこと。23，24歳の男子労働力は，同年齢女子の2割以下に落ちこみ，男女労働力比は，40年の1.1対1から，43年になると，0.96対1へと逆転した。この原因が，召集と徴用にあったことはいうまでもない（「五十沢村農業経営登録簿」）。この労働力不足の結果，それまで大地主として自ら耕すことなどなかった森本州平も，下男もいなくなり，自ら農作業に励まざるを得なかった。彼は，農耕で手にマメをつくり，「労働しつけざる手の悲哀」とその日記に書きつけていたのである（1941年6月4日）。

　これらの要因は，食糧増産を決定的といってよいほど妨げる条件であろう。しかし五十沢村などの農業経営の状況を，先の阻害要因を合わせ考えるならば，敗戦の年・1945年はひとまずおくとして，困難な条件の中でかなり生産が維持されていたと評価すべきであろう[1]。五十沢村のような山に囲まれた地域にあっても，42年8月から1ケ年の間に，林地を耕して1町3反（4000坪弱）の田を開き，荒地を復旧して4町の畑を増加させていたのであった（五十沢村役場文書「耕地面積・作付面積」）。

1) アメリカ戦略爆撃調査団『日本戦争経済の崩壊』によれば，全国（1937年＝100）米産額指数は，1942年100.7，43年94.8，44年88.5だったという。もちろん45年は，59.7となるが，生産が相当維持されていたと見られる。

このような食糧増産を可能にした原因は何だったのか？　その1つは，明らかに上からの強制と考えられる。たとえば森本のような「国策」に忠実な人物でさえ，「総て生産は割当にて肥料・種はなく増産の強制的命令のみ強く」と閉口せざるをえない状況がそこにあった（「森本日記」1944年3月18日）。たとえば大政翼賛会神奈川県支部の「決戦生活実践促進要綱」が，「戦力増強の為には（中略）一人と雖も遊休徒食を許さず」（『神奈川県史　資料編』12，1977年）と述べるように，民衆に勤労を強制しつづけたのである。第2は，「戦地の兵隊さんの苦労を思へ」，「特攻隊の若者のことを考へろ」といったかけ声に涙して，勤労に励んだ多くの誠実な人々の存在であろう。これらの人々の汗が，労力・肥料の不足の中で，減産を最小限に止めていたと考えられる。「ニューギニアに戦ふ悪戦苦闘の兵等を思ひつつ鋤を持ちて自ら増産して国に報ずるの念湧き来る」といった森本の述懐は，その一例にすぎまい（「森本日記」1943年10月24日）。また神奈川県柿生の国民学校長を務め，当時農業に従事していた白井隆資も，その日記に「増産の道他無し詮するところまごころ一つ也。まごころだにあれば，肥不足も何ぞ。堆肥自給に山程積めよかし」と記していたのである（1944年8月29日　横浜市，横浜の空襲を記録する会編『横浜の空襲と戦災』2　横浜市，1975年）。こうした人々は決して少数ではなかった。

　しかし太平洋戦局の苛烈化と，それに比例する食糧難の進行は，次第に農民の増産意欲に水をさしていった。それは，供出問題によってである。過大な供出割当は，農民の胃袋にも関係する問題であり，供出への反感は強まっていく。内務省警保局保安課がまとめた「食糧不足を繞る流言蜚語の概要」が述べる「役場が供出米を出せ出せと無理を云ふて米を出させたので腹を立てて役場の入口で餓死した」といった流言蜚語（1944年6月10日　『東京大空襲・戦災誌』編集委員会『東京大空襲・戦災誌』5巻，東京空襲を記録する会，1974年）は，農民の供出強制への反感を端的に示している。また佐賀県の田中仁吉も，「今日の経営は増反すればするほど赤字となり，供出に苦し」むのだと感じ，増産意欲を喪失していくのであった（「百姓日記」1945年1月2日　前掲『暮しの手帖』）。ここに至って食糧増産と供出との矛盾は決定的となっていく。以下，この供出問題を

見ていこう。

1940年以降,供出問題は次第に深刻な様相を呈しつつあった。この供出が大きな転機を迎えたのは,42年2月の食糧管理法施行によってである。これ以後,供出制度は「強制供出の段階」に入っていく(食糧庁食糧管理史編集室『食糧管理史』Ⅳ,統計研究会,1956年)。たとえば42年6月,長野県当局が,下伊那郡松尾村(現 飯田市)に対して,「農家の保有米を節米して」500俵供出するように命じるのは,その現れの1つと見ることができる。これは,森本の言を借りれば「供出米の強要」であり,「出さねば警察力を以て調査する等脅文句」をともなった割当であった。この方向に基づく42年産米供出は,「収穫量と管理米供出と保有米量を調査し剰余は必ず供出すること」といったふうに組織性・強制性をいちじるしく濃くしていくのである(「森本日記」1942年6月5日,7月16日,1943年2月25日)。

1943年産米供出は,2つの点で従来と異なるものとなった。(1) それまでの自家保有米優先の原則が供出優先に変化し,自家保有米の節約による供出が強制されたこと。(2) 供出責任の所在が,従来の町村から部落単位に切りかえられた点(前掲『食糧管理史』Ⅳ)。後者は,供出についての民衆の相互監視をなお一層強化するものであった。供出の,この強権的性格の強まりは,農村の不安を大きくしていく。「決戦色強くなり米産も反当二俵宛は供出の責任ある由聞及び,人集まれば食糧の事を心配し居れり,男も婦女子も食料に付ては憂ひ顔なり」という「森本日記」の記述は,この点を示している(1943年11月20日)。

いわば43年産米供出によって,「農民自ら食糧に窮し居る状況」(「森本日記」1943年12月24日)が,「国策」にまじめな農村を襲いはじめたのである。この現実は,山村である五十沢村ではより深刻であった。同村の43年産米量は5700石余である。これに対し供出割当量は,その40%近い2205石にのぼった。地主に納める年貢米を加えても,同村に残る米は最大限3250石に過ぎず,移入米がないとすれば,1人1日の飯米量は1合8勺程にしかならないのである。1人1日3合,農民は労働量から4合は必要といわれた当時にあって,この飯米量は,農民の労働に困難を加えるものといえよう。このような供出の強制に,農民が

おいそれと納得しないのも当然であった。44年1月現在の五十沢村供出達成率は，41.6％に過ぎないのである。村長や村翼賛会・翼賛壮年団幹部など村指導層は，「混食節米」を説き，また「各部落の供出状況及供出後に於ける食生活の状況調査」を行なうなど監視体制を強めていく。結局同村の供出が完了したのは，4月のことだった（五十沢村役場文書「昭和十九年常会ニ関スル綴」）。下伊那郡松尾村でも，「不出荷者多く翼壮が持出に行きたるも頑として来らさるもの」もあったという（『森本日記』1944年2月15日）。

43年産米供出は，以上のように農民利害との矛盾を深めた。だが44年，食糧事情はいよいよ窮迫の度を加え，その結果，一層農村への収奪は強化される。この年，まず問題となったのは，麦類の供出である。この供出にあっては，すでに自家用の保有は配慮されない段階となっていた。東京近郊でも「やっととれた少量の麦も供出割当にかなりの分量が当てられました。自家用が残っても残らなくても，それは問題にされませんでした」（「糠の団子」前掲『暮らしの手帖』）といった供出が平然と強制されていたのである。森本も，44年7月17日の日記に，同様，大小麦供出について，その「供出量の過大なるを歎するの声盛」と，農民の不満を記すのであった。

1944年産米供出にも，この収奪方針は貫徹する。しかし収奪一本やりでは，農民の増産意欲をそぎ，支配と農民との矛盾を激化させかねない。そのために「あめと鞭の政策」が採用された。まず「あめ」の方であるが，44年4月28日閣議決定された「米穀ノ増産及供出奨励ニ関スル特別措置」が，これに当たる。この措置によって，部落割当量の90％を供出が超えたときは石当40円（在村地主は15円）の奨励金が，100％以上達成したときは石当100円（同75円）の報奨金が，それぞれ交付されるように定められた（農地制度資料集成編纂委員会『農地制度資料集成』10巻，御茶の水書房，1972年）。だが物資の不足と貨幣価値の下落は，奨励金・報奨金の上積みによる供出奨励の魅力を薄めたことは否めない。それを補うものが，いわゆる農家への特別配給（特配）である。酒・煙草・衣料などの特配物資が，供出の早期完納実現のえさとされたのであった。

これに対して「鞭」の面はどうだったのだろうか？　1つは，産米供出にあ

たって，「作付け前のいわゆる事前割当制」が採用されたことである。この本質は「国家の所要量を作付け前に責任数量として割当て，それだけは是が非でも供出させる」点にあった。すなわち植付け前に目標を定めることは，実収高に対する供出割当の過重を，農家側の増産努力の不足のせいにすることさえ可能にしたのである。「供出優先による自家保有基準の無視」という供出制度改悪の流れは，ここに窮まったのであった（この間の記述は，前掲『食糧管理史』IVによる）。

この事前割当制に見られる供出の最優先は，農民の肩に苛酷な供出負担を課すことになった。森本州平が区長をつとめる部落の場合は，その一例である。ここでは，稲の実際の作付面積が村農業会の計算より少なく，必然的に供出割当高の実収高に占める比重は，より過重なものになった。ために44年産米供出は，45年5月になっても完了しないのである。ここに事前割当制による供出割当高の絶対性——実収高の無視——を見てとることができる。その中で，5月16日，区長として森本は，飯米まで供出するよう各戸を説得に歩くのであった。彼は，その日記に「此交渉は最も悲痛なる生活問題に付到る処悲惨なる押問答をなす」と記している。だがこれでも割当に供出実績が達せず，他部落から一時借入れてまで供出の完遂をせざるを得ないのであった（以上，「森本日記」1945年2月11日，5月16日，6月5日，6月8日）。

「鞭」の面の第2は，文字通り権力による供出の強制である。たとえば，過大な供出に反発した佐賀県兵庫村若宮部落（現佐賀市）の場合が，その典型的例であった。この部落の人々は，供出の強制に「わが獲った米ば供出の足らんけんちゅうてェ，なんちゅ話しかい」と強い不満を表明する。45年3月末のことである。ついで4月14日には，個人としてはできるだけ供出するが，部落完納は一時見合せ，「強権発動を受けるとも致し方なかけん」とまで決意を固めたという。だが，部落としての供出への抵抗はここまでだった。5月6日，警察が「供出の成績の悪い六ヵ部落の籾摺業者を（中略）供出完納するまで留置く」という弾圧に着手するや，部落内では，供出完納者と未完納者の分裂が表面化する。そして，未完納家庭の持米の抜打ち調査がなされ，同部落も供米完

納にこぎつけるのであった（「百姓日記」前掲『暮しの手帖』）。ここに供出の強制的性格が，もっともはっきりとうかがえる。

　この44年産米供出は，農村に，ひいては都市住民にも，実に多大な影響を与えることとなった。それは，以下の3つの結果に集約されている。1つは，「米の供出の苛酷なのと大農に不利なる供出制により専業農家は皆浮き腰となり離農せんとする傾向大なり」（「森本日記」1945年2月28日）といわれる離農傾向の増大である。45年1月7日，新潟県南魚沼地方事務所長も「離農セントスルガ如キ厭戦的思想」への警戒を各村に通牒せざるを得ないのであった（五十沢村役場文書「昭和十九年産米供出関係綴」）。銃後の「戦意」に急速な亀裂が生じつつあったのである。第2には，過重な供出割当によって45年の田植の際，一部にせよ苗不足といった事態すら発生したことである（「森本日記」1945年6月25日）。略奪的供出によって，増産どころか，農業自体の再生産さえ覚束ないような深刻な情勢が展開しはじめた。すでに敗戦後の飢餓的食糧難の襲来は，この時点で必至だった。

　第3には，都市はもとよりのこと，農村へも食糧難が波及したことである。兵庫村若宮部落では，供出完納の結果，「持米がゼロになった家庭が数軒できた」という（前掲「百姓日記」）。五十沢村の事態は一層深刻であった。45年1月7日，南魚沼地方事務所長は，各村に，自家用米の部落・隣組共同管理，消費規制，代替食糧搬入計画の樹立など節米へのあらゆる努力を求める。これに対して，五十沢村当局は，次のように答えるしかなかった。「各部落共自家用米の供出を最高三割五分，最低壱割弐分をなしたる為め如何に代替規正を励行せると雖も飯米に不足を生ずるもの十五か部落あり」（前掲「昭和十九年産米供出関係綴」）。同村22部落中7割近い部落が飯米に事欠くようになっていたのである。供出の結果，五十沢村のような山村では，食糧対策に手の打ちようもなくなっていたのである。

　敗戦前後になると，この農村の食糧難はさらに深刻なものになった。森本州平のような地主でさえ，飯米供出の結果，45年7月から配給米をうける破目となる。そして彼は，この食物の急変から，「粥雑炊等を多く食する為水分食多

く咀嚼不足」と「農耕の過労」のため床に臥すのであった(「森本日記」1945年8月30日)。五十沢村でも，45年9月の常会徹底事項は，「山野未利用食料資源食用化」を訴えざるを得ないのである。供出完遂の先頭に立った同村翼壮団長若井澄は，敗戦後，村民を飢えから守るため食料移入に全力を傾けざるを得なかったという(同氏聞き取り)。供出の犠牲は，都市よりもはるかに食糧に恵まれ，買出しにくる都市住民の恨みさえ買った農村にまで飢餓の恐怖をもたらしていたのである。

2. 貯蓄増強・金属供出

　農産物強制供出は，略奪的性格を持っていたが，視点をかえていえば，都市住民の生存を確保するため，それなりの「合理性」を認めねばなるまい。しかし以下で取り上げる貯蓄増強と，金属回収に代表される様々な供出は，戦争遂行を名とする，はてしない民衆からの収奪以外の何ものでもなかった。ではまず貯蓄増強から見ていこう。

　貯蓄増強とそのための運動は，1937年の日中戦争の本格開始以降，かつてない規模をもって取り組まれたものである(須崎『日本ファシズムとその時代』大月書店，1998年参照)。それはいうまでもなく国家総動員体制の一翼をになうものであった。「戦時財政経済政策の成否は繋つて国民貯蓄の実行の如何にあり」(「昭和十四年度国民貯蓄奨励方策」)と高い位置づけを与えられたこの貯蓄増強運動は，基本的には次の3つの目的をもって，敗戦の日まで強化され続けたのである。(1)膨張し続ける軍需費をまかなう国債の消化資金　(2)「生産拡充資金等の供給の確保」(3)「通貨の膨張，物資の騰貴を抑制して戦争遂行上不可欠なる経済秩序を維持」すること(「昭和十八年度国民貯蓄増強方策要綱」)。とくに国民貯蓄の中でも庶民との関わりが深い郵便貯金は，大蔵省預金部資金のほぼ7割を占め，国債消化の中心的役割を果たすことになった(この間の記述は，郵政省編『通信事業史』続第7巻第7編為替貯金，1960年)。まさに「国債消化資金を確保するために，日華事変以来の国民貯蓄奨励運動はますます強化されていっ

表1　国民貯蓄の年次別状況

年度	国民貯蓄（単位百万円）			郵便貯金（単位百万円）			五十沢村国民貯蓄（単位円）		
	目標額	実績額	達成率	目標額	実績額	達成率	目標額	達成率	一戸当平均
1938	8,000	7,333	91.7%	—	815	—			
1939	10,000	10,202	102.0	1,000	1,384	138.40%			
1940	12,000	12,817	106.8	1,660	1,715	103.3	200,000円	?	約260円
1941	17,000	16,020	94.2	2,150**	2,052	95.4	229,724	15.45%	約300円
1942	23,000	23,457	102.0	3,200	3,352	104.7	359,000	24.58%	約445円
1943	27,000	30,988	114.8	4,200	5,876	139.9	359,000	85.00%	473円70銭
1944	41,000*	48,489	118.3	8,500**	11,091	130.5	845,000	70.90%	1,025円
1945	60,000	67,395	112.3	14,300	22,271	155.7	1,381,000	?	約1,470円

前掲『通信事業史』38頁，及び五十沢村役場文書1942年7月「雑件綴」，1944年「常会ニ関スル綴」より作成。なお*　**は，増加改訂された目標額。

た」のである（大蔵省百年史編集室『大蔵省百年史』下巻，大蔵財務協会，1969年）。

　表1は，1938〜45年の国民貯蓄・郵便貯金の年次別状況及び五十沢村における貯蓄増強の実態である。

　ここに見られる特徴の1つは，貯蓄目標額の大幅アップである。38年の目標額に比べ，45年の目標は，その7.5倍の600億円にも達していた。この点に，政府当局が国民貯蓄にかけた期待が表現されている。第2には，44年，五十沢村にも1戸当たり1000円を超える貯蓄目標が割り当てられている点である。この目標はどう見ても過重なものであろう。ところがその目標の70％が達成されている。全国目標においても，38年，41年を除いて，100％以上の実績が報告されているのであった。この好成績は何によってもたらされたのであろうか。

　第1の理由は，民衆の側の「戦意」に求められよう。たとえば森本州平は，42年1月22日の日記に，家計決算の結果として「収入金差引八千円は公債貯金等に投出し得る」と記すのである。それは，森本のような地主であり，国策に極めて協力的な人物に限らない。「インテリ，文化人も多く（中略）戦時中には珍しく自由主義的ムードがあった」といわれる東京中野の鷺宮二丁目町会でも，44年10月の「台湾・比島沖航空戦々果貯金」2000円の割当に対して，2150円も集まっていたのである（「隣組回覧板　中野区鷺宮二丁目町会」前掲『東京大空

襲・戦災誌』5巻，以下，「回覧板」と略記)。また横浜市の真面目な一サラリーマンも，「ふんぱつして債券二十円也購入」と記すように，自発的に国民貯蓄増強運動の一翼をになっていた(「森新太郎日記」1943年6月27日　前掲『横浜の空襲と戦災』2)。

　しかしこれらの自発性を額面通り受け取ることは，躊躇せざるを得ない側面もある。森本の見解は，米英開戦直後の，日本軍の戦果が連日報じられた時期のものである。後になると彼自身「安ひ十六円の米を売ってそんなに貯金が出来る筈がなひ」(「森本日記」1943年1月21日)といったように，貯蓄の強制に反感を抱く。第2の例も，全く幻の戦果であったが，日本軍の大戦果が報じられた際であり，第3の例も，山本五十六連合艦隊司令長官の国葬(6月5日)により，国民の敵愾心が高まった時期にあたっていた。すなわち民衆の国民貯蓄増強運動への自発性は，戦局を利用した当局側の人為的「戦意昂揚」大キャンペーンの影響を無視しては語れないのである。いや貯蓄増強運動自体，戦果への「感謝」とか，戦局への危機感煽動と結びつき，民衆を貯蓄に動員する性格をもっていたのであった。

　この戦果や危機煽動によって民衆に貯蓄させようとする方式の最たるものは，次の鷺宮の例である。この町会では，1944年末まで，大本営の戦果発表1回ごとに最低10銭を貯蓄する「大本営発表戦果感謝貯金」を続けてきた。しかるに戦果などさらさら上がらなくなった45年1月，同町会は，この貯金のやり方を，毎月平均3円以上を貯蓄するように改めた(前掲「回覧板」)。この変化に，貯蓄増強運動の本質が象徴されている。すなわちこの運動は，主として「戦意昂揚」により民衆の自発性を喚起してきた。だが戦果が挙がらなくなるや，それは，なりふりかまわず月3円以上という強制的割当貯蓄の本質を露呈したのである。

　国民貯蓄増強運動が好成績を収めた原因の第2は，いうまでもなく強制である。1938年4月の国民貯蓄奨励局設置以来，地域・職場で貯蓄組合の結成が推進されていった。この貯蓄組合を通じて，個人や各戸の貯蓄目標までが割り当てられ，「ことに勤労者に対しては，毎月の俸給給料から一定率の天引貯金を

しいる」状況が生まれていく。貯蓄増強運動のシステムは,「学校・職場・婦人会・隣組などを通じて,なかば強制的に貯蓄が吸収され」ていく点にあった(この間の記述は,前掲『通信事業史』)。しかもこの運動の末端では「なかば強制的」どころか,強制そのものが横行する。1943年3月,森本の部落は,役場書記によって個人の貯金状況の調査までなされるのである。すなわち「各人予金(ママ)通帳等を持参して検閲をうく。国民貯金の状況,各人の金を調査する等開闢以来初めてなり」と。「開闢以来初めて」はさておき,これは,貯蓄強制の典型的一例であった。この中で,「国民貯蓄,公債,債券の買入,税金等搾取せられ,農村は困る」という状況も広がっていく(以上「森本日記」1943年3月15日,11月7日)。

　1944年,太平洋の戦局は悪化の一途をたどる。それは,貯蓄増強運動を一層軍事色の濃いものにした。たとえば6,7月を「決戦貯蓄強調期間」と定めた五十沢村では,次のように貯蓄目標が割り当てられる。地域貯蓄組合　小銃弾20発以上（1人2円以上）,婦人会　爆弾1個・野砲弾10個（1人1円以上）,壮年団　野砲弾5個（1人1円以上）,軍人分会　同前10個（1人1円以上）,青少年団　小銃弾5個（1人50銭以上）,青年団　同前10個（1人1円以上）,女子青年団　同前10個（1人1円以上）。この目標の割当て方は,個人と団体の両面から責任を負わせるという実に強制的なものであった。しかもそこでは,農産物収入の天引貯蓄も強要されていたのである（五十沢村役場文書「昭和十九年常会ニ関スル綴」）。もはや税金と変わらない「ファッショ」的貯蓄が横行していたというしかない。

　これ以降,五十沢村に見られる貯蓄増強運動は,掠奪的色彩を強めた。1944年暮には,「正月用特配物資感謝貯蓄」という恩着せがましい貯蓄が強制される。さらに45年2月の村常会になると,貯蓄の押しつけは頂点に達した。それは,以下のような種々の「記念日」にかこつけたものである。「三月三日　雛祭記念貯蓄（学童一名二円　女子青年団員一名五円）,三月六日　地久節奉祝貯蓄（婦人会員一名五円）,三月十二日　十二講増産必成特別貯蓄（一戸平均二十円以上）,三月二十一日　春季皇霊祭祖先報恩貯蓄（一戸当り十円）,三月

十日　陸軍記念日記念貯蓄（一戸当り十円）」（同前）。もう貯蓄を集めるための「口実」さえつけば何でもよかった。雛祭さえも，子どものおこづかいを取り上げる日になったのである。しかも通常郵便貯金の利率は，1938年時の2分7厘6毛から，44年4月には2分6厘4毛にと引き下げられていたのである（前掲『通信事業史』）。

　このような強制貯蓄に民衆の不満が起きなかったとすれば不思議なくらいである。事実，郵便貯金の責任者である通信院貯金保険局長すら1944年後半には，「現在の貯蓄奨励は所謂官僚的色彩」が濃厚だとの批判があるとして，次のように述べざるを得なかった。

> 貯蓄奨励の衝に当るものが国民をして貯蓄が租税と異る点を理解納得せしむるに万全の措置を講じたと断言し得ないものがあり，為に貯蓄への熱意を冷却せしめ，甚だしきは之を嫌悪する風を生ぜしめたことが絶無であるといい難い（郵政省貯金局『郵便為替貯金事業八十年史』）。

　しかしこの貯金保険局長の見解の後でも，先の五十沢村の場合のように，この「官僚的色彩」＝税金類似の強制割当は，なんら是正されていなかったのである。

　いや五十沢だけでない。東京の鷺宮でも，一世帯毎月5円以上の預入れが敗戦前夜の1945年7月になっても，なお強制されていたのである（前掲『回覧板』）。すでに貯金保険局長がいかに思おうとも，600億円という膨大な貯蓄目標を消化することが「国策」として強制される以上，末端では民衆の肩に貯蓄目標を転嫁することしか手段はなかったのである。そしてこの貯蓄という名の掠奪に対する民衆の不満は権力による抑圧と，皆と同じような行動をしなければ許容されない隣組的規制によって地表のもの足り得なかった。

　この貯蓄増強運動は，民衆生活に過重な負担を課した。平均世帯の所得配分によれば，所得中の貯蓄比率は，1936年の11.6％から，40年には，21.5％へと急成長を示している（J. B. コーヘン『戦時戦後の日本経済』下巻，岩波書店，1951年）。またある地主の家の資産構成の変化によれば，預金額は，1936年の6万余円から45年には59万円余となり，資産に占める比率は，25.2％から実に

63.8％に達していた（森武麿「農民諸階層の対抗と再編」藤原彰他編『日本ファシズムと東アジア』青木書店，1977年）。また森本も，「資産を多く有するものは多く貯金せよとの原則」によって，多額の貯蓄と公債買いを強いられたという（「森本日記」1941年10月5日）。農林省統計調査部『農家経済調査報告』（1949年12月）によれば，1945年における農家の預金は，小作層においても3000円以上，3町以上層では1万円近くにも達した。こうした預貯金・公債額は，どう見ても強制的貯蓄増強運動の所産であったというしかない。

　しかしこの民衆の血と汗を絞ったような預貯金などは，敗戦後の激しいインフレと，1946年2月の金融緊急措置令——預金封鎖によってほぼ無に帰してしまったのである。戦時下の財政・経済を支えるため，あらゆる生活物資の不足に苦しみつつ，強制的貯金になけなしの金をはたいた庶民は，それを押しつけた日本支配層のために，その富を奪われることになった。貯蓄は，それでもまだましであった。それは，少なくとも貯蓄という名の「魔力」によって，民衆に蓄えがあるという一時的安心感を与えた。「これで貯金が千円近くになった。（中略）貯金通帳をのぞいて，ふたりでしばらくニコニコしていた」（一色次郎『日本空襲記』文和書房，1972年）という気持ちが，強制貯蓄への不満の傍らに常にあったのである。

　これに対して多種多様な供出（農産物は前述）は，いくらかの代価は与えられるにせよ，掠奪そのものであった。地域的に差も見られるが，どんなものが供出させられたかを一瞥すれば次の通りである。金属類，ヒマ（航空用潤滑油），木材（船舶など），木炭，桑皮・藤皮（衣料），しゅろ皮（ロープなど），枯草（飼料），座布団綿（火薬），ボロ，藁工品，松根油（航空燃料），犬・猫（毛皮）等々。中でも民衆の労力によって生産・採取できない金属と綿の供出が，民衆の日常生活に直接影響を及ぼすのであった。ここでは，金属回収の実態から，これらの「供出」の本質を見ていくことにする。

　1939年2月の第一次金属特別回収要綱にはじまり，41年8月の金属類回収令の公布により本格化して以来，金属回収は，精神運動的側面を伴ないつつ，敗戦の日まで強化され続けた。この金属回収の時期的変化を見れば次の通りであ

る。まず金属回収の対象とされた物件であるが、それは、当初の鉄・銅から、44年後半には貴金属に、さらにアルミニウムへと変化した。回収対象箇所も、大ざっぱにいえば、初期の官公署・社寺・教会から、非軍需産業の施設、さらに各家庭へと、より民間に移っていく。また金属回収の目標も、最初は資源愛護・廃品回収的なものであった。だが次第にその目標は鉄鋼増産・銑鋼一貫体制の確立をめざすものになり、そして最後は、軍需品増産それ自体が目標とされていったという（『日本経済年報』53輯、東洋経済新報社出版部、1943年。鉄鋼統制会『鉄鋼統制』3巻1号、1943年）。これらのあり方の変化からいえば、金属回収は、金属資源の自給が難しいという日本の現実や国際情勢・戦局の推移を敏感に反映する性格を帯びていたのである。

では金属回収は、家庭に対してはいかに行なわれたのか。鉄銅回収から見ていこう。この鉄・銅の供出は、次の3期に分けて考えられる。第1期　蚊帳金具献納運動から不用銅鉄回収運動（40〜41年）、第2期　銅鉄類根こそぎ回収期（42〜43年度）、第3期「発見回収」期（44年度）。

まず第1期。これは、各家庭に必ずしも徹底しなかったようである。たとえば森本州平は、蚊帳金具献納運動を「ベラボー」なことと反発し、不用銅鉄回収運動についても、以下のように冷ややかにみつめていた。「愈々民間の銅鉄類を回収する事となり、戦時気分を引締める考なるか、或は実用に供するか知らざれども後者とすれば由々しき事にして戦争等は末期なるべし」（以上「森本日記」1940年11月7日、1941年11月17日）。

第2期になると、銅鉄回収は実に徹底したものとなった。1943年度の熔解用鉄屑の全国回収成績によれば、「一般家庭よりの回収（『一般回収』）分は七八万トンに達し」、産業設備、官庁公共団体などの大口供出を含む全数量の52％を占めたという（通商産業省編『商工政策史』17巻　鉄鋼業、商工政策史刊行会、1970年）。これに先立つ42年度金属供出については、同種の資料がないので不明であるが、翼賛壮年団の動きが活発であった長野県下伊那では激しい展開が見られた。「銅鉄類の回収は、家庭用の火鉢より其他銅鉄製品全部に及び寺院の梵鐘も供出する事となり」といわれるこの回収運動は、森本家においても鉄

製品250貫（約900kg余），銅製品50貫（約180kg余）の供出を余儀なくさせるのである。しかもその運動は，凄まじい強制力を伴なっていた。森本は，次のように述べている。

> 昨年（42年──筆者注）十二月，銅鉄類家庭用品殆んど全部供出あり，翼賛壮年団等中心となりて（中略）実用のもの迄供出せよ，之を拒むものは国賊なりとて大運動を起し，其背後には，警察も居りて極端なる銅鉄回収を行ひ殆んど全部供出。

このような根こそぎ供出が，日常生活を不便なものにしたことはいうまでもない。さらにこの下伊那の金属供出は，44年1月，ふすまの手掛，たんすのひきだし家具の献納運動を翼賛壮年団が展開したことによってクライマックスに達し，銅鉄類はほとんどすべて供出させられるのである（以上「森本日記」1942年10月14日，11月20日，1943年3月8日，1944年1月25日）。

第3期は，「発見回収」期である。すでにほとんど供出していた森本家では仏具を供出した（「森本日記」1945年2月24日）。新潟県においても事情は変わりない。県当局は，44年3月，各町村に釦の非常回収，「梵鐘吊下金具竝ニ半鐘ノ回収」を指示する。続いて6月には，「決戦回収」の名目で，雪崩止，柵などの支持金物，9月には市町村道の橋梁などまで回収命令が出されるに至った。金属回収は，まさに常軌を逸した性格を帯びたのである。さらに同県は「鍋，釜，庖丁，小農具類」の供出，「仏具類托鉢献納運動」（44年末）を各町村に強制し続けるのであった。しかしこうした生活必需品供出の強要は，すでに供出すべき銅鉄類がなくなっていたことの反映であろう（この間の記述は，五十沢村「昭和十九年金属回収関係綴」による）。

以上のような銅鉄回収に対して，1944年後半から本格化する貴金属・アルミニウム回収は，太平洋戦局の悪化の中での，とくに航空機増産のかけ声に対応するものであった。まず貴金属。ダイヤモンドの工具としての重要性は言をまたないが，白金も，もし不足するなら「空の決戦はたちどころに敗北の外はない」とその供出の「意義」が訴えられた（「白金読本」同前所収）。44年10月15日，白金の強制買上げが開始される。この強制性については，11月9日付『毎日新聞』神奈川県版に載った，次の県経済保安課の談話を見るだけで十分であろう。

「買上げ締切を待って家宅捜査をやり，一斉検挙を断行，国家総動員法違反として処罰する方針である」（前掲『横浜の空襲と戦災』6）と。

　ダイヤや白金の「買上げ」の対象となったのは，かなり富裕な一部の家に過ぎまい。だが銀となると，庶民の家庭でも保持されていた。それゆえ，銀の供出については，東京でも「航空機の死命を制する発動機の中には多量の銀が使われてゐます。(中略) 吾が空の勇士のあの凄壮な急降下爆撃には銀の力が大きくものを言ってゐるのであります」といったふうに民衆に宣伝されたのである。そして「しろがねも黄金も家にのこさめや　子らはもとより国にささげつ」といった「特攻精神」での供出が強制されていく（江波戸昭『田園調布の戦時回覧板』田園調布会，1978年）。

　この貴金属回収以上に民衆生活を不便にしたものは，アルミニウム（アルマイトを含む）製品の回収であった。1945年1月，五十沢村常会は，「弁当の菜入，鍋，急須，湯沸し」といった生活必需品を「代替品の有無に拘らず一点も残さず供出」することを各部落に徹底するのである。続いて児童のアルミ製弁当箱も供出させられていく（前掲「昭和十九年金属回収関係綴」）。下伊那でも，45年2月，学校生徒の弁当箱が回収されたという（「森本日記」2月26日）。さすがに都市部ではこれほどではないが，東京でも同様，アルミ製品の回収が行なわれるのである（前掲『田園調布の戦時回覧板』）。

　この回収と併行して，アルミ貨引換運動（50円引換につき5銭のプレミアム）が全国的に展開された。これは，43年の銅・ニッケル貨引換に続くものであり，45年1月，次のような趣旨でこの運動は始められる。「いよいよアルミ貨出陣の時は来た。荒鷲が一機体当りする毎に我々は一千万枚のアルミ貨を動員せねばならぬ」と。いわば戦局が決定的に頽勢に傾く中で，特攻用の飛行機をつくることが，この運動の目標であった。しかも引換といっても，金属回収代金と同様，往々それは強制貯金にまわされた。たとえば南魚沼郡国民学校長会同は，「アルミ貨は（中略）各家庭保有全部を学童登校の際持参せしめ学校に於て新通貨と交換し，その金額の七割能ふれば全額を学童の組合貯蓄とすること」と申し合わせていたのである（前掲「昭和十九年金属回収関係綴」）。なお下伊那で

も，供出した金属などの代金は，半強制的に貯金させられていた（「森本日記」1943年7月14日）。

このようにして戦時中，各家庭から供出させられた鉄・銅・鉛・白金・金・ダイヤモンド・銀・アルミニウムなどが，どれくらいの量に達するかは審らかでない。五十沢村の場合，1943年度以降の供出量は，鉄580貫余，銅・錫その他154貫余，白金0，金0.36匁，銀1953匁余，アルミ103貫余，アルミ貨4300円以上に及んでいた（45年9月3日現在，前掲「昭和十九年金属回収関係綴」）。貴金属・貨幣以外で，小さな山村で，3000kg以上が供出されていたのである。この一山村の例を見ても，全国で供出された金属が膨大な量に及んだことだけは確かである。

この金属回収について，すでに，どの程度「戦力の増強」に役立ったのかに疑問が呈せられるとともに，「回収業務そのものが不徹底」，「回収された金属類の利用も十分行なわれな」かったという2点が指摘されている（前掲『商工政策史』11巻　産業統制）。確かに回収金属が，どれくらい「戦力化」したのかは，首をひねらざるを得ないし，またどのように利用されたかもわからない。「これが武器となって国を守」れるならと一生懸命供出したのに，「終戦後，空地に山積されている鉄火鉢や鉄鍋などが穴をあけられたまま放り出されて」いたといったケース（野添憲治他編『銃後の戦史——秋田の太平洋戦史1——』秋田書房，1977年）も多かったことであろう。しかし金属回収は，決して「不徹底」どころではなかった。それは，これまで見てきたことからいっても明らかである。企業からの回収は「不徹底」であったかもしれないが，少なくとも民衆に対する回収だけは実に徹底的になされたのであった。

貯蓄増強と同様，金属供出は，民衆の窮乏化に拍車をかける役目を果たした。すなわち民衆の零細な貯蓄は，膨大な戦費をまかなう公債の消化にあてられる。この貯蓄——公債による戦費の調達によって，「資本は，戦費が租税によって賄われた場合に要求されたであろうところの負担を免れうることにな」った（武田隆夫「戦時戦後の財政政策」『戦後日本経済の諸問題』有斐閣，1949年）。その意味で貯蓄増強は，戦時下財政・経済を支え，過重な軍事費負担を民衆に背負わ

せたのである。これに対し、金属回収は、以上のように軍需品増産の名の下に、民衆の生活必需品や想い出の品々を掠奪しぬいたものにほかならない。しかもその代価は、全くの不等価交換であった。たとえば蓋付直径22cmのアルマイト鍋（現在の同種の鍋なら重量約400g）の供出代金は、約1円60銭である。しかし45年9月の同鍋の統制価格は、供出価格の7倍近い10円60銭であり、実際の流通価格である闇価格は、供出価格の80倍以上の130円であった。つまりこの鍋を供出した人は、統制価格の15％しかならない不等価交換を強いられ、新たに買おうと思えば、130円も出さねばならなかったのである（前掲「昭和十九年金属回収関係綴」ならびに大蔵省物価部『主要物資新統制価格表』1946年より計算）。

　戦後、供出金属のうち貴金属は、占領軍に接収され、講和発効後、大蔵省の管理に移された。そしてこれらの貴金属は、『大蔵省百年史』の言によれば、「戦時中供出分については、すでに供出者の同意を得たものであり特に返還の義務はない」という理由で、供出者には返されず、国庫に納められたのである。1966年、そのうちダイヤの一部が放出された（前掲『大蔵省百年史』）。残りの供出金属の行方は不明である。だが後でもふれるが、敗戦後のどさくさに紛れて、日本の「指導者」が、膨大な軍需物資を放出して一部の人々をうるおした事実が存在する（信夫清三郎『戦後日本政治史』Ⅰ、勁草書房、1965年）。この点を考慮すると、民衆の供出した金属のいくばくかは、この時「放出」され、一部の人々の懐を肥やしたとも疑えないことはない。戦力増強の名目で強制され、善良な人々が不等価を堪え忍んで供出したものは、国によって取り上げられたまま、ついに戻ってこなかった。強制的供出の本質は、この結末にも見ることができるのである。

3. 乏しくなる食料

　銃後の民衆は、今まで見てきたように、農産物の増産・供出、貯蓄の増強、金属の供出など「国策」に不満を持ちつつ協力した。しかるに彼らの汗と涙に酬われたものは、あらゆる物の不足、横行する闇物価、飢餓的配給であった。

都市民衆にとっては，近郊農村への買出しも常態化していくのである。だが民衆を襲ったものは，飢えだけではなかった。アメリカ軍による残虐なじゅうたん爆撃や原爆が，主に都市民衆を直撃し，銃後を修羅場に変えてしまうのである。まず食料の面から見ていこう。

　日中戦争の泥沼化につれて，物の不足も次第に激しくなっていく。だがそれでも，対米英開戦以前は，まだ砂糖，酒，米，野菜，調味料，食料油などが十分手に入らない程度ですんでいた。しかるに太平洋戦争の開始と，戦局の悪化は，民衆の食料難をかつてないほど深刻化させるのである。

　この食糧難の進行は，「森本日記」の正月用食品の記事からもうかがうことができる。1941年暮，1人40匁宛の鱒が配給されただけで，恒例の「年取魚」の鰤はない（「森本日記」1941年12月30日）。これには，「家庭を嫌ふ上等魚」といわれるように，鰤などの高級魚はみな料亭に行ってしまうという事情があった（『朝日新聞』1941年11月12日付）。翌42年になると「年取魚」は全部配給品だけになり，森本によれば「貧富皆同様の魚にて年取る」状況が生まれた（この意味については，前掲内藤論文参照）。そうではあるが，年末配給品は，塩鮭，鰤，みかん，鯉，田作，数の子など相当の分量があったという（「森本日記」1942年12月28日，30日）。43年暮，配給は，「タコ，鱒，ブク（ママ），数の子，ミカン，鯛，串柿，煮イカ」に過ぎなくなる（1943年12月29日）。敗戦の年，45年を迎えるや「年取りと雖も数の子僅か，鰊切身三片計り，蜜柑六，七個配給ありしに過ぎず，遅れて干鰯五，六本あり」というづくしの新年となってしまうのであった（「森本日記」1945年1月1日）。

　それでも主食があればましである。先の供出問題でも見たように，米の欠乏は戦局の悪化とともに甚だしいものになっていく。たとえば1943年9月，大政翼賛会神奈川県支部は，次のような「食生活刷新」を民衆に強要するのである。「（イ）極力玄米食を用ふること（ロ）混食雑穀食を用ふること（ハ）右の外雑草樹根等より採取して食糧に供し得るものを利用すること」。さらにこの「決戦生活実践促進要綱」は，「節食の修練」，「一日断食」の実行まで説いていたのであった（前掲『神奈川県史』）。

1944年，食料事情は一層悪化する。京都の平岡峯太郎は，その「配給食品日記」の中で，以下のように語るのであった。「五月の配給食で著しく変ってきたことは，主食精米の代りに押豆，なんば，麦等の混入が三日以上となった事である。米二合三勺でも相当ヘトヘトであるのに，代りのものが米二合三勺の熱量と比し落ちるようで，これに馴れてゆくには，誰もが困り抜いている」と。彼は，さらに副食にも言及して，「鯛や鱧鰻の味は忘れてもいいが，ただ月に鰯が五尾や，二日に茄子一個では働けない」と訴えていたのである（前掲『暮しの手帖』）。そして45年敗戦前夜。東京の前田米吉は，その日記に「本日，米の配給日。然も一粒の米の配給なし。本月に入り大豆のみ」，「此の処，手とあしがむくんで困る。食物が原因の様に思ふ」と記す（1945年6月27日，7月7日 前掲『東京大空襲・戦災誌』第5巻）。飢餓は，民衆に牙をむいたのである。

飢餓への恐れは，主食・副食の欠乏によってのみもたらされたわけではない。生命維持に必須であり，他に代用品が求められない食塩さえ不足を見るのである。敗戦直後のことになるが，津島寿一蔵相は，閣議に「人体最低所要量塩分月五〇〇グラムの従来の基準を，第二・四半期では四五〇グラムとして計画せざるをえない」と報告するのであった（大蔵省財政室編『昭和財政史　終戦から講和まで』9巻，東洋経済新報社，1976年）。従来，1人1ヵ月200gの配給が維持されていたことから，この食塩の問題は軽視されてきた。だが塩は，醬油・味噌などの調味料としても，当時の重要な副食物・漬物用としてもなくてはならないものであり，民衆の健康や食生活上極めて重要な位置を占めていたのである。この塩不足の原因・実態・結果を以下見ていくことにしよう。

表2は，食塩の供給・消費量の推移である。ここに見られる国内生産の急減は，「塩田面積が殆ど変らなかったにもかかわらず（中略）石炭始め諸資材及び労力が著しく不足」したためであった（日本専売公社『日本塩業の問題点と対策』1959年）。輸入の減少は，戦局の悪化による輸送の杜絶，船腹の不足によっていたことはいうまでもない。いわば塩製造用石炭の不足に示された軍需産業以外の切り捨てと戦局悪化のつけが庶民にまわされたのであった。

この表によれば，家庭用基本量を維持するため，調味料や漬物用の塩はどん

表2 食塩の供給と消費（指数は1930年を100，単位は千トン）

		1942	指数	1943	指数	1944	指数	1945	指数
供給量	国内生産	475	91.5	415	80.0	353	68.0	184	35.5
	輸入	1533	120.7	1410	111.6	944	74.3	457	36.0
	合計	2009	112.3	1825	102.0	1297	72.5	641	35.8
食用塩消費量総量		1038	126.4	1101	134.1	927	112.9	489	59.6
	家庭用基本量	182		188		186		181	
	醤油用	214		235		193		66	
	味噌用	147		163		153		97	
	漬物用	190		207		170		55	
	漁業用その他	305		307		225		90	

『昭和財政史　終戦から講和まで』9，366，369頁。

どん減らされていく。その中ですでに1942年10月，南魚沼地方事務所長は，各町村常会の強い要望をうけて，金沢地方専売局長に次のように要請せざるを得なかった。

　　本地方にありては古来より積雪期半歳に亘る主食物及味噌並副食物等を自家調整貯蔵する状況に有之候　然るに今春来の配給率にては右自家用味噌主要副食物漬物即ち瓜，茄子，大根，菜の如きは保存不可能にして現に腐敗するもの多々あるの状況なり，斯くては本地方の生活に由々敷問題を惹起し早くも本地方住民の栄養上にも憂慮すへき兆候被認。

食料事情が悪化する中で，調味料・漬物などの「自家調整」用塩への需要は高まっていたと考えられる。しかしその希望もむなしかった。

これ以降の漬物用塩の割当の減少は，金沢地方専売局管内では次の通りである。1943年，農家1人当り2.5kg，非農家市部1kg，町部1.3kg，村部2kg（六大都市はゼロ）。ところが45年になると，この割当は，農家1人1kg，非農家700g，沿岸町村500gと激減するのである。ちなみに沿岸町村への割当が少ないのは，海水を利用せよという専売局の方針による。しかも量の減少だけでなく，質も「粉砕の上使用」しなければならないものに悪化し，輸送難からくる配給の遅れも，これに重なるものであった（この間の記述は，五十沢村役場文書「昭和十九年度食塩配給関係綴」による）。

こうした食塩の不足は，決して特殊山村的な問題ではない。佐賀市近郊でも，従来コールタールを混入していた種籾の塩水選用の食塩水を，45年には，コールタールを混ぜないで食用にわけ，塩不足の足しにしたという（前掲『暮しの手帖』）。また沿海地方住民は，専売局から言われなくても，食塩不足から海水を否応なしに使わざるを得なかった。ある母親は，大八車に二斗樽を3つ積み，近所の主婦と4キロほど離れた瀬戸内海に海水を汲みに行き，「海水のおかゆ」をつくっていたという（同前）。秋田の一主婦も，5キロ位離れた山の塩泉に塩水を汲みに行き，おつゆにして食べていた（前掲『銃後の戦史』I）。さらに45年7月になると，静岡県駿東地方事務所長は，「食用塩の供給全く至難」となったことを理由に各村に対し，「自給製塩」の実施を命じるに至るのである。そして8月14日，駿東郡原里村の国民義勇隊は，製塩のため沼津海岸への出動を命じられるのであった（御殿場市原里支所文書「製塩関係綴」）。食塩の不足は，民衆に1950年代以降にはとても考えられないことを強いていたのである。

　庶民が昔の潮汲みのようなことまでしていた時，この国の「指導者」は何をしていたのか。こうしたことが明らかになる資料は実に少ない。1945年1月の，高木惣吉海軍少将に対する近衛文麿元首相の談話は，その珍しい一例である。近衛は，次のように首相時代の東条英機と，当時の「指導者」たちの姿について語った。「我々重臣会議の連中でも帰るときには自動車の中に必ず御土産が入れてあつた。洋服地等も貰ったし占領地の酒やら，御馳走の後に枢密顧問官連も頻りと土産を貰った」と（「G2資料」高木ノート5）。

　また内大臣木戸幸一は，45年になってからも，鮎川義介・山下太郎といった大資本家から「すし」や「鰻」をご馳走になっていた（『木戸幸一日記』下，東京大学出版会，1966年）。木戸がこうしたことを日記に書きとめること自体，それらが木戸にとっても珍しい食べ物となっていたことは確かであるが，この頃，民衆はすでにこうしたものの味など忘れていたのである。すでに，1943年2月11日，あるサラリーマンは，すし屋で「内地米の純白米を馳走になった。美味なり。しかし，玄米に馴れた口には何だか淡白すぎる気がする」と記す（前掲「森新太郎日記」『横浜の空襲と戦災』2）ほど，お目にかかれない代物とな

っていたのであった。民衆が，雑炊，水とん，「海水のおかゆ」，「塩水のおつゆ」まで食べ，「塩は三月以降一さじの配給もなきなり（中略）砂糖のごときはすでに遠き昔の童話となりはてぬ」（山田風太郎『戦中派不戦日記』45年5月18日　講談社文庫版，1973年）と言っている時，この国の資本家をはじめ「指導者」のところには，食料も実に豊富にあったのである。

　内地の陸海軍も，同様であったようである。館山海軍航空隊にいたある海軍軍医中尉の証言によれば，敗戦後の復員の際，コンビーフの缶詰を珍しいからと持ち帰る折，その詰め物に白米を使ったところ，父親からなぜ米をもっと持って帰って来なかったのかとなじられたという（須崎暎一証言）。内地の陸海軍には，敗戦の日まで，民間からは全く姿を消したものが潤沢にあったことは確かであった。

4. 空襲と敗戦

　最後に，銃後民衆に対する直接的な「死の使者」となった空襲の問題を見ることとしよう。1944年末から本格化した本土空襲は，大都市・中小都市を次々と焦土と化していった。警戒警報・空襲警報の発令状況を，横浜市杉田町南部町会「警報・空襲記録」・広島市「矢賀警防分団防空日誌」から算出すれば，45年7月，1日平均警戒警報発令時間は，横浜・広島両市では3時間を超え，空襲警報発令回数も月20回以上，1日平均発令時間も1時間以上に及ぶのである。横浜市では，44年11月以降，45年1月を除いて，平均して警戒警報が1時間以上鳴る毎日が続いた（前掲『横浜の空襲と戦災』1，及び『広島原爆戦災誌』5巻　広島市，1971年）。この空襲と頻繁な警報の発令は，民衆を脅かし，睡眠不足にさせるのである。加えて防空壕生活，栄養不良も重なり，民衆の健康は蝕まれていくのであった。

　太平洋戦争による一般民衆の犠牲者は，70万人以上と推定されている。これらの犠牲者は，一義的にはアメリカ軍による残虐な殺戮によってもたらされた。原爆投下の非人道性や，東京大空襲での「四方から火をかけ，退避場をなくし

てから，全部，女，子どもまで焼き殺そうとする」空襲のやり口（松山兵吉「息たえていたわが子」『東京大空襲・戦災誌』1巻，東京空襲を記録する会，1973年及び秋元律郎『戦争と民衆』学陽書房，1974年）は，この点を示している。だが同時に，このように銃後の犠牲が大きくなった一因は，沖縄戦の日本軍に端的に示される，日本の「指導者」の民衆を人とも思わない「指導」にも求められる。しかもこれらの内実は，まさに戦前日本の支配の本質発露ともいうべき性格を秘めていたのであった。

　まず問題としなければならないのは，軍部に民衆の生命を守ろうとする意図があったのかどうかである。たとえば1937年3月の衆議院予算委員会での，防空法制定をめぐる議論の際，後に首相も務める米内光政海軍大臣は，次のように答弁する。

　　陸上に於ては敵の飛行機の根拠地，海上に於ては敵の航空母艦，之をやっ付けさへしますれば飛んで来ないのであります，其方に主として考へて居ります。

　この姿勢は，国民の生命・財産の保護を目的とする本来の意味の防空を，日本の軍部が考えていなかったことをうかがわせるものであった。いわば軍備拡張の隠れ蓑として，防空を強調していたといっても過言ではない（前掲『日本ファシズムとその時代』参照）。

　第2に，日本の支配層が民衆に叩き込んだ「防空敢闘の精神」についてである。しかもそれは単なる精神論に止まるものではない。対米英開戦直前の1941年11月，改正された防空法は，空襲に際しての居住者の退去禁止，応急防火義務を規定していたのである（大霞会編『内務省史』第3巻，地方財務協会，1971年）。しかもこの改正防空法19条の3によれば，この応急防火義務を果たさないものには，当時の金額で500円以下の罰金が課されていた。つまり民衆は，投下された焼夷弾を必ず消しとめ，また逃げることがあってはならないと強制されていたのであった。このことが，後述する問題とも相俟って1945年3月9〜10日の東京大空襲で10万人もの犠牲者を生む一因となるのである。

　さらに注目しなければならないのは，この民衆に強制された「防空敢闘論」

の本音である。『内務省史』第3巻は，この「防空敢闘の精神論」の「背景」を以下のように指摘する。

> 軍の防空力によって来襲敵機の主力は制圧され，残余の敵機による焼夷弾攻撃は家庭防空隣保組織によって措置し得る程度のものであり，また措置しなければならないとの考え方に立っている。

これは，いわば軍部の情勢判断のミスに責を帰そうとするような見解である。しかし内務省はもとより，軍部さえもこんな判断をしてはいない。すなわち米英開戦を控えた1941年6月30日，次官会議で決定された「極秘　防空緊急対策実施要綱」と，その説明は，「今後の戦争に於て我が国土は到る処猛烈なる空爆を蒙るものと予期せざるべからず」と述べていたのである（「昭和十六年公文雑纂」内閣　次官会議関係）。軍部を含めて支配層が空襲に対して正確な判断を持っていたことは疑う余地はない。これらの点から見て，先の『内務省史』が言う楽観的「情勢判断」は，民衆を「防空敢闘」に動員するための欺瞞でしかなかった。

こうした空襲に対する正確な認識を持っていたが故に，日本の支配層は，皇居や主要官庁の防空施設を整えて，米英との開戦へと向かっていく。前述した41年6月の「防空緊急対策実施要綱」は，実は内務省・大蔵省・文部省・鉄道省・警視庁の「屋上を耐弾的に改修」することとともに，首相「官舎に地下防護室を構築」することを，その骨子としていたのである（同前）。さらに41年8月，皇居大防空壕の建設も開始される。ある左官屋さんは，41年夏，東京銀座を歩いていた時，突然行き先も教えられず，憲兵に拉致されたという。彼は，堅く口止めされた上，皇居の地下で働かされた。その工事は，深さ30mほどの竪穴に「厚さ一メートルのコンクリートと同じく一メートルの砂でサンドイッチ状にかため幅三メートルの堅固な壁」をつくる作業だったという（『朝日新聞』1977年12月8日付投書）。

この左官屋さんの証言は，皇宮警察史編さん委員会編『皇宮警察史』（皇宮警察本部，1976年）からも，ある程度裏づけられる。同書は，あいまいな表現ながら，41年8月から，地下構築の「大本営付属室の構築が始められた」ことを

認めている。なおこの工事開始の理由は，同書によれば，41年8月16日，帝都防衛緊急会議で，皇居が空から目につくと指摘されたことに求められている。しかしそうだとすれば，工事着手が早過ぎるのではないか。すでにそれ以前から皇居防空壕建設計画が練られていたと考えるのが自然であろう。しかも41年，皇宮警察は，「消防技術に優れた皇宮警手の召集を解除」し，皇居の防空・消火体制を整えていたのである（前掲『皇宮警察史』）。

支配層が，開戦と，その結果，予想される大規模空襲に備え，皇居・主要官庁などの防空施設を，開戦前から整えていたことは間違いない。しかし民衆には，この情報は，伝えられることはなかった。逆に，民衆に強要されたものは，「防空敢闘」の精神であった。

この結果が，どのような事態を招くこととなったのか。それを如実に示すのが，一晩で10万人が犠牲となった1945年3月の東京大空襲であった。この凄まじい犠牲者が出た第1の原因は，カーチス・ルメイ[2]の指揮による北西の季節風を利用した残虐な空襲のやり方である（前述）。第2の原因が，この「応急防火義務」である。早乙女勝元編『東京大空襲』（岩波新書，1971年）掲載の庶民の証言の中にも，「応急防火義務」を思い出して家にもどったものが生きて帰ってこなかった例が見られるのである。さらに東京大空襲の場合は，いかに民衆の生命が軽んじられていたのかを示す軍の行動が，犠牲に輪をかけた。1978年3月9日，NHKテレビの特集番組として放映された「東京大空襲」で，空襲警報を出す立場にあった東部軍司令部の対応を，その司令部にいた藤井恒男元陸軍中尉は，以下のように証言している。

　そのうち情報板の赤い豆ランプがあちこちで点滅しはじめた（筆者注　空襲が始まった）し，次第に状況判断が不可能になりはじめた。私は参謀に空襲警報を発令すべきだと進言したが，参謀は許可しなかった。参謀としては，状況がはっきりしないうちに，しかも深夜空襲警報を発令すれば天皇は地下の防空壕に避難しなければならないことになるし，社会の機能はその間麻痺することになるという配慮があったのだろ

---

[2]　1964年に，航空自衛隊の育成に貢献があったとして日本政府から勲一等旭日章を授与された。

うと思う。(中略) 三月一〇日の空襲警報が空襲がはじまってから発令されたのはこのような理由による。

事実,『東京大空襲・戦災誌』第 1 巻も,「第一弾投下より七分遅れた零時一五分,ようやく空襲警報が鳴った。この七分差は,東京都民にとっては決定的な時間になった」と記す。空襲警報が,天皇の睡眠への配慮,社会の機能麻痺の恐れ等により出し惜しみされたことにより,東京下町の多くの住民が炎の犠牲となったことは間違いない[3]。

しかもこうした体験を経たにもかかわらず,1945年 6 月になっても,警察署・憲兵分隊は,「焼夷弾の落下したる場合は個人の事は後と廻しにし隣保相協力し先づ初期防火に敢闘する事」を示達していたのである (前掲『田園調布の戦時回覧板』)。民衆の生命は,全くといっていいほど軽視されていたのである。

すなわち支配層は,恐るべき空襲を予測していたにもかかわらず,民衆に対しては「空襲恐れるに足りず」式の情報操作をしていたのである。たとえば内務省防空局の玉越勝治は,「家庭防空の知識と対策」で,「焼夷弾それ自身は何ら恐ろしいものでない」と述べ,応急防火義務を強調するのである (東京日日新聞社・大阪毎日新聞社『婦人日本』昭和16年11月号)。

こうした情報操作の結果,国民の間には,空襲に対する楽観論が生じたことは間違いない。文化人としても著名な西宮神社の吉井良尚も,その日記に,1945年になっても「今暁一時また警報,直に解除,やるなら空襲まで来い,二十分や三十分までゞ終つてしまふのは一体どうしたことだ」(1月7日付) と記すのである。もちろん空襲が本格化するや「午前一時半頃,同五時頃また各サイレン鳴る,頻々たることいやになる,夜もねられず」(1945年1月21日) と記すことになるが (以上,西宮現代史編集委員会編『西宮現代史』第 1 巻Ⅱ,西宮市,

---

[3] 東京大空襲の50日ほど前,作家の江戸川乱歩の司会で開かれた「東部軍管区 情報座談会」(『日の出』1945年 3 月号所収,新潮社) で東部軍参謀・稲留勝彦 (陸軍中佐) は,「爆弾,焼夷弾が落ちても国家活動,国民活動が十分できて,大事な生産を落さぬやうにやるといふのが防空の眼目」であると述べ,国民の生命より,生産第一の姿勢を示していた。なお藤井恒男中尉も,この座談会に出席している。

2007年刊行予定)。

　上記のように，民衆に真実を全く知らせまいとする支配層の姿勢は，必然的に民衆の生命を守るべき防空壕といった基本的防空施設の発達や，防空対策を立ち遅れさせる。日本の「指導者」が，蓋いのない防空壕（無蓋溝型）建設を最初に指示したのは，驚くべきことに，ミッドウェー敗戦後の1942年7月になってからのことなのである。

　このような当局の姿勢は，防空壕の建設を遅らせる。1942年4月，ドーリットル空襲にあった東京でさえ，43年7，8月頃ようやく防空壕を掘る家も多かった（徳川夢声『夢声戦争日記』43年7月5日，『永井荷風日記』43年8月3日）。これは，山本五十六連合艦隊司令長官戦死後の1943年6月に，内務省が，防空退避施設の整備強制を通牒したことによろう。これにより，民間での防空的動きが，この時期具体化する。軍都・姫路の史料によれば，7月17日，隣保の「緊急代表会」が開かれ，「防空避難壕を各戸に設置之件」が示達されたという（「谷村又四郎日記」）。そして同日記の9月25日には，「町内総動員演習を開始　今迄に見ざる活発なる演習」と記されるのである。

　しかし依然として，支配層の国民に真実を知られまいとする姿勢は，顕著であった。1944年3月30日出された，兵庫県警察部長・内政部長，関係各課長連名の「屍体緊急処理要綱制定ニ関スル件」（兵防発秘第198号　昭和19年3月30日）極秘通牒（警察署長・市町村長宛）は，この点を象徴する。この通牒は，以下のように述べていたのである。

　　<u>大規模且反覆空襲に際し同時多発を予想せらるゝ屍体を迅速適切に処理し之か惨状を速に一般より秘匿し極力人心の刺戟動揺を防止し以て防空態勢を確保する</u>は治安維持の要諦にして之か施設並に運用等に関し急速に計画整備するの急務を痛感せらるゝに付今回別紙要綱制定相成りたる処にして各位は緊密に連絡し左記事項留意の上適切なる計画を樹立すると共に所要資材器具等を速に整備確認し之か実施の万全を期せられ度此の段及通牒候也（傍線は引用者）。

　この兵庫県の通牒は，「機密厳守」を強調し，「本件は防空（防衛）主任者以外は極秘取扱」と，民衆には，予想されていた「大規模且反覆空襲」を全く知

らせようとしなかったのである。さらに「屍体一時収容所」についても,「概ね市街地に散在を予想せらるゝ多数ノ屍体を速に収容し一般に之が惨状を秘匿する」ことを強調するのであった。「屍体収容処理所」についても,「神戸市以外に在りては土地の実情に即し市街地より適当の距離を有する平地,原野等を利用するも可なること,但し此の場合は特に外部より見透し得さる場所を選定すること」と,空襲の脅威と,戦争の悲惨さを人々に知られまいとすることに全力を傾けるのである(「昭和十九年三月起　屍体緊急処理書類」西宮市警防課・衛生課)。

　この結果,1943年7,8月頃つくられた防空壕は,家庭防空壕としても早い方に属する。サイパンが陥落し,日本本土が,空襲圏内に入る中,44年6月,すべての防空壕に蓋いをつけるよう命令がなされる。姫路では,これをうけて,「退避壕の掩蓋作業」が行なわれる(「谷村日記」8月27日)。それでもなお姫路警察署警防主任は,「一万人のバケツ注水　優に二五〇台のポンプに匹敵」するなどと,空襲下,とても出来そうもないことを語るのであった(『神戸新聞』播州版　1944年9月6日付)。

　この結果,たとえば神奈川県の白井隆資は,1944年11月,ようやく防空壕をつくる(「白井隆資日記」1944年11月27日)。長野県下伊那の森本家に至っては東京大空襲の後になって防空壕をつくりはじめていた(「森本日記」1945年3月24日)。しかも当局は,家庭防空壕の建設に何の援助もしなかった。ために,資材の不足とも相俟って,多くの防空壕の構造は貧弱なものとなり,これが空襲に際し,壕内で多くの窒息による犠牲者を生む遠因となった。また公共防空壕の建設は僅か1ヶ所に止まる。イギリスでは,人口の9割以上の人々のために公共防空壕整備を進めたのとは,全く対照的に(前掲『日本ファシズムとその時代』参照)。あれほど供出など取り上げる面では強権的にやってきた日本の支配層は,こと民衆生命に関わるシェルターの問題では無責任であったというしかない。先の戦略爆撃調査団の報告書は,日本の防空壕について「政府の関心がおざなりで基本的にはふまじめなものであった」「国民の安全にもこのようにほとんど注意をむけないということは,ほとんど理解しがたい」(アメリカ戦略爆撃調査団

「日本の防空とその関連事項にかんする最終報告」)と指摘するのももっともであった。

防空壕だけではなかった。空襲に際して,人々の生命・財産を守るべき消火能力も極めて貧弱であった。たとえば兵庫県加古川警察署管内の加古川町・神野村・八幡村・野口村・平岡村の消防器具は,自動車ポンプ1台・手挽ガソリンポンプ31台・手押しポンプ17台に過ぎず,それすらない地区もあった。さらに避難箇所も,加古川町の場合,公会堂・役場楼上・第一小学校・中学校が指定されてはいたが,そこに収容出来るのは,この旧加古川町人口の7分の1の3300名に止まるのである[4]。アメリカ戦略爆撃調査団報告が,「一般に用いられている消火器具は,大部分はアメリカの小さい町の篤志消防隊でもいやがるものであった」と指摘するのも無理はなかったのである。

こうした全く不備な空襲への備えを知らされず,「空襲恐れるに足らず」式の情報操作にマインドコントロールされていた人々は,東京・大阪・神戸など大都市が空襲で惨憺たる被害を受ける中,ようやく我に返る。西宮の吉井良尚は,その3月24日の日記に,西宮市民の動揺の広がりを次のように記している。

> 阪神両地の惨禍を見るにつけ軈て来らんとする此の次の空襲に対する備,これか今関西に住する数千万の人々の心なり,西宮市内の民,俄に疎開を強行せんとし,殊に家財の持出,市内荷車の動き実に目ざましきものあり,街頭は戸を鎖して業を休み,戸内は荷物の整理に没頭するといふ仕末なり,ぬけ殻の町,精のない町になりきりたり,嘆ずへき哉。

そして翌日の3月25日には,「此頃は西宮旧市内全部は人間と物資の疎開に懸命の如し,方丈記の劈頭の都騒擾の如き有様なるべし」と述べ,さらに26日には,「敵機の来襲により人心一変,避難の疎開品運送大に起る」と,パニック状態に陥った市民の姿を伝えていた(前掲『西宮現代史』1巻Ⅱ)。しかしその前に,情報操作された多くの民衆が,東京大空襲などによって生命を,家を,

---

[4] 加古川市史編さん専門委員会編『加古川市史』第3巻(加古川市,2000年),加古川市史編さん室編『加古のながれ――市史余話――』(加古川市,1997年)参照。

家族を，財産を失っていたのである。

小　括

　政府・軍部，そしてラジオ・新聞などの情報操作に煽られ，さらに住民同士の相互監視の中，増産に，供出に，貯蓄に「お国のため」と信じ，犠牲にも耐えてきた銃後の民衆が酬われたものは，飢えであり，空襲による生命の危険であり，殺され，傷ついても何もしてもらえないという現実であった。ポツダム宣言受諾を前にした1945年8月12日，米内光政海相（元首相）は，いみじくも次のように語ったという。

　　私は言葉は不適当と思ふが原子爆弾やソ連の参戦は或る意味で天佑だ，国内の情勢で戦いを已めるといふことを出さなくて済む（前掲　高木ノート）。

　この言葉に，民衆の生命などものの数とも思わない日本の支配層の民衆観が現れていた。この点を如実に物語るのが，『加古川市史』の史料調査中に発見された召集令状の控である。赤紙（兵員の召集）・白紙（鉱山などの労働に民衆を徴用する）は，紙質がどんどん粗悪になっていくのに対し，馬を召集する緑紙の質は，悪化しないのである。馬が，人間以上に尊重されていたのが，戦前日本だったといえるかもしれない。

　いやそればかりではない。日本の支配層は，民衆が死線にあえいでいる時，税金や，供出・貯蓄にかかる民衆の富を分け取りして恥じるところもなかった。すなわち降伏の前日，8月14日，閣議は「軍其の他の保有する軍需用保有物資資材の緊急処分の件」を決定するのである。この処置の結果，「国民の労苦の結晶である厖大な物資が一部の軍人や資本家によって分取られ隠匿され」ていくのであった（前掲『太平洋戦争史』6及び，前掲『戦後日本政治史』）。これに対し，金を，物を，はたまた生命まで「供出」させられた民衆には何が酬われたのか。東京大空襲で父を失った一遺族は，次のように語っている。「私が今まで国から受けたものは乾パン一袋だった」（前掲『東京大空襲・戦災誌』1巻）

と述べているのであった。初期の空襲については，戦時災害保護法などによって，見舞金等が出されていたが，大規模空襲が日常化すると，そうした補償もなんらなされなくなっていく。さらにそうしたことを定めていた戦時災害保護法も，1947年に廃止され，生活保護法にされてしまった。その結果，大半の空襲犠牲者は，補償を求める法的根拠をも失ってしまうのである。

　情報操作とその果てに，多くの人々の苦難の戦後がはじまっていく。

おわりにかえて　戦前日本社会から現在を考える
──「八紘一宇」と八紘之基柱をめぐる歴史の読み替え──

内 藤 英 恵

　本書は，天皇制に関わる用語の問題，ジェラシーという人々の意識，そして情報操作から，現在の日本を考えるために不可欠な戦前日本の姿を明らかにしてきた。ここでは，本書第2章でとりあげた八紘之基柱（宮崎県在，現「平和の塔」）の戦後に着目したい[1]。すでにこの八紘之基柱自体については，「平和の塔」の史実を考える会（1991年結成，以下「考える会」と略す）[2] や，W・エドワーズ氏[3]（「考える会」の活動にも参加）の研究にくわしい。ここでは，それらの先行研究にも学びつつ，過去が，どのように読み替えられ，現在に至っているのかを，これらの先行研究がほとんどふれていない八紘之基柱をとりまく人々の意識のあり方を中心に考えていきたい。

　第2章で見た通り，「皇紀二千六百年」を記念して1940年に建てられた八紘之基柱は，現在「平和の塔」と呼ばれ，塔の建つ平和台公園は宮崎県の観光地の1つとなっている。しかしこの八紘之基柱も，1945年の敗戦によって，塔存続の危機に見舞われた。GHQの「国家神道（神社神道）に対する政府の保

---

1) ジェラシーと情報操作については，「はじめに」の部分でもある程度取り上げているので，そちらを参照されたい。
2) 「平和の塔」の史実を考える会編『石の証言　みやざき「平和の塔」を探る』（1995年，以下『石の証言』と略す），同会編『11．25シンポジウム報告集「八紘一宇」から60年　21世紀……「平和の塔」のあり方を考える「八紘一宇の塔」はこのままでよいのか』（2001年，以下，『11．25シンポジウム報告集』と略す），同会『八紘之基柱（平和の塔）礎石一覧表』（2002年）など参照。
3) 「宮崎市所在『八紘一宇の塔』について」（『天理大学学報』第187号，1998年2月），"Forging Tradition for a Holy War: The Hakk Ichiu Tower in Miyazaki and Japanese Wartime Ideology", *The Journal of Japanese Studies, 29:2* (Thomson Hall, University of Washington, 2003) 参照。

証・支援・保全・監督および弘布の廃止に関する覚書（いわゆる「神道指令」）」（1945年12月15日）によって，「八紘一宇」は「大東亜戦争」などと共に使用を禁じられるのである（『聯合国日本管理政策』第一輯）。

「八紘一宇」の使用が禁じられたことによって，塔正面の八紘一宇の文字，塔を飾る像の1つである武神像，「八紘之基柱大日本国勢記」（基柱背面に陰刻　以下「大日本国勢記」），「八紘之基柱定礎式之辞」（基柱正面に銘刻　以下「定礎の辞」），塔建設当時の「由来碑」などが取り除かれたという[4]。このように指摘した「考える会」は，塔の礎石のルーツを訪ねて韓国や中国で調査を行ない，結果，石の中には孫文の墓（中山陵）からの石や，世界遺産にも指定された泰山からの石もあることを明らかにした（『八紘之基柱（平和の塔）礎石一覧表』，2002年〔以下，『礎石一覧表』と略す〕など参照）。また，県立平和台公園の碑文のうしろにある土止めの石の1つには「多田部隊　萬里長城」と刻まれているという（同前）。このように，海外から送られた石のほとんどが，日本が軍事的に支配した土地からのものであり，石の中には貴重な石も含まれているということが指摘されている[5]。

しかしこうした事実にもかかわらず，「県立平和台公園」の「碑文」（1971年3月　黒木博宮崎県知事署名）には，「友好諸国から寄せられた切石」を含めて建てられた塔で，塔正面の文字については「『八紘一宇』の文字が永遠の平和を祈念して刻みこまれている」と説明がなされている[6]。この黒木知事による「碑文」に対して同会は，1997年2月と2000年3月の2回，当時の松形知事に対して「碑文の訂正を求める申入書」を提出した。しかし県当局は「現状の

---

[4] 前掲『石の証言』など参照。

[5] 石の総数は1720個（1789個との説もある），内送り主の名前が刻まれているのは1484個である。日本の植民地と占領地からの石の総数が363個でその内訳は，台湾40個，樺太1個，朝鮮123個，パラオ1個，中国（占領地，日本軍支配地満州・関東州）198個ということである（前掲『礎石一覧表』）。

[6] なお武神像や八紘一宇の文字は復元されているが，「大日本国勢記」，「定礎の辞」，「由来碑」は，現在も復元されず，この塔がどのような理由で建てられていたのかは説明されないままになっている（「大日本国勢記」，「由来碑」については，前掲『石の証言』）。

まま保存する」として訂正に応じていないという（前掲『礎石一覧表』など参照）。元々は当時の「皇威（天皇の力）」の及ぶ範囲から，日本の軍事力によって集められた石を含めて建てられた塔であるのを，世界から石を集めて作られた「平和の塔」であるとし，塔そのもののイメージや，「八紘一宇」という文字について，その意味の読み替えが図られているのである。そして「八紘一宇」は世界平和を意味するものだとし，塔そのものも平和のシンボルであるとするのである。石についても，「八紘一宇」という用語についても，塔建設当時とは全く異なる認識がなされるに至っている。

ここでは，「考える会」や，W・エドワーズ氏らの先行業績にも教えられつつ，本書の「現在の日本社会を歴史のパースペクティブの中で考え」ようという目的（本書「はじめに」参照）から，過去が，どのように読み替えられ，現在に至っているのかを，戦後史と，八紘之基柱をとりまく人々の意識のあり方を中心に以下考察していく。

戦前の「八紘一宇」

まず「八紘一宇」の用語が，塔が建設されてから1945（昭和20）年8月の日本の敗戦までの間，どのように受け止められ，使われていたのかを見ておこう。

1941（昭和16）年11月25日，八紘之基柱がそそり立つ八紘台で開催される八紘祭を伝えた『日向日日新聞』は，「皇威世界に光被　仰ぐ『八紘一宇』の御染筆」という見出しを掲げた（1941年11月23日付）。すなわち天皇の威力・威信・徳が世界に行きわたる——それこそ「八紘一宇」の精神——だというのである。この八紘祭典で長船克己宮崎県知事は，訓示で次のように述べている。

> 個人主義自由主義は既に世界指導理念としての価値を破棄せられ之等の旧体制国家群の没落は必然的運命であります。而して永続の世界平和と人類の福祉とを招来すべき世界新秩序の指導理念は八紘一宇の我が肇国の大精神より外に絶対に無く此の尊き使命を遂行することこそ我が大和民族に課せられた歴史的使命であります（『日向日日新聞』1941年11月26日付）。

旧体制国家群——英・米——は，将来的に没落するとし，「永続の世界平和」

を「招来」する「指導理念」が「八紘一宇の我が肇国の大精神」だというのである。日本の同盟国・独は，この時，英国・ソ連などと戦っており，日本も，中国と4年余戦い，さらに対米英開戦への道をたどっていた。1941年10月22日，宮崎市と日向日日新聞社共催で開かれた「必勝大講演会」で，熊本師団幹部は，「日米関係何ぞ恐れん　皇国の用意は充分だ」と叫んでおり（同前10月24日付），「永続の世界平和」は，来るべき対米英戦争によってもたらされると考えられていた。

　1941年12月8日のマレー半島上陸と真珠湾攻撃に始まる対米英開戦（日本の第二次世界大戦参戦）に際しても，長船知事は，「宮崎県告諭第一号」で，県民に，「困苦欠乏に甘んじ自己一切を捧げて奉公の赤誠を攄(ぬきん)づる」ことを求めている（同前12月10日付）。そして1942（昭和17）年1月12日開催された宮崎県市町村長常会は，以下の内容の宣言を発するのであった。

　　米英両国を断乎排撃し而して我が肇国の大理想たる八紘一宇の下各々其の所を得せしめ真に共存共栄の新秩序を建設し以て宸襟を安んし奉らさる可からす（同前1942年1月13日付）。

　『日向日日新聞』に談を寄せた財界人も，「大東亜共栄圏の確立を完遂するための今次大東亜戦争は世界人類をしてこの八紘一宇の大精神を把握せしむるにあることは言を俟たない」と述べている[7]。そしてその「八紘一宇」を視覚化していた八紘台・八紘之基柱の下では，「肉薄突撃の喚声　八紘台下に繰展げた（中等学校）連合演習」（同前1942年12月9日付）といった軍事的イヴェントが繰り広げられていたのである[8]。

　このように，「八紘一宇」は，戦争遂行の理念として使われていたことは，戦前日本にあっては余りにも自明なことであった。しかし，1945年8月15日の

---

[7] 岡野清豪（三和銀行副頭取）「八紘一宇の大道場　全世界に誇る聖地日向（上）」（『日向日日新聞』1942年6月10日付）。

[8] なお1942年1月，宮崎市は，市歌を決定するが，その二番には，「八紘一宇」「基柱」の歌詞を見ることができる（『日向日日新聞』1942年1月17日付）。また翌1943年には，「県護国神社敷地　八紘台下と内定」したという（同前1943年3月20日付）。

敗戦は,「八紘一宇」と八紘之基柱の意味の読み替えを迫ることとなる[9]。

敗戦と八紘之基柱

　敗戦後,米軍の宮崎進駐を前にして,宮崎県は,観光地・宮崎の復活を推進し始める。1940年前後に,神武天皇ゆかりの「聖地」として観光客を集めていたが,戦局の中でそれどころではなくなっていた事態の改善に乗り出すのである。1945年10月12日付『日向日日新聞』には,「観光日向再建の構想」として,「都井岬をゴルフ場　将来は電車も通る宮崎－青島間　更に八紘台を公園化」と報じられている。宮崎への米軍の進駐が決まると,「外人むき土産品　進駐を前に大量生産」という記事も現れる（同前1945年10月19日付）。そして11月11日,現実に米軍が,宮崎市に進駐してくるのである（同前1945年11月11日付）。

　そしてこの間,GHQは,「政事的・民事的・宗教的自由に対する制限撤廃の覚書」（10月4日）,人権確保の五大改革要求（10月11日）などを通じて,民主化への圧力を強めていた。なかでも八紘之基柱に大きな影響を与えたのが,前述した12月15日の「国家神道（神社神道）に対する政府の保証・支援・保全・監督および弘布の廃止に関する覚書（いわゆる「神道指令」）」である。「軍国主義的乃至過激なる国家主義的イデオロギーの如何なる宣伝,弘布も之を禁止する,而してかゝる行為の即刻の停止を命ずる」というこの指令は,「八紘一宇」という「軍国主義的乃至過激なる国家主義的イデオロギー」の「宣伝,弘布」をするとみなされる八紘之基柱に大きな影響を与えることとなった。この指令を報じた『日向日日新聞』は,「八紘基柱・当然取払ひの運命」との見出しで,以下のように伝えた。

---

9)　荻野富士夫氏によれば,「八紘一宇」・「八紘為宇」について,1945年11月27日開会の第89帝国議会に向けて,文部省学校教育局が作成した「予想質疑事項答弁資料」によれば,「肇国ノ精神（八紘為宇）ト民主主義トノ関係如何」という質問が出た場合の答弁は,それは,「日本ノ世界制覇ノ意味」ではなく,「国際協調及ビ世界平和ノ理想ニ適シテ居ルモノ」として,「民主主義ノ理想ト背馳スルモノデハナイ」とされていたという（『戦前文部省の治安機能』校倉書房,2007年,402〜403頁）。

宮崎市の八紘基柱は当然撤去される運命にあるが，基柱の八紘一宇の文字は秩父宮殿下の御染筆によるだけに県の一存では行かず，本省に交渉中である。また年中行事であつた建国祭，八紘祭は廃止（『日向日日新聞』1945年12月19日付）。

八紘之基柱は，「当然撤去」されるだろうとの見通しが立っていたのである。なぜその構築物が残ったのかを語る史料は，現在のところ未見である。しかし宮崎県文書センター所蔵の紀元二千六百年奉祝会常議員会の会議録「昭和十三年以降　会議綴（常議員会）」（「昭和二十一年　雑書」秘書　所収）は，示唆を与えてくれる。文書の一部が切り取られているので月日を確定出来ないが，1946年1月初旬と推定される（推定の根拠は後述）。この史料は，まず「八紘一宇の文字は四海同胞の意なるも」との建前上の解釈を持ち出し，塔の生き残りを策しつつも，「戦時中使用された八紘一宇の文字が戦意昂揚世界征服の意に使用された関係上基柱八紘一宇の文字板の取除をなすべきが適当ではないか」と語る。

官選最後の知事である安中忠雄らは，日高重孝[10]の質問に答え，「四神像の取除について未たはつきりした事ではない」「八紘一宇の文字は絶対使用するなと指令されて居るから全然いけないと思ふ」と述べる。さらに知事は，「八紘一宇の御染筆は宮崎神宮に保管する」と語り，「取除いた後で何か適当な文字をはめこむのなれば又適当な文字を先に宮様に書いて貰つては」という質問に対しては，「今の所では八紘一宇の文字を取除いておく丈でよいのではないか」と答える。また，基柱の石板に刻み込まれた「八紘一宇の文字を保管したら」という問いに対しては，知事は，「保管する事もいけないと思ふなる丈けきずのつかぬ様に仕事する事は請負の方で言つて居る」と述べるのである。この知事の答えからみて，石板の取り除きが，占領軍の強い意向であったことが

---

10) なお日高は，1945年まで県立宮崎中学校の校長を務めていたという。『日向の研究』などの著書がある（「県政八十年」33，「祖国日向　当時を語る　日高重孝氏」『宮崎日日新聞』1963年2月16日付）による）。また，彼は，紀元2600年の宮崎県記念事業の1つとして設立された上代日向研究所の伝説部の主査を務めていた（『宮崎県大百科事典』（宮崎日日新聞社，1983年）。

うかがわれる。

おそらくこの紀元二千六百年奉祝会常議員会の会議の結論を受けたと考えられる記事が、1946年1月11日付の『日向日日新聞』に掲載される。「八紘之基柱　愈よ碑文取外し　御染筆は宮崎神宮に保管」という見出しの記事——前述したこの会議の結論と一致している——から見て、先にこの会議を1月初旬と推定したのである。そしてこの記事は、「武人像も当然取除きの運命にあるものと見られてゐるが、基柱内部に蔵されてゐる秩父宮殿下御染筆は宮崎神宮にて保管することになつた[11]」と伝えるのである。折から宮崎の占領軍は、「奉安殿を取除け」、公共施設内の「神社、神棚も」も取り除け、「刀剣類は引渡せ　期間は七日　違反者は逮捕」といった指令を出していたのである（『日向日日新聞』1946年1月13日付）。そうした占領軍の姿勢により、宮崎県護国神社の創建も中止と決定されるのであった（『日向日日新聞』1946年7月21日付）。

この米占領軍の強い圧力下に、「八紘一宇」の題字の取りはずしと、武神像の破壊が行なわれたと考えられる。

八紘台から平和台へ

『八紘一宇』の題字が復活する1965年、『宮崎日日新聞』は、「昭和二十年太平洋戦争の終結とともに世界の平和を守る意味で平和の塔と名づけられ、付近の台地を平和台と呼ぶようになった」（1965年1月9日付）と、八紘台から平和台への名称の変化の理由を伝えている。

ここで、八紘台が平和台となったのは、「太平洋戦争の終結とともに」とあるが、実際はもう少し後のことなのではないか。『日向日日新聞』の記事によれば、1946年12月22日付の「昔懐し遊覧バス　明春三月から復活」という記事でも、「八紘台」が使われている。

---

11) 宮崎神宮宮司・片岡常男の回想によれば、「八紘之基柱の秩父宮の御親筆が問題になり安中知事が殿下にお尋ねしたところ"焼捨てよ"といわれ」たという（『日向日日新聞』1953年10月26日付）。なお片岡が、この秩父宮の親筆を天井裏に隠し、これが、「八紘一宇」の字が復活する時使われることとなる（後述）。

管見の限りではあるが、『日向日日新聞』で、平和台が使われるのは、1947年5月3日の日本国憲法施行後のことになる。「『明るい光』を合唱　平和台下で学童のお節句」(『日向日日新聞』1947年5月6日付) が最も早い例のようである。平和憲法だから、平和台と呼ばれるようになった可能性が考えられる。「戦い終つて二年　新しき世代への歩み」という1947年8月15日付『日向日日新聞』の記事は、次のように述べている。

>　きょう三度めぐりきし八月十五日、悪夢のような侵略戦争が幕を絶つてからまる二年、かつて「八紘一宇」と刻んで軍国日本を謳つた宮崎市下北方町の「八紘台の基柱」も今は「平和の塔」とあらたまり一帯の高台はその名も「平和台」とかわつた。

冷戦が、まだ本格化していないこの時点にあっては、『日向日日新聞』も、「侵略戦争」「『八紘一宇』と刻んで軍国日本を謳つた」と述べていたのである。だからこそ、「悲願のうちわ太鼓をたゝく元将校行者　平和台に舎利塔を　佛教興し世界平和に寄与」(同前1947年12月15日付) といった記事も、かなりのスペースを割いて掲載されるのであろう。

しかし名前は変えられても、人々の意識は戦前の延長線上にあったのではないか。1947年9月25日付『日向日日新聞』の「"日向新十景"を募る」読者投票[12]の結果は、この点を暗示する。この投票の結果、「日向新十景」として、平和台 (4位) と、「神武東征」の出発地とされる美々津 (6位) が選ばれる (「日向新十景めぐり」同前　1947年11月19日、21日付)。ただこの時点では、平和台についてコメントした筆者は、「なにか割り切れない気持で平和の塔を前にして、人々はなにを考えるであろうか」と、複雑な心境をのぞかせていた。

「独立」の中で――「武神像」原型の発見――

1949年の中華人民共和国の誕生、翌年の朝鮮戦争と、再軍備の開始は、「平和の塔」をめぐる『日向日日新聞』の論調を大きく変えた。アメリカの占領政

---

[12] 『日向日日新聞』1947年10月11日付「日向論壇」が述べる「観光地復活への要望」が、この「"日向新十景"を募る」背後にあった。

策が，民主化から，「反共の防波堤」構築へと大きく舵を切っていく中でのことである。1951年1月26日付『日向日日新聞』は，「日本一　お国自慢　宮崎」として，「丸ビルより30尺高い平和塔」を紹介する。

> 幾百万の人手と百五十万円の経費をかけて建造したこの"平和塔"は高さ百三十二尺（約四十米）基底の広さ十六尺四方，正に全国一の石塔で東京丸ビルよりは約三十尺高くこれが海抜二百尺の台地にそびえているながめは旅人の目をそばだたせるに十分，更にこの塔の日本一たるゆえんはその礎石を国内，大陸はもち論伊，英，仏，米の各地から集めて造つたことで世界にも余り例をみないだろうといわれている。当時は神国日本のシンボルとして建設されたこの塔も終戦後平和のシンボルとして再出発し観光地としてクローズアップされて来た。

この1951年の段階では「神国日本のシンボル」であったと紹介されながらも，「世界」から石を集めてつくられたという部分が強調されだすのである。1963年2月5日付『宮崎日日新聞』が，「内容的には交戦中だったシナ各地のものが圧倒的である」[13]と指摘しているにもかかわらず，次第に報道は，世界から石を集めた＝平和といったイメージを紡ぎ出す傾向を強めていくのであった。

「平和塔」に「武神像」復活を求める「"観光客の声"」もあがりだす。これに対し，永井県観光課長は，「この問題は前々から考えており是非実現する考えだ，今度塔の所管も財政課の方から私の方に移つたので塔全体の補修作業とともに近いうちに実施することにする」と述べたという（『日向日日新聞』1951年7月18日付）。しかしこの時点では，「武神像」が，「昭和二十一年に取外され」たと，事実に即した報道がなされていた。

1952年4月28日，対日平和条約・日米安全保障条約が発効し，公職追放令廃止も施行される。そして同年10月1日の第25回衆議院議員総選挙で，「八紘之基柱」建設の立役者である当時の宮崎県知事・相川勝六も，公職追放を自動的に解除され，宮崎県第一区から代議士に当選する。当選した相川は，戦前の自分の言葉（第2章及び後述部参照）などなかったかのように，「八紘……　世界平和に通ず」と述べるとともに，「やっぱり八紘基柱とよびたいネ」と本音を

13）なおこの点については，脚注の5，前掲『礎石一覧表』をも参照。

もらすのであった(同前1952年10月5日付)。

　この時期, 観光宣伝も, 「神話と伝説の観光地　宮崎市周辺」として, 宮崎神宮と平和台を売り込みだす(『日向日日新聞』1954年4月20日付)。同じく1954年には, 美々津町でも1940年につくられ, 敗戦によって中断していた「古式豊かな"立縫の舞"」が15年ぶりに復活する(同前1954年6月13日付)。戦後, 一度は建設が中止された護国神社も, 1953年4月, 再建奉賛会が結成され, 「千九百万円の募金(一般七百万円, 県と市町村各六百万円)に乗出し」, 翌々年の1955年3月10日(戦前の陸軍記念日)に落成式をあげることとなる(同前1955年2月23日付)。そしてこの1955年, 武神像の原型も, 元宮崎市助役のところから出てくる。塔の作者の日名子実三本人からもらいうけ, 熊本に残されていたというのである。これを伝えた1955年11月22日付『日向日日新聞』は, 次のように述べている。

　　この塔は平和の塔と名づけられ八紘台は平和台として観光の名所となった。四つの神像のうち武神像だけが欠けているのは文化財としての平和の塔のバランスを崩す結果となり, 観光客に奇異な感を抱かせてきた。このため県や宮崎市をはじめ県内の各界から武神像の復活をはかろうとの声が高まり各代表者は武神像の原型捜しに血眼になっていたものである。

そして同紙は, 「近く復活の計画進む」と観測した。しかし復活はスムーズにはいかなかった。翌年の同紙は, 「平和の塔　武人像や題字も復活　270万円で県観光課が計画」と報じ, 以下のように語る。

　　この復活と同時に宮崎神宮に保管してある秩父宮筆の"八紘一宇"も真の意味は世界平和を希望する言葉なのでこの題字を掲げる計画で武人像頭部の製作費, 運賃, 取付料など合計約二百七十万円を明年度予算に要求することになった(同前1956年11月17日付)。

折りしも「神宮や旧軍人が音頭」をとった"紀元節"復活の動き[14]も, 活

---

14) 1948年7月20日公布された国民の祝日に関する法律で, 2月11日の紀元節は廃止されていた。1966年, 建国記念の日として復活する。

発化しつつあった。「県民の意見」も,「大多数」が紀元節復活賛成だったというが,「名称,期日選定は慎重に」という意向も示されていた(同前1957年2月8日付)。翌1958年にも,「武神像や照明も復活　宮崎平和台拡充に乗出す」として,「正面の字も」復活させようと,「総経費四千五百万円を見込んでいる」と報じられた(同前1958年10月31日付)。財政難に加えて,折から社会党が上げ潮に向っている中,戦前回帰的なこのような動きに反発が強かったのであろう。武神像の原型は出てきたもののなかなか復活することが出来ないまま推移していく。

黒木博知事の誕生と武神像の復元

1959年4月,戦中・戦後,県庁の役人を務めていた黒木博が,知事に当選した。この黒木県政の下で,武神像と「八紘一宇」文字の復元がなされていく[15]。まず武神像の復元から見ていこう。

1つのきっかけとなったのは,秩父宮妃の宮崎神宮・平和台来訪である。宮崎神宮の拝殿の横には,片岡宮司が敗戦後隠していた故秩父宮の「直筆題字」が掲げられていたという(『日向日日新聞』1959年6月26日付)[16]。翌1960年1月,宮崎県は,「文字と武神像を復活」を計画し,「早ければ今秋に」との姿勢を示した。こう伝えた1960年1月30日付の『日向日日新聞』は,「こんども賛否両論　県は予算化で頭が痛い」として,以下のように述べるのである。

　　"八紘一宇""武神像"復活計画はこんども賛否両論に大きく分かれる成り行きである。県としてはしきりに"観光立県"の立場を強調しているものの,八紘之基柱時代の思い出が尾を引いて,賛成派が「画竜点睛(ママ)(せい)というところだ。さっそく作れ」といえば,反対派は「逆コースもはなはだしい前時代の遺物としてながめれば足りる」

---

15) 1962年10月9日付『宮崎日日新聞』によれば,「衣がえの観光地!　平和の塔　夜間照明でクッキリ　児童公園も完成　好評うける『ハニワ公園』」と題して,「本格的な整備が始まったのは一昨年あたりからである」と伝えている。「一昨年」すなわち1960年＝黒木知事誕生の2年目から公園としての整備が本格化したのである。

16) なお『毎日新聞』宮崎版1965年1月12日付によれば,「(昭和)三十五年,秩父宮妃殿下の参拝以来社務所に飾られている」と報じられた。

と食い下がる。このため県としても予算をつけるかどうかに悩んでいる実情で、近づく知事査定を前に攻防はいよいよ激しくなる見通しである。

武人像復活への抵抗は、なお激しかったのである。しかしこの時期から、武神像の破壊にからみ、これまでと異なる情報が流布しはじめる。従来は、『日向日日新聞』も、占領軍の指令に基づき、1946年1月破壊がなされたという論調であった（本書208頁、前述1946年1月11日付参照）。ところが、「『ああ十五年』③　占領時代」というシリーズで突然、次のような新説が登場してくるのである。「自爆した？　武神像」という小見出しで、同紙は、次のように述べるのである。

> 命令もないのに『八紘之基柱（はっこうのもとはしら）』＝宮崎市下北方＝の"八紘一宇"の文字を削り取り武神像を爆砕するできごとが起こった。いち早く名前も『平和の塔』と改められた。（中略）占領軍が進駐するという連絡にあわてた県が（昭和）二十年九月破壊作業をしたと伝えられているが事大主義というかオッチョコチョイというか、とにかくそのあわてぶりはこっけいだったろう（『日向日日新聞』1960年7月8日）。

すなわちこの説によれば、米軍は、「八紘一宇」の文字の「削り取り」や、武人像の取り外しを命令していないのだ、米軍を恐れた人々が勝手にやったのだというのである。この説は、従来の『日向日日新聞』（1946年1月11日付など）の説明から見ても、先に紹介した宮崎県文書センターの史料からいっても成立しないのではないか。しかしこのような説をとれば、「八紘一宇」も武神像[17]も、米軍が軍国主義的とみなしたわけではないから、復活しても問題はないという主張も可能となってくる。

1961年からは、塔のライトアップも計画される（『宮崎日日新聞』[18] 1960年11月8日付）。1961年12月28日付の『宮崎日日新聞』は、「夜空を包む古代ムード　平和の塔、青い光りに浮かぶ」と報じた。さらにこの1961年には、日名子実三

---

17) 前述した通り、1946年1月13日付『日向日日新聞』（208頁参照）に見られる占領軍の強硬な姿勢から見て、武神像の取り壊しは、占領軍の命令であった可能性が高い。
18) 『日向日日新聞』は、1960年1月1日から、『宮崎日日新聞』になる。

の子息（玉川学園大学教授）が，研究会で宮崎を訪れ，「父の遺作平和の塔を見物」し，「感慨もひとしお」という記事も載る。同紙は，「日名子実三さんの作品は東京の日比谷にあった軍艦マーチの記念碑をはじめ全国各地に多くの作品があつたがそのほとんどが終戦後取りこわされ現在のこっているのはこの平和の塔だけ」（『宮崎日日新聞』1961年11月23日付）と伝えた。塔の芸術的・文化的価値が高いことを，多くの同紙読者に印象づけようとしている記事といえよう。

「八紘一宇の塔」復元への布石は，さらに打たれていく。1962年4月11日，黒木知事が発表した「"オリンピック聖火リレーは宮崎から"という構想」は，結果的であれ，「八紘一宇」の塔復元を後押しするものとなった（後述）。宮崎県を「日本のギリシャ」だとし，同知事は，以下のように述べたという。

　本県は，日本民族，文化の発祥地であり，古事記，日本書紀に見るように，天孫降臨，皇祖三代の宮のあとでもあり，数々の神話，伝承が残されている（『宮崎日日新聞』1962年4月16日）。

この宮崎をオリンピック聖火リレーの起点にという提唱は，多くの県民への求心力として作用していく。その中で，武神像の復元が，比較的スムーズに進むこととなる。1962年9月23日付の『宮崎日日新聞』は，「平和塔『アラミタマ像』を復元 "四神像"そろう　16年ぶり工事はじまる」という見出しで，次のように伝えた。

　終戦直後に進駐軍を恐れて取りこわした宮崎市の平和塔（旧八紘基柱）のアラミタマ像（武神像）復元工事が二十二日から始まった。（中略）アラミタマ像が塔正面の「八紘一宇」の台字（ママ）（故秩父宮筆）といっしょに取りこわされたのは昭和二十一年らしい。「進駐軍は紀元二千六百年の遺物の塔を爆破するそうだ」というデマに，ふるえ上がった旧奉賛会の人たちの仕わざである。

この記事では，破壊の時期こそ，1946年とされたが，GHQからの指示があったことなどは，全く無視され，武人像破壊の「犯人」まで特定されてしまう。さらにこの記事は，以下のように，その後の事情を伝えている。

時代が落ち着き，観光地として訪れる人が多くなるにつれ「この像は日名子実三氏（故人）の力作でもあり，やはり記念物として復元し保存すべきだ」という声が強まり，県が三十二年ごろから復元計画をたてたが，塔の付近に埋められた部品を掘り返してみるとカケラが四散して使えず，さらに県労評，文化人の一部からも「軍国思想の復活は好ましくない」と横ヤリが入り立ち消えになっていた（『宮崎日日新聞』1962年9月23日付）。

1955年に武神像の型がみつかった折には，「軍国思想の復活は好ましくない」との理由が主となって再建されなかったと見られる（前述）。しかしそうした反対も，オリンピック聖火リレーの起点をめざす運動の中で，その力を弱めていたといってよいかもしれない。

聖火リレー起点としての「平和の塔」

武神像の復元はなされたが，戦前に戻ろうとするかのような方向性への疑問は，なお強かったのであろう。『宮崎日日新聞』も，過去の歴史をみつめようとする。「県政八十年」シリーズ 25は，「戦時体制へ＝祖国振興運動＝」を取り上げる。ここでは，下記のようにかなり正確に「八紘之基柱」について伝えている。

　八紘之基柱は（昭和）十四年五月に着工し，世界中の石，千八百九十個を集めたもので，南米の邦人のものもまじっているが，内容的には交戦中だったシナ各地のものが圧倒的である。正面に「八紘一宇」の文字をかかげたが，これは戦後解釈したように「世界みな同家族」ととれないこともないが，当時はもっぱら「皇威による世界統一」の象徴と考えられた（1963年2月5日付）。

しかし同じ時期，「私の開発プラン」シリーズでは，「神話で勝負しよう」，「観光拠点に美々津　神武天皇銅像やドライブコース」といった主張も載りだす（『宮崎日日新聞』1963年9月20日付）。折から宮崎市を第二起点とする聖火リレー国内コースが決定する。アメリカの施政権下にあった沖縄から鹿児島に空輸された聖火は，ついで宮崎に，さらに札幌へと空輸され，この三地を起点に聖火リレーコースの最終案が決まるのであった（同前1963年6月8日付）[19]。2つの起点・鹿児島と宮崎の間にあり，聖火リレーが通らない宮崎県・都城地域か

らの反発はあった[20]とはいえ、「栄光の第二起点」として県内の雰囲気はたかまったとみられる（『宮崎日日新聞』1964年1月1日）。

この「栄光の第二起点」が、「八紘一宇の塔」復元にはずみをつけていく。東京オリンピックの年の1964年2月11日、「紀元節」復活派の奉祝大会は、「八紘台に改めよう[21]」「題字の復元も決議」したという（『宮崎日日新聞』1964年2月12日付）。この「栄光の第二起点」決定の意味について、翌1965年1月12日、「八紘一宇」の題字復活をめぐって、『毎日新聞』宮崎版は、次のように述べている。

　（昭和）三十七年十二月には武神像を復元、県に寄付した。このときは「像が一つだけ欠けているのはシンメトリーを失しておかしい」というのが理由。県労評は反対したが、実力行使まではいかなかった。このとき「"八紘一宇"の文字も」という意見はあったが、慎重論が勝った。以来、八紘一宇の復活論はくすぶりつづけたが、燃え上がるきっかけとなったのはオリンピック聖火リレー第二コースの起点に平和台が決まってから。「完全な姿で起点式典を」という声が強まったが、一般行事の準備に忙殺され見送られた。

また1965年1月9日付『宮崎日日新聞』も、「県観光課が、この平和の塔に武人像を復元したとき"八紘一宇"の題字を復元しようという話が出たが「戦争の惨事を思い出させるばかりだ」と反対する声が強く見送りとなった。ところが昨年の七月「世界平和も確立できたし、題字を復元した方が観光資源としての価値がある」という声が高まり同（宮崎県観光）協会が復元を計画」と伝えている。

---

19) すべての都道府県をまわるこの聖火リレーにおいて、この宮崎を起点とするコース（『宮崎日日新聞』1964年9月10日付参照）は、まるで神話の「神武東征」を連想させるかのように、大阪・和歌山・奈良を通過している。
20) 1963年3月23日の都城市議会では、「皇祖発祥の地の高千穂峰を中心にする都城地方を素通りとは納得できない」といった激しい反発が出て、都城市と周辺9町から聖火特別委員会に対して、「起点」についてものいいが出される（『宮崎日日新聞』1963年3月24日、27日付）。「起点」の決定をめぐって、天孫降臨ないしは神武天皇の影がちらついていたことがうかがわれる。
21) 『石の証言』によれば、県議会に「八紘台」への改名の請願も出されたという。

わずか2年足らずの間のこの変化の原因は，明らかに聖火リレーの起点となったことの効果であろう。確かに「平和の祭典」オリンピック開催はあれ，1964年7月に，「世界平和も確立できたし」と，題字復元推進派が述べていることは注目に値する。1962年10月，米ソ核戦争一歩前までいったキューバ危機があり，1964年8月には，アメリカは，トンキン湾事件を起こし，ベトナム戦争が本格化するこの時期に，なぜ「世界平和も確立できたし」と述べるのであろうか。1963年8月の米英ソ三国の部分的核実験停止条約を受けてのことと見られないことはない。しかし池田内閣の下での所得倍増計画の進行により，国民の目が政治よりも，経済へと向き出したことによる日本社会の雰囲気の変化が，「世界平和も確立できた」との言の背後にあったのかもしれない[22]。

前年無投票で再選された黒木知事の強い指導力の下，平和台に据えられる聖火台も，「黒木知事の注文もあって模様は"神話の国日向"を象徴したもの」として以下のようになったという。

> 上部にジョウモン式模様，真ん中に雲を配した高千穂の峰，下の方に鉾が刻まれており，神々の降臨を表している（同前1964年7月30日）。

そして1964年9月10日，聖火リレーは，平和台をスタートしていくのであった。

「八紘一宇の塔」の復活と賛成論の「論理」

宮崎県労働組合評議会（県労評）などの強硬な抗議にもかかわらず，宮崎県は，「おとなしい日向人を二つに割って騒動をまき起こしていた「八紘一宇」」（『朝日新聞』1965年1月24日付）の文字を復活させるのである。

聖火リレーのスタートから4ヶ月余，「平和の塔」に，秩父宮の「八紘一宇」の題字が復活する。1965年1月10日付『朝日新聞』宮崎版は，この間の経緯を

---

22) この1964年7月，宮崎大学教職員組合が分裂した際，『宮崎日日新聞』は，「"赤い大学"からの脱皮　期待される新組合」と，強い期待を表明する（『宮崎日日新聞』1964年7月10日付）が，そうした脱政治の雰囲気も，この時期，広がっていたと見られる。

おわりにかえて　戦前日本社会から現在を考える　219

以下のように伝える。

　ことの起りは、県観光協会が東京聖火リレーの起点になって以来、人気を盛返した平和台公園（宮崎市）の「平和の塔」に、終戦直後とりはずした八紘一宇の額石を復元させようといいだし、県が復元許可を与えたことから。今月いっぱいには復元は完成する手はず。

　『毎日新聞』宮崎版は、「観光のオフ・シーズンである一月に完成しようと県観光協会は十二月二十六日、県に工事許可を申請、八日知事の許可がでた」（1965年1月12日付）という大急ぎの工事であった[23]。「県観光課が、この平和の塔に武人像を復元したとき"八紘一宇"の題字を復元しようという話が出たが『戦争の惨事を思い出させるばかりだ』と反対する声が強く見送りとなっ」たという（『宮崎日日新聞』1965年1月9日付）。しかし「平和の祭典」オリンピックの際、聖火リレーの第二起点を経験したことを通じて、「戦争の惨事を思い出させるばかりだ」といった反対の声が弱まっていたとみられる。

　復活の中心人物とみられる岩切章太郎県観光協会長は「この問題は前から考えていた。オリンピック聖火リレーの起点式典前に完成しようという話もあったが、そのままになっていたので残念に思っていた。これは単に観光宮崎のためばかりでなく神話の国、宮崎の郷土色を高めるためにも一日も早く完成すべきだ」と述べる（同前）。さらに彼は、「うれしい復活」だとし、「占領軍の命令とはいいながら、終戦直後なぜ八紘一宇のプレートをはずしたのか。われわれは"民族の誇り"をきずつけられた思いで残念だった。（中略）プレートが復活してこんなうれしいことはない」とも語ったという（『毎日新聞』宮崎版1965年1月12日付）。しかしこのように、はっきりと復活を礼賛する主張は少な

---

23) 県労評が「八紘一宇」の復元工事中止を田島県土木部長に申入れた際、県労評は「三年前の武神像復元で、像が美術工芸品であることと、しかもオープンに作業が進められた。が、八紘一宇の文字復元は秘密裏に進められ、理論的に実態が県民に明らかにされていない」と述べている（『朝日新聞』宮崎版、1965年1月13日付）。前掲「11.25シンポジウム報告集」によれば、この「八紘一宇」の復元は、御用休みを利用して「闇討ち的に復元」されたのだという。

い[24]。宮崎県観光協会（岩切章太郎会長）があげた復元の理由は，「塔の芸術的価値を高め，観光資源として完全を期する」ことであった（『西日本新聞』1960年1月23日付）。

落合県観光課長補佐も「観光資源をふやすために史跡を二十年ぶりに復元しようというもので，別に意味はない」（『宮崎日日新聞』1965年1月9日付）という素っ気ない答えである。1965年1月10日付『西日本新聞』も，宮崎県観光課の話として，「八紘一宇いうことばには賛否両論があるが，古事記，日本書紀にも出ている古いことばで戦争に結びついたものでないという解釈もある。美術工芸品としての塔の一部を復元することには支障はないと思う」と述べていたという。この観光課の話に象徴されるように，「八紘一宇」の文字復活論には，「八紘一宇」が，1913年に，田中智学によって造語された用語であるといった意識はもちろんみられない（本書第2章参照）。そして「古いことば」ではない「八紘一宇」という言葉を，「古いことば」とみなし，「伝統」あるものとのイメージをちらつかせつつ，復元を合理化するのである。そして「八紘一宇」＝「古い言葉」＝「戦争に結びついたものでない」とするのが，賛成論の「論理」の大きな特徴であった。

さらに具体的に『宮崎日日新聞』に掲載されている賛成論を中心に，その特徴を見ていこう。1965年1月16日付『宮崎日日新聞』「八面鏡」（投稿欄）に掲載された職業・年齢不明の宮崎市・和光生の「県労評の抗議に疑問」は，賛成論の1つの典型といってよい。

　そもそも「八紘一宇」の文字の解釈は「世界は一つなり」という意味だろうと思います。これが戦時中「日本が世界を制覇する」という意味に手前勝手な解釈をしてきたからこそ，戦後，占領軍に遠慮して八紘一宇の排除となったと思います。
　文字の解釈のとおり「世界一政府」の思想こそ地球人類の理想であるべきで，労評

---

24) 38歳の延岡青年会事長が，「私は戦中派なので八紘一宇には郷愁がある。昔あつたものが復元するだけでなにも軍国主義の復活ではない。八紘一宇のほんとうの意味は平和主義なのだから平和的に利用すればよいと思う」と語ったのも（『宮崎日日新聞』1965年1月16日付），岩切に近い意見といえよう。

が文句をいうこと自体が戦争の亡霊に取りつかれていると思われておかしいと思いませんか。

　この人物は，何の根拠もなく「『八紘一宇』の文字の解釈は『世界は一つなり』という意味だろう」という一種の思いこみから，自己の論理を組み立てているようにみえる。前述した通り，「八紘一宇」自体が，軍事的に「世界を一つにする」という意味をもって造られた用語（本書第2章参照）という認識が全くないのである[25]。同じ「八面鏡」の投書者で，「『八紘一宇』題字復元に反対」を主張した宮崎市の女性（主婦・32歳）が，「賛成している人のほとんどが『八紘一宇』という題字と平和ということばを簡単に結びつけて『今さら軍国主義を思い起さなくとも』と反対側を攻撃しているのはおかしい」と述べる通りといってよかろう（1965年1月23日付）。
　もう1つ賛成論の論拠となり，「八紘一宇」＝世界平和的イメージを補強したのが，世界から石を集めて造ったという点である。日南市の23歳の女性会社員は，「世界各国の石を集めて造った『八紘一宇』の題字はぴったりするような気がします。日本の歴史の一コマがここに刻み込まれているようでもあります。戦争はいやですがその『八紘一宇』の名が戦争につながるものとは思いません」（『宮崎日日新聞』1965年1月16日付）。また都城市の51歳の時計商も，以下のように述べる。

　　外国と仲よくするという意味で世界各国の石を集めて建てたものですから復元に賛成です。八紘一宇ということばと文字がたまたま軍国主義者に悪用されたため，いやなイメージを残しているわけだが，字義を正しく解釈すれば決して問題になるものではありません（同前）。

　高千穂町の45歳の商店主も，「塔建設のとき勤労奉仕したことがあるので，八紘一宇は非常になつかしい」と述べた上で，「世界の貴重な石を集めて建設

---

[25] いうまでもないことであるが，本書第2章で明らかにしたように，「八紘一宇」が，陸軍によって使われはじめたことを発端に，日中全面戦争の中で広まった軍事色が濃い用語だという意識の片鱗も，「八紘一宇」復元賛成派には見られない。

された塔だからそれにふさわしいように復元させるのが当然だ」と語る。小林市の32歳の会社員も，やや微妙な表現ながら「最初塔を造ろうとした人たちの意図がどこにあったかわかりませんが，将来はやはり平和につながるものとして計画したものでしょうし，世界各国から集まった石にもその願いがひめられていたと思う。早く復元して史跡としてもらいたい」と，石が平和的に集められたとするような発言を行なう（同前）。

前述した通り，題字復活を推進していたとみられる『宮崎日日新聞』自体も，この石について，「内容的には交戦中だったシナ各地のものが圧倒的」と指摘していた（1963年2月5日付）。また第2章でもふれた通り，八紘之基柱建設の際，相川県知事は，板垣征四郎陸軍大臣に，「皇威の及べる地から」「第一線各部隊献石」を「懇願」し，板垣も快諾したという（『宮崎新聞』1939年8月1日付）[26]。こうした過去の歴史や指摘は忘れられ，「紀元二千六百年記念事業として，世界各国から名のある石を集めて建てた美術工芸的価値の高い塔」という県観光協会や県の姿勢（『宮崎日日新聞』1965年1月16日付）が，『宮崎日日新聞』などの報道とも相俟って，多くの人々の共通認識のようになっていったと言えるのではなかろうか。

1963年2月5日付の『宮崎日日新聞』は，「八紘一宇」の意味について，当時は「『皇威による世界統一』の象徴と考えられた」と指摘しており，敗戦後県外務課長だった中国管区警察局長の笠原享二も，1965年1月12日付の『毎日新聞』宮崎版で，以下のように八紘之基柱の実態を述べていた。

> 昭和二十一年一月だった。占領軍が八紘台を爆破せよといっているうわさが広まった。八紘一宇は軍国主義のシンボル，天皇の神格化と結びつくというのが進駐軍の意向。私も塔内にはいってみたが，かなり刺激的なことばが刻まれてあった。

県労評の反対運動や，こうした指摘があったにもかかわらず，それらは，多くの人々に過去を直視させる契機とはならなかった。そこには，高千穂町の45歳の商店主が，「戦後ということばもなくなろうとしているとき，昔にもどる

---

[26] この点については，前掲『石の証言』も参照。

などと目の色を変えて論議すべき問題ではなかろう。だれもが悲惨な戦争は御免だが、八紘一宇すなわち昔の軍国主義と考えるのは感覚的におかしい」といった、もう、「昔の」過ぎたことなのだ、という根深い意識があった(『宮崎日日新聞』1965年1月16日付)。宮崎市の53歳の洋服店経営者も、「題字を復元したからといってすぐ戦争につながるという考えは納得できない」と述べるのである(同前)。東諸県郡の33歳の女性(商業)も、以下のように言う。

> 復元に反対する人たちは八紘一宇を戦争に結びつけているようですが、戦後二十年もはや戦後ではないといわれる時代に無理して戦時中のことを思い起こす必要はありません。八紘一宇の題字を掲げたものですから元の姿に戻すべきです(同前)。

そうしたスタンスは、強い平和意識を持っていたと思われる人にも共通していた。宮崎市の薬局経営者の女性(39歳)も、「"八紘一宇"の題字を入れたぐらいで私たちの平和思想は絶対にゆらぎません」と述べるのであった。

こうした多数派の意識の結果、県労評の「平和の塔」という題字を入れるべきだという主張や、18歳の学生の、以下のような意見は、全く顧みられることなく終わる。

> 八紘一宇ということばの意味がわからない。プレートを復活するといってもピンとこない。平和台は宮崎のシンボルだ。改名は純粋に観光的見地からだというが、それならなぜ八紘一宇でなければならないのでしょう。私たちには"平和の塔"のプレートをつけた方がずっと身近な感じがする(『毎日新聞』宮崎版1965年1月12日)。

その結果、『毎日新聞』宮崎版が、「文字が復元しても呼び名はこれまでどおり"平和の塔"というから、ややこしい」と述べるような事態が生じていく。そして第2章で述べた通り、「八紘之基柱」が、当時の相川知事の以下のような言葉をきっかけに建造されたことも、なかったかのようになっていくのであった。

> 今次聖戦は神武大帝肇国の精神たる八紘一宇の実を東亜の大地に顕現せんとする聖業でありまして現時聖戦の段階は大帝が日向御進発以来の御聖戦の一過程にも比すべきかと考へられるのであります。

日中全面戦争は，「神武大帝肇国の精神たる八紘一宇の実を東亜の大地に顕現せんとする聖業」だととらえられていた。その「八紘一宇」という用語と，戦争の関係も，大部分の人々にとって忘却の彼方へと消えていく。

この一連の経緯からわかることは，「八紘一宇」といった伝統的装いを持つ用語が，かつて安丸良夫氏が指摘した「偽造された伝統」(『近代天皇像の形成』岩波書店，1992年）として，多くの人々に思考停止をもたらすことである。先に引いた新聞への投書者のような「『八紘一宇』の文字の解釈は『世界は一つなり』という意味だろうと思います」といった発言は，そうした所産なのではないか。また前述した宮崎県観光課が「八紘一宇ということばには賛否両論があるが，古事記，日本書紀にも出ている古いことば」という説もあると述べるような発想が，それであろう。「伝統」とか「歴史的」であるとかの思い込みや，思い込まされることが，「歴史」に目を閉ざす結果を招いてしまうのではなかろうか[27]。

1985年，旧西ドイツ大統領ヴァイツゼッカーは，「過去に目を閉ざす者は結局のところ現在にも盲目となります。非人間的な行為を心に刻もうとしない者は，またそうした危険に陥りやすいのです」と警告した（『荒れ野の四十年』岩波ブックレット，1986年）。このような危険性が，上述した「八紘一宇」という用語の問題にも現れているといえよう。いやそれは，現在の日本にもある危険性ではなかろうか。歴史に目を閉ざしていくとするならば……

---

[27] この点に関連して，井村彰氏は，W. J. T. Mitchellの「象徴的暴力」性（*Art and the public sphere*, (Chicago, University of Chicago Press, 1992))にふれて，「モニュメントが我々に行使してくる暴力」の性格を次のように述べている。「それは合法化されていて，見えにくいし，（中略）心地よくおそってくるんですね。つまりそれは，文化とか芸術・伝統とか平和とかこういう言葉をまとって襲いかかってくる」（前掲「11.25シンポジウム報告集」による）。なお同氏の「モニュメントにおける文化と野蛮――宮崎市の「平和の塔」を事例として――」（『メタ環境としての都市芸術――環境美学研究――』平成10～11年度 文部省科学研究費補助金研究成果報告書，2000年）をも参照した。

あとがき

「英恵さんや，あそこには死体が山積みだったんだよ…」
「逃げる途中に親とはぐれた子どもたちが，河原に集まって泣いていたんだよ…」

　これは，松山城のお堀端をドライブしていた時に，祖父から聞いた松山の空襲後の様子です。身も凍る話です。水鳥が遊ぶお堀端の長閑な風景が，祖父にとっては何十年も前の空襲の惨状を蘇えらせる風景なのでした。
　この話をしてくれた祖父は，2年前の夏に亡くなってしまいましたが，今でも折にふれて思い出します。
　もう1人の祖父は，習い覚えたモールス信号の打ち方や手旗信号を今でも披露してくれます。この祖父に本書で歴史的成り立ちを明らかにした「八紘一宇」について聞いてみると，即座に，知っていると返事がありました。祖父の記憶では学校で教わったとのことですが，現在のように情報網が発達していない時代での，「八紘一宇」の伝播力には驚きました。教育の力って大きいのです。
　ほかにも，学徒動員で尼崎のプロペラ工場で働いていた祖母は，軍隊式の行進で移動したという話を，身振りを交えながら話してくれます。
　砂糖が無くなるとの噂を聞きつけて，学友とお金を出し合い「薄墨羊羹」(松山銘菓)をたくさん買って食べた話。『スタイル』誌に出てくる「銘仙」ってどんな着物の生地？　などといった質問に祖父母たちは答えてくれます。
　私が研究対象としている時代は，過ぎ去った大昔の話ではなく，祖父母たちの思い出話に出てくる時代なのです。祖父母たちを理解したい，という気持ちから研究をすすめている，というところが私にはあるのでしょう。
　このように昔の話をしてくれる祖父母たちも，兄弟を戦争で亡くしています。周りのお墓より背の高い墓石のお墓は，戦争で亡くなった兵隊さんたちのお墓です。
　今の私よりも若くして亡くなっている人もいます。
　幸いにも戦争を体験していない私にとって，戦時とはどういう状況なのかということ

は，感覚としてはわかりにくいところがあります。テレビの映像で観ることがあっても，それを現在の私たちの境遇に重ね合わせるのは難しいかもしれません。しかし，ごくごく普通の人たちの暮らしや生き方が脅かされるというのは確かなようです。

　人間のなしうる残虐な行為や過去から目をそらさないでいること。歴史を学ぶということには，そういう意味もあるような気がしています。

　かくいう私も，「八紘一宇」という用語を知りませんでした。

　史料をめくると，ちらほらと見えるこの用語は一体どういう意味なのだろうか？ というのがこのテーマにとりかかる出発点でした。そのうち，教育審議会の議事録を読んでいた折，この用語に疑問をもっている人が存在していたことを知りました。ちょうど「八紘一宇」って何だろう？ と思っていた時だったので，この発言にとても親近感を覚えました。そこで，どのようにして「八紘一宇」が時の言葉になっていったのかを知りたくなりました。

　また，戦時中の「パーマネントをやめませう」という標語や国民服が作られたこと，もんぺといった農作業用の服装を，都会の女性までが受け入れていたということも不思議に思っていました。もんぺや国民服といった格好は，雑誌『スタイル』が当初目指していたお洒落とは対極にあります。ファッションやヘアースタイルといったものも，社会背景を抜きにしては考えられないのです。そして，美しいものに対する憧れや，夢や希望というものを見ていたいのは，どの時代の人間にも共通することなのだと思います。

　最後になりましたが，本書の執筆にあたって，情報やアドバイスを提供してくださった方々，そして励まし，勇気づけてくださった方々に感謝いたします。

（内藤英恵）

本書を編集していて改めて痛感したことがあります。共著者のあとがきにあるような，祖父母・父母などに過去について聞こう，知ろうとする人々が，どのくらいいるのだろうか，という思いです。そうした人々が，本当に少ないのではないでしょうか……。

　そうした世代間の対話がないことも一因となって，「おわりにかえて」にあるような，過去を忘れ去ったり，歴史はいらないというかのような発想をする人たちが，歴史教育のあり方とも相俟って，日本社会の圧倒的多数派を構成しているように思えてなりません。とくに現在，過去との関わりで，2つ，深刻に考えていかなければならない問題があるのではないでしょうか。

　1つは，「はじめに」でふれた内心の自由についてです。ヨーロッパ近代国家と，戦前日本を比較して丸山真男は，「思想信仰道徳の問題は「私事」としてその主観的内面性が保証され」た前者と対比して，戦前日本のあり方を，次のように指摘しました。「国家秩序によって捕捉されない私的領域というものは本来一切存在しない」と（「超国家主義の論理と心理」『増補版　現代政治の思想と行動』未来社，1964年）。

　現在の日本は，どうでしょうか。

　山本潔「大企業の労使関係」（『現代日本社会』4　構造，東京大学出版会，1991年所収）は，戦後日本における内心の自由を考える上で，象徴的なように思います。この論文で，1980年代半ばのある巨大な電気関係企業（論文では甲電気と仮称）での，従業員を監視し，左翼運動を押さえ込もうとするインフォーマル組織の実態が明らかにされました。同論文に，《兆候判断のポイント》という左翼活動家をあぶり出そうとするマニュアルが紹介されています。山本氏は，注目していませんが，その中に，「自主的傾向が強くな」る，「雑談の中で自治，社会，政治を頻繁に出」すといった項が見られるのです。そしてこういう人物は，この大企業内のインフォーマル組織・扇会によるブラックリストに載せられ，尾行などがつく場合もあったようです。こうした行為が，日本の企業社会でなされてきたことは，他の例から見ても間違いないでしょう。

　政治に関心を持ったり，自主的だったりすることは，企業社会に生きる多くの人々にとって，危険だと認識されたとしても不思議ではありません。こうした内心の自由を著しく脅かすあり方により，多くの人々が，自己規制していったのではないでしょうか。しかし人々は，次第にそれに慣らされていき，政治や社会に無関心になったり，大勢順応を事とするようになっていったと見てよいでしょう。その結果が，現在の日本なのかもしれません。「内心の自由」がなかった戦前日本と類似の様相を，ソフトな形ではあれ，そこに見ることができます。いやかえって情報化社会の中で，より大衆による監視型社会が進行し，政治や社会に関心を持つ事が格好悪く，自主的なことは協調性を損な

うといった雰囲気が強まっているように思えてなりません。政治や社会への無関心や，大勢順応が，国のあり方や，社会へのチェック機能を蝕んでいくことは自明なことのように思うのですが……

　第2には，民族差別です。すでに多数の外国人が住むこの国で，多くの外国人の子どもたちが，「外人」としていじめられている話はよく聞くところです。敗戦直後，昭和天皇は「天皇を以て現御神とし，且日本国民を以て他の民族に優越せる民族」だとすることは間違いだ（原文カタカナ「天皇の人間宣言」正式には，「国運振興の詔書」1946年1月1日）と述べざるを得ませんでした。つまり戦前日本の過ちの大きな原因が，他民族蔑視の精神から生じたのだと，天皇さえも認めざるを得なかったのです。もちろんこの文書は，天皇制の存続のために，国際社会に向けて発信されたものではありますが，少なくとも戦前日本の，日本人を「優秀」だとして，他民族蔑視を肯定するようなあり方は，戦後，否定されたはずなのです。

　しかしどうでしょうか。「日本人はアフリカをどう見てきたのか」という論文で唐沢裕亮は，ザイール（現コンゴ）出身の留学生が，日本人から「アフリカには文化がないから，日本で文化を吸収して帰れば，アフリカも発展しますよ」と何度も真顔で言われたという体験を紹介しています（『古家実三日記研究』4号，2004年5月）。こうした「人間に対する共感や感性を欠いている」（ガーナ出身者の指摘，同唐沢論文）日本人が少なくないように思えてなりません（もちろん無知であることを自らさらけ出すような言辞でもありますが）。自らをアジア・アフリカ・中南米出身らの人々に対して優越する気持ちを，多くの日本人が内包し，外国出身の子どもへのいじめにも，その姿勢が及んでいるとするならば，それは，日本の今後のためにも決してよいことではないでしょう。過去・歴史にしっかり目をやってこなかった結果が，こうした事態を招いているのではないでしょうか。

　本書を通じて，過去の日本と，現在の日本，考えていただきたいと念願する次第です。

　最後に，共著ですが，本書を亡き娘に捧げたいと思います。

（須崎愼一）

執筆者紹介（論文掲載順）

須崎　晴世
1981年生　京都橘女子大学卒業
　　　　　信州大学大学院人文科学研究科在学中の2006年10月12日急逝

内藤　英恵
1980年生　神戸松蔭女子学院大学卒業
　　　　　神戸大学大学院総合人間科学研究科修了　博士（学術）

須崎　愼一
1946年生　早稲田大学第一文学部卒業
　　　　　一橋大学大学院社会学研究科博士課程単位取得退学
　　　　　神戸大学大学院国際文化学研究科教員　博士（文学）

現代日本を考えるために

2007年10月12日　第1刷発行	《検印省略》
2009年3月31日　第2刷発行	

著　者ⓒ　須　崎　愼　一
　　　　　内　藤　英　恵
発　行　者　本　谷　高　哲
制　　作　（有）ブライト社
　　　　　東京都中央区銀座2-14-12
　　　　　（東銀座ビル5F）
発　行　所　梓　出　版　社
　　　　　千葉県松戸市新松戸7-65
　　　　　電話・FAX 047(344)8118

乱丁・落丁本はお取り替えいたします。
ISBN978-4-87262-112-9　C3021